藏籍译典
丛书

朗氏家族史

[元] 大司徒·绛求坚赞 著
赞拉·阿旺 佘万治 译注

青海人民出版社

图书在版编目(CIP)数据

朗氏家族史 / (元)大司徒·绛求坚赞著 ;赞拉·阿旺,佘万治译. -- 西宁 :青海人民出版社, 2019.10
(藏籍译典丛书)
ISBN 978-7-225-05861-0

Ⅰ. ①朗… Ⅱ. ①大… ②赞… ③佘… Ⅲ. ①藏族-家族-历史-西藏 Ⅳ. ①K281.4②K820.9

中国版本图书馆 CIP 数据核字(2019)第 233169 号

藏籍译典丛书

朗氏家族史

(元)大司徒·绛求坚赞　　著
　　赞拉·阿旺　佘万治　译

出 版 人　樊原成
出版发行　青海人民出版社有限责任公司
西宁市五四西路 71 号　邮政编码:810023　电话:(0971)6143426(总编室)
发行热线　(0971)6143516 / 6137730
网　　址　http://www.qhrmcbs.com
印　　刷　深圳市国际彩印有限公司
经　　销　新华书店
开　　本　720mm×1010mm　1/16
印　　张　21.75
字　　数　300 千
版　　次　2020 年 10 月第 1 版　2020 年 10 月第 1 次印刷
书　　号　ISBN　978-7-225-05861-0
定　　价　88.00 元

目录

天神种姓朗氏世系

天神种姓朗氏世系主体章节中的书首礼赞和关于（本）书的切磋情况

敬礼师尊！恭敬地敬礼上师和三宝！

《天神种姓朗氏世系》《情节出众的故事炬》和《支撑宗教的大象》三部书出世的经过是：在吉祥桑耶寺开光仪式上，僧众排列座次，庙堂竣工，实现了全体天神和人类之宿愿，幸福圆满。在此情况中，僧众座列中加以讨论的有《故事炬心要》和此《朗氏灵犀宝卷》，是在禅定中讲说的。天神种姓朗氏家族的贵人和德行高尚的人们铭记在心，立定誓愿，翻译了多部论典。《故事炬》叙述外部器世间的构造和内部情世间的起源。对此，尊者曰：集会的天人听我言，我将道理来陈述，一般而论，国王登基管理地方政权，臣工排列制定外交法令，僧人住寺寻觅修行的肯綮，咒师躺卧沟头诅咒仇敌，勇士继承先辈征战沙场，淑女住家操持夫业，候鸟迁飞预报时令，旱獭与獾卧眠洞穴时卜算时运凶吉，心胸开阔聪睿之士是世俗道德的母系（意为“楷模”）。（这些道理）应记在心中，量度时间三思（办事）。

外部器世间的构造是：中央是须弥山、七金山和七香海，周围绕以铁围山、四大洲和日月等，是因有情共同之福分而由物质元素构成的。情世间来源于光音天。即高空如光华复盖（大地），光既为父又是母，日月星曜呈辐射状，辐射线上能抗霹雳，下能力克龙和麻风，同（八）部鬼神诤斗而胜利，全面抵御五大（即地水火风空）之顽敌。故祖宗绛求浙桂告诫说，（《朗氏灵犀宝卷》）不得散失于非高尚敦肃的天神种姓朗氏家族的所有外人之中。

朗氏家族出过许多证果者，其中名为贝季僧格者前后有二人，均系喇嘛；名为苏噶达哥恰[1]者先后出现过二人，均系喇嘛；名叫绛求者有过十三人，都是身兼喇嘛和咒师。绛求浙桂在资地泽木神殿以下地方直至多康地方有神殿十八座，在卫藏以玛旁雍措湖畔的曼遮地方为代表的修行地和神殿无数。下面将叙述记载（他）建树广大、调伏鬼神等方面的宏恩浩德。

人主世系的由来

愿得吉祥！愿成为一切吉祥、喜庆和功德之源头而富足圆满！从前在兴建吉祥桑耶自成寺时，在开光典礼的僧众座列中，证果士夫菩提萨埵（即静命）、持咒王莲花生和全体菩萨君臣齐聚，国王（赤松德赞）启请道："庙堂之事已完毕，实现了所有天人的夙愿，再没有比现今更幸福的时刻了，请尽力演说佛法和经论。"

由于此时尚需保密，且全体下流之辈、孤陋寡闻之徒没有需求，故（《朗氏灵犀宝卷》）未流传开来。应知投生在天神种姓朗氏家族者要在此生之前修习佛尊人间岁月十三载。于是朗氏家族的贵人们供养上师和三宝，修习本尊，住于三摩地境，尽力修习真言和法印，向护法神和具誓（谓恪守誓言的世间护法神，下同）抛撒朵玛施食，从而持续不断地获得悉地（成就）；朗氏家族的普通成员亦尽力皈依、发心和敬礼喇嘛，烟祭值方神与地祇，进行祈祷。由于编纂了（朗氏家族）上流者和证果者的世系，介绍（他们）整治疆土和役使鬼神的此巨著，因而人和非人不会逞凶，往昔证果者们的具誓和值方神将发挥威德。

此《朗氏灵犀宝卷》若被朗氏的酋长、喇嘛和显贵们据而有之，视为珍宝，因（它）系珍宝，故会富足圆满；若被带兵官据而有之，则会赢得战争；若被商贾据而有之，则会生意兴隆；若被地方官据而有之，则会吉祥；若崇拜（它），则会事事如愿。

庶民世系的渊源和自耶门杰波以后次第相传的吐蕃原始六氏族

上方的行星和辐射线是母亲，物质元素的风卷侧面，侧边既是母又是父，白霜凝上面，霜化成露水，露水汇集变江河，江河反光是为云，尘土附着在江河上，遂逐渐形成大地，江河之中旋转的水泡同大地之精气相结合，神灵给以加持，遂生有情，有情分六道众生[2]、四生[3]和五趣[4]数种情况，有情众生之王者治理人类的状况，即分君王世系和庶民世系两类。

君王的血统。国王协坚[5]由意而生，即由明智和定境而生的国王世系，从《江》《库巴》和《莒》三部史籍可知。

庶民世系。五大（地、水、火、风、空）之精华形成一枚大卵，卵的外壳生成天界的白色石崖，卵中的蛋清旋转变为白螺海，卵液产生出六道有情。卵液又凝结成十八份，即十八枚卵，其中品者系色如海螺的白卵，从中一跃而出一个有希求之心的圆内团，它虽无五识（眼、耳、鼻、舌、身），却有思维之心，（他）认为应有能观察之眼，遂出现慧眼；（他）思虑到应有能识别香臭之鼻，遂鼓起嗅香味之鼻；（他）想到应具备能闻声之耳，遂耸起听受声音之耳；（他）思忖到应具有牙齿，遂出现断除五毒之齿；（他）认为应具备尝味之舌，遂生出品味之舌；他欲望有手，遂长出安定大地之手；他希求有脚，遂出现神变行路之脚。总之，一有希求遂立即实现。他给自己取名，由于原先就具有希求之心，故叫门米桑巴·隆隆朗朗（意为“有希求之心的圆肉团”），因他本有欲望，故取名耶门杰波[6]。他是崩措部落的始祖，故叫做祖师崩梅，他因本就醒悟，故担任崩措部落的首脑，又取名为桑波崩赤。他娶秋佳杰姆为妻，其子叫天界男子嵇朱杰瓦，又名斯布兑章，又称楚瑟旺丹，嵇朱杰瓦娶佟莎鄂姆[7]，其子名廓瑟积奇。廓瑟积奇之子是玛米饶三昆仲。以上历代均是人类而寄名为天神，创世纪的斯巴神人间世系九昆仲宛如成串的珍珠，他们都是自天神之心生出的男子。

三昆仲之中的第三子是恰尔吉·达查阿魏，他是天神世系的末代，是人间世系的始祖，从此传出人间世系。达查阿魏娶仓萨切瞿玛，其子叫斯巴拉饶四昆仲，又叫果松查，即俄德贡杰、纥堪贝雅拉怛竹、赤德松波和查驵辛噶波等四人。雅拉怛竹娶拉瑟姆，生天神外侄九男子；又娶年姆，生年神外侄九昆仲；再娶牟塘，生牟氏之外侄九兄弟。总而言之，(雅拉怛竹) 有子三十五人。诸子中最小者是乃充拉察，他娶拉江噶姆，生子旎帕杰波。旎帕杰波娶隆卡摄姆，生子汀格、汀波和汀尼三昆季。国王汀格娶拉江噶姆，生子蕃·炯拉驵，又娶牟萨汀枳玛，生子杰·赤拉湘。杰·赤拉湘之子是大小三王，传嗣八代。（汀格）娶汀姆，生子汀楚霍尔斯。霍尔（之后裔）分为藏北霍尔三支系。

炯拉驵之子是播尔吉、赤吉、赤吉塘波、吉赤吉塘年和播尔吉赤吉绰都。赤吉塘年之子是阿聂木思赤朵钦波，他娶年莎夏米玛，生三子，长子是珀秋佟 [8]，第二子是塞琼惹 [9]，第三子是阿葭祝 [10]。阿聂木思赤又娶牟萨拉姆，生子牟查嘎 [11]。再娶扎桑佟玛姆，生子魏和达二昆仲。(以上之子) 是原人诸族的祖宗。

长子珀秋佟传出十八贵人，繁衍为佟氏十八大氏族，其中有肤色紫黑的佟氏显贵六族和尊者六族。

第二子塞琼惹。惹氏种姓有黑、白、花三个支系。惹氏最初有九大伟人；有肤色紫黑的十昆仲；有古崩惹六昆仲。

第三子阿葭祝。祝生九子，他们拥有坚不可摧的解脱地八处。

第四子牟查嘎传出达玛七昆仲。

第五子和第六子魏和达二人居住在大区之交界处。

这就是藏族原人六族产生的情况。总之，若就藏族原人六氏族而言，人格高尚，若戏谑而呼其名，无不悦耳动听。特别是我天神种姓潘波切·朗的血统和渊源如下。

天神种姓潘波切·朗氏世系溯源于（塞琼）惹

（朗氏家族）就门第而论尊贵，就渊源而言长远。朗·贝季僧格曾说：“总之，生而为人，若不知自己的族属，则宛如林中的猕猴；人若不知自己的母系血统，则犹如虚假的苍龙；若不知祖宗的谱系，则像离乡背井的门巴孩子。”

我富足的朗氏家族溯源于（塞琼）惹[12]。上部地方惹氏白支系有九昆仲：泊波、泊约、泊思数为三，加上玛董、泊董、君董遂为六，再加玛尔巴、香琼、布让共为九，是为上部地方惹氏白支系九昆仲。中部地方惹氏花支系九昆仲（之后裔），在咤地区的阿渥阿噶地方，不计算儿子和孙子，重孙及其子就有五百人，虎年出生的有十八，属猴的有十九，属鼠的孩子十八人。哈、江、朗数为三，加上徐葛、嵇葛、埃格遂为六，再有乌、摩、思共为九，是为中部地方惹氏花支系九昆仲。下部地方惹氏黑支系(之后代）像河水汇集于绥措湖，像影子一样（随人）移动，像南来的云一样稠密。贝、东、廓数为三，加上扎通、尼雅黎、古思数为六，再有柯约、柯昭、柯惹共为九，是为下部地方惹氏黑支系之九子。柯约有部众十二万，柯昭治下一百八十万。

惹氏远古贵人有九位：惹·岗波、昂波、图波数为三，加上扎普、莫土、查竹遂为六，还有泽波、蒲热、昆共为九，是为惹氏最初九伟人。

天神种姓惹氏肤色紫黑的十昆仲：雅拉、雅思、雅查数为三，加上玛拉、玛思，玛查遂为六，再加藏地，丽江的噶、那二人是为八，尚有杨枸、芒枸二人共为十，是为天神种姓惹氏肤色紫黑的十昆仲。

古崩惹支系六位富有者：章·尼玛楚囊之子，其业绩是以三宝为富有，每年建筑一神殿，每年书写一部金字《甘珠尔经》，每年布施一次金子，实为古崩惹支系一富翁。嵇吉加若富有青稞，清晨发放粮债，夜晚收取粮债，每年施舍一次青稞，放债收债的帐册绵延不断。云钦裴仄富有甲胄，每日早晨清点军械，每天下午同敌人战斗一次，考察子侄何人武艺高强。朗瑟桂丁富有属民，每日早上送进一百种乳制品，每日下午送出一百种乳制品，每年派人去征集供品，看谁供进送出的最多。热瓦旺秋富有权势，清晨召集议事会议全体成员，下午自己作决定，每天研究一议案。阿巴嵇噶富有马匹，每日早上驯马匹，每日下午表演马术，考察孩儿、眷属和仆从谁人武艺高，观察哪匹骏马疾驰一马当先。朗杰孜团富有领地，清晨巡视各地，下午委任地方官吏，每天要分配一次。贝莫阿衮富有璁玉，清晨嫁姊妹，下午娶媳妇，比较媳妇和姊妹究竟谁的嫁奁丰厚，每年用璁玉书写一部《般若波罗蜜多经》。以上是为古崩惹支系六富豪，加上同样的富翁共为八。

惹昂波王是泽昆，惹白支系的国王是香雄，花支系的国王是朗曲，黑支系的国王是柯约、柯昭。惹（昂波）支系先祖以禳解灵验和武艺高强而地位高，（惹白支系王）香雄琼波据有土堡，拉日、拉喀和拉孜是琼波筑在嵇地的三座碉堡。以业绩而言朗氏家族最为大。朗氏家族富豪之谱系寻根溯源至惹氏，塞琼惹娶赞莎盖丹玛，其子是察渥。察渥娶苏莎察姆，生四子，即萨朵、萨董、萨牟和萨查邦。萨查邦娶霍尔莎佟姆，其子是琼如噶波。琼如噶波之子是崩杰协米。崩杰协米之子是惹吉朱松。

芒董达赞与门尊玛婚媾而生朗·潘波切之史实

惹吉朱松之子是天神种姓的芒董达赞。其父对他说："孩子愿娶谁为妃?"芒董回答道："不欲娶妻室，我钟情于赏心惬意的教法。"其父说："我们惹氏的王系，您若无子将无所作为，有了儿子才不会绝嗣。"儿子说："父亲您已郑重强调，若不尊从父命，儿子我将受惩罚，请父亲说明谁合您的心意?"父亲令其娶绒姆戚江玛。婚配后久未生子，王系面临断绝，犹如梅毒蔓延已近脚背，芒董达赞忧郁，以心和化身前往上方清净天界，会晤天神八同胞中的四长兄，他启问说："我虽娶了妻，却根本无子嗣，您等天神心中有何主意?"天神回答说："我等天界男子八昆仲，唯您化身为人子，若无子嗣而懊丧，请您修行十三月，观想本尊神念诵密咒，十三个月新春时，前往险峻的神山，熏烟祭祀供奉和祈祷，大梵天将化身为女子莅临。当大梵天化身女子时，天神之子在人间的世系，殊胜的种姓将会繁衍。在七十三代之中，喇嘛、人主将不间断出世，引导全体有情，以勇武安定疆土，蜚声遐迩遍大地。您一获得子嗣就专心致志修行，今后迁转生为天。"说罢，芒董达赞感到心情舒畅，幻化之心返回故乡，修行十三月。在新年的十三个月中，他在娘古拉域一座状似昂首显威的牦牛之紫黑色石山前，（他）身着白绸衣，头扎水晶（般的）头巾，念诵真言，熏烟祭祀，供奉和祈祷，停留在神山山脚前。此时天空挂彩虹，地上出现神变之食物，空中有音乐之声，出现各种神变景相，他观看时，但见凶煞的神山山坡上八位天女簇拥一位肤色白皙、头上装饰金银珍宝的美女蹁跹而来。芒董达赞上前走到（她）身旁，用箭勾住天女的衣衫，八个天女返回虚空。芒董达赞说道："您从天界降临，我作为一名地上之人表示欢迎，在停留于人世的期间，请充当我的妻子。"又说："应结为伉俪前往家乡。"南门玛（意为"天界女子"）说："可以。若要结为夫妻，我应得到名字和沐浴。"遂答应结为夫妻。（芒董达赞）念诵《金刚摧坏心要经》，修习忿怒诸佛尊的生起次第，念诵真言，修习三摩地法印禅定，用念诵过密咒心要的净水，数次为妃子沐浴。然后他们结为伉俪前往家乡。继之迎请惹氏大德绛求僧格供养之，馈赠礼品，奉为应供喇嘛。惹氏大师祭祀三宝和本尊神，向护法神和地祇奉献朵玛施食，念修了十三天。在祈祷吉祥智慧界神灵加持时，出现了众多的神变景象，（芒董达赞）亦梦兆吉祥，身体安乐，生活幸福愉快圆满富足。他（指惹师）说道："施主您身着天神的服饰，妃子且是梵天女，您会有后裔，不会绝嗣的，而且子嗣比他人更殊胜。"说得芒董达赞欢喜，奉献了无数供养物资。其后，惹大师前往伍堆德魏林寺。

芒董达赞同门尊玛结为伉俪同居多年，但无子，心灰意冷。其时，（他）有大量财物，特别是门尊玛下凡时带来的一头色如海螺的白色犏母牛（十分珍贵），挂在牛角上的金乳桶以璁玉网眼为饰，并绕以藤箩细箍，形影不离地陪随着她。因为无子，（他们）郁郁寡欢。一天，空中传来天神的声音，说："芒董达赞应从军，汉军可能侵犯吐蕃，当汉军骚扰吐蕃时，除了你谁也不能扭转局势，在雪域境域内没有能同你匹敌的圣人。若因无子而失望，请以心和化身作房事。"芒董达赞立即起身，跨上白鹅玉翅马，头戴白晶盔，身披银螺甲，身上佩戴寒光闪烁的武器，以心之化身前往，天兵行进在空中，龙兵沿河移动，芒董达赞抵达藏汉对峙处，汉军看见鬼神之兵降临，立即胆寒，号啕退却，汉军败北溃败，鬼神跟踪追去。

这时，门尊玛的乳牛脱逃，逃至拉措杰地方，继之逃至砀江佟措湖。门尊玛身着白绸衣，手持漆树棍，思忖乳牛在何方？举目张望时，发觉前方山坡上有一条白晃晃的道路，遂走到跟前，原来是乳牛流出的奶汁已凝为稀酪，乳牛满山遍谷奔逃，许多山头凝聚成奶酪，许多沟壑融酥成河，乳牛所至之处，流出的奶汁凝成白晃晃的稀酪，圆石头变成水晶石。乳牛从面前的山谷奔逃到娘域赛木雄地区的砀查都查山坡，（稀酪）填满的山谷被称为拉古和隆古地方。噶地方系砀地和巅峰耸入苍穹的协扎噶波（意为“水晶岩”），上有果芒泉水的源头和状似帐幕的水晶磐石。芒董达赞知道乳牛逃逸一事，以心和化身前往彼处，挡住乳牛。他看见门尊玛前来寻牛，立刻隐藏在状似帐篷的巨石中，以手势和教授禁止乳牛走动，并关闭状似帐幕的磐石之门，从门口窥视门尊玛如何前来。此时日落西山，门尊玛也觉得疲乏，小憩之后便挤牛奶，以献新之乳供养三宝，说道：“祭祀芒董达赞的救护神！”说罢，上供之，将余下的牛奶倾入河中，祝愿道：“愿天神的后裔在此山谷和此地连绵不断，愿洁白圣河不干涸，愿芒董达赞和我有天神下凡的后裔，愿（子嗣）种姓高贵殊胜！”芒董达赞听后心生喜悦，从磐石缝隙中窥视门尊玛，只见她解开白绸腰带，拴在乳牛脖子上，把水晶白弯刀插在状似帐幕的巨石上，系住乳牛。夜幕降临，门尊玛入睡。天空雷声隆隆，电光闪烁，冰雹飞溅。（芒董达赞）听见空中传来一个声音说，水晶岩帐篷中种姓优越的人儿宜速往门尊玛处，化身为天神进行交媾，繁衍天神下凡的子嗣，明年之今日善男子将出世。（芒董达赞）认识到繁衍子嗣之时刻已到，显神通进行房事之时刻已到。于是趁黄昏之际前往门尊玛之处，以心和化身与她同寝。黎明时，（芒董达赞）变化心意，化身为白人白马逝往空中，向下喊道：“门尊玛，我乃是天神八昆仲之中五长兄之最末者，四位胞弟的兄长，明年的此刻您将生下善男子，他将繁衍门第优越的人种，此山应取名扎波神山（意为‘威猛的神山’）和砀江如措。”说罢，前往天神七昆仲处。门尊玛不相信眼前发生的事，认为同丈夫相似的那人逝往天空和自己的梦境都是虚幻的，大概是鬼神在愚弄（我）。就不再去考虑，遂牵着乳牛回家乡。芒董达赞询问天神七昆仲，说："（我）已遵令照办了，会生育子嗣吗？""你修行了十三月，我等天神也修习了十三年，你会有子嗣的，天神下凡的后裔情况有三类：一类人承袭喇嘛的传承，充当全体有情的导师；一类人将成为藏地的长官，充当整个藏区的总管王；一类人将成为勇士之流。有情很难获得人身，但当有情获得人身时，投生到你的种姓的很稀少。若欲投生你殊胜的种姓中，需修习佛尊十三月，善男子才会降生为子嗣。"次月上弦十三日，（芒董达赞）以心和化身前往故乡。大约过了七个月之后，芒董达赞探询门尊玛说："门尊（即门尊玛），孩子是谁的？不会是我的。"故在翌年怀孕期满时门尊玛心灰意冷，不让芒董达赞觉察，独自前往以前之卧处，是夜她沮丧地入睡于水晶岩，梦见自己怀抱一座无数层的金塔，塔顶装饰着各种珍宝，在上边的层次上排列着善知识，中间层次排列着天神之子，天女围绕其身边。梦醒之后，心情没有不安之感，充满安乐和喜悦。次日清晨，旭日东升时产下一子，他不像凡人之子，酷似天界男子。她抱着刚刚在以前就寝处出生的婴儿向神山之巅走去，做了一个石匣，安放孩子于其中，诅咒说："若是芒董达赞之子，愿人种出白天神！愿血统殊胜！若非芒董达赞之子，是愚弄（我）的卑鄙之人的儿子，愿鸟啄食之！愿猛兽啖之！"说罢，欲返回天庭，但由于沾染了凡人的秽气，不能前往，故折转回来。当她走到芒董达赞面前时，芒董达赞说道："妃子该生孩子了，应安排各种善品和佩带护身物了。"妃子答道："（您）说不是您的儿子，故那孩子已被遗弃在扎波神山之巅了。"芒董达赞说："你自认是天女，干的却是魔鬼的行径！孩子既然在山上，（我）应前往神山山坡（审视）。"于是夫妻俱往，找到孩子的所在处，但见各种鸟类盘旋其上，各种猛兽蹲踞山顶，各种食草类野兽麇集，有许多在嬉戏、奔跑。山顶上雷鸣电闪，冰雹飞溅。对此情景夫妻俩均感悲戚，遂从山的右边绕过去，向左面攀登，登上神山山顶时，出现了一道彩虹幕，从彩虹幕跃出一条龙，升腾上天，一只鹫鸟飞向石崖，狮子在山上搜索，食肉兽类跳跃而去，食草兽类绕行而去。（夫妻俩）查看孩子是否尚在时，只见苍龙哺以龙乳，白狮哺以狮乳，灵鹫展翅覆蔽。由于所有猛兽、鸟类和食草野兽云集于那里的功德，由于(孩子）本系天界男子的威德，由于三宝的加持力，孩子长着璁玉色分髻，大约已有四五岁（的身量)，肤色如海螺一般白皙，在孩子囟门上有一缕螺色的粗细如马鞭柄的热气，色白而清晰可睹，冉冉上升直达天庭。芒董达赞喜悦之至，连呼三声“朗索”（意为“是水汽呀！”)，故取名潘波切·朗。天神种姓朗氏家族从此而得名。接着(夫妻俩）祭祀和向天神奏乐。热气升腾虚空，天空光华灿烂，光华融合于夫妻二人之身。这时芒董达赞化身为天神，在休憩处复与（门尊玛）同居，次年又有一子出生，那孩子说道：“我也是朗氏家族人。”（其兄）朗答道：“你系休息时所生的孩子。”故取名为“额”，但也是朗氏之人。额索之后裔分为三个支系。

潘波切之子巴朵传出的朗吉孜团世系之史实

天神种姓潘波切·朗娶东莎琪准玛，其子是巴朵，以后又生切脱。潘波切又娶久若莎拉南玛，生子董仁。巴朵娶阿莎南门，生下了董脱、董森和董瑟等三子。

董脱娶喀莎扎姆，生切吉和切赞二子。

切吉娶喀莎赛姆，生子朗吉孜团，又娶牟莎昂姆，生子朗瑟桂丁。桂丁对孜团说："你是高峰，我是灵鹫，灵鹫要飞翔到高峰上。"说罢，宛如鸟王从水晶崖顶飞到兄长头上盘旋，像鸟一样。故论长幼孜团为大，论威严桂丁为上。

董森[13]娶喀莎尊勒，生四子，果和塞如是为二，加上苏和查举二子共为四。

董瑟娶琪莎姆雅，生珀热、珀巴是为二，加上咱举、谨巴二子共为四。

珀巴娶果翁莎，生四子，即积尚仲达、芒村查达、赤尚梅达和仲孔达韶。

积尚仲达曾调伏香雄的厉鬼，作为酬劳，（香雄）嫁给佩戴璁玉闪闪发光的香雄莎，生子潘热巴韶、潘共姆达、赞热巴韶、潘思如查等四昆仲。次妻季容潘姆生一子，即朗康那。

潘热巴韶娶嫩莎赞勒玛，生朗·噶江、古查江和果江等三昆仲。

噶江之子是洛琼。洛琼娶阐共莎贝贞，生朗·塘脱、查纳和梅查等三昆仲。

塘脱[14]之子是噶贡塞。

噶贡塞娶策容莎累琼玛，生砣西仁姆宇西仁波、玛西仁波、赛伍尚仁波、赤西仁波，第七子叫赛伍（赛伍意为"乳齿"），出生时，国王赤巴尔·噶贡塞皓齿如编贝，故取名赛伍。

赛伍王娶久尔莎奇朋玛，生子叶蒲、叶潘和叶赤等三昆仲。其女叶江嫁给绒波，绒波人马增长至十万。

叶赤娶竹莎绒玛，生子根日、岗通、董达和董年。

董年娶巴日莎阿聪，生砣协和朗二子。又娶董莎徐姆，生子砣赞、贡查·洛伍、阿通·旁累、培德朗旬和贡松准波等五昆仲。

贡松准波娶昭莎潘姆，生子颇琼、治松和柘松。又娶乃伍聪，生子阿拉潘、玛尔咱和年波。

阿拉潘配玛让莎，生子嵇松桂波。又娶琪莎德姆，生子传出赛伍桂波五支系，即年楚琪杰赛波。波尔吉娶夏姆莎、德莎，生德查五昆仲，是为赛伍根仁世系。

（叶赤之子）岗通有三子，即赤扎、赤团和赤思三昆仲。

赤扎配达尔莎尼雅姆，生子贵德、哥室利二昆仲。

赤团娶答拉雅姆，生子颇尼雅、阿根和洁巴三昆仲。是为贝德赛伍支系。

赤吉孜团（即赤团）娶赤年拉赤晋莎塔姆，生子杰思砀拉、潘拉察果和董热香宗三昆仲。

杰思砀拉之子是：长系宇巴赤扎答查，中系如本答热杰共，幼系赛巴杰郑谢宗等三人。

宇巴赤扎答查之子是长子杰思让鲁、次子阿嘉热谢得、幼子桑烈。

如本答热杰之子是赤松吉贝丹、如本贝确格喇嘛和答尚杰丹。如是，宇巴（支系）有君臣两种（世系）。

如本贝季僧格在印度的教法方面获得了悉地（成就），他调伏天竺、汉地和藏地的鬼神，安定疆土，恩德巨大。获有众多告身（勋位），因此如本有温仓和答仓两个（支系）。

赛巴杰郑香宗[15]之子是：长子杰赞鲁西、次子苏噶答哥恰、幼子赛巴桑积。赛巴桑积之子是那仁。那仁之子是夏尔巴。夏尔巴之子是贝楚。贝楚之子是僧格旺秋。僧格旺秋之子是云钦元巴。云钦元巴之子是孜桂杰和元杰二人。元杰之子是扎果瓦，是为孜团之长系。记载此世系的史籍颇多。以上是朗吉孜团世系。

朗瑟桂丁至措尚拉思之史实

朗瑟桂丁的情况：桂丁娶叶莎杰旎玛，生子董格。

董格之子董赤和董昌二人。

董亦之子是格仓和帕仓昆仲俩。

帕仓娶格莎旺丹，其子是咋玛和咋如，再有笋喀克、砀衮尚、砀热共为五昆仲。

砀热之子是曼尚宋，绝嗣；第二子是尚孔；第三子是朱宁宗孔。

朱宁宗孔之子：长子是赞巴达雄，次子是年赤巴学，幼子是赤瓦得徐查。

赞巴达雄之子是囊宁孔烈和坚赞昆仲俩。

囊宁孔烈之子：长子是芒波泽诏喀，次子是哥拉哥雄，幼子是嵇松嘎拉。

芒松泽诏喀之子是答波切答贝烈，彼于玛旁雍措湖畔塑造释迦牟尼的金像，迎请证果者僧格坚丹为佛像进行开光仪轨，作为布施物品，(答波切达贝烈）奉献了璁玉供灯（杯），镶嵌珍宝的珊瑚吉祥光明塔。在开光之日，嘎莎拉姆生下一子，僧格坚丹说道：“连神佛也注意到今日公子降生，此圣湖不会干涸的，（孩子）就取名为措尚拉思（意为‘圣湖神视’)!”说罢，进行祈祷、烟祭。第二子叫尼雅尚拉敦，第三子名贝尚拉喀。是为三昆仲。

绛求浙桂至军璋贝查八子之史实

措尚拉思之子是绛求浙桂。绛求浙桂娶噶丹玛为妃，其长子是切尚贝季僧格；第二子是年脱阿聪；第三子是泽玛；第四子是答查阿巴，无嗣。

切尚贝季僧格之子是敦尊夏那坚和砣巴夏那坚。

敦尊之子是朗·钦波播迪。钦波播迪之子是旬努僧格。旬努僧格之子是绛贝卧赛。绛贝卧赛之子是觉本雅查和霍尔查瑟等人。

砣巴夏那坚·贝季洛追之子是云丹扎。云丹扎之子是本扎（意为“长官扎氏”）。本扎之子是耶多尔、敦尊和索南僧格。耶多尔之子是长官旺秋僧格。旺秋僧格之子是嵇本（意为“总管王”）、砣巴堪钦和朗·宇直佳等三昆仲。宇直佳之子是衮多尔。衮多尔之子是多尔炯。多尔炯之子是拉思和京俄瓦。嵇本之子是长官曲扎。曲扎之子是本衮（意为“长官衮氏”）、扎果瓦和鲁杰等三昆仲。是为拉思支系。

年脱阿聪之子是年波尼雅果赤。年波尼雅果赤之子又叫年敦加徐那波·僧格扎。僧格扎之子是盎格和盎桑昆仲俩。

盎格之子是多吉卧。

多吉卧之子是扎赛。扎赛长妻之子是旺巴尔，次妻之子是阿拉查。昆仲三人（原文如此）之长子是长官扎僧，第二子是赤确，第三子是喇嘛瓦。

扎僧之子是长官多吉贝。

旺巴尔之子是贾氏外侄三昆仲，即云丹仁钦，其弟是仁钦坚赞，第三子是耶柯。

仁钦坚赞之子是梅朵巴尔。

梅朵巴尔之子是旬努坚赞，幼妻之子是长官绛卧。

绛卧之子是本旬（意为“长官旬氏”）和本楚（意为“长官楚氏”）昆仲俩。

阿僧之子是阿赛尔。阿赛尔之子，其名字有“郊”字者共七人，加上“贝”字数为八，再有“赞”字遂为九。长子云钦杰瓦郊，其下系宋郊，（此二子）为强莎所生。宋郊前往上部地方，从而据上部地方。（二子）之下是久尔莎所生之喇嘛郊、衮嘎郊、曲郊三昆仲。旺秋郊、贝郊、仁钦贝和赞格系耶脱莎所生。

衮嘎郊驻锡旦徐普松寺和根江（寺），修习新旧密咒，获得成就。

仁钦贝担任赛宇地区查勒尔的地方官。

云钦杰瓦郊之子系昭窦莎三姊妹所生，长子是尊者京俄大师，次子是喜饶坚赞（原注：此人系达贡巴之父），第三子是桑结郊。

桑结郊之子乃（桑结郊）娶昭窦莎耶措所生之三子，长子是杰瓦大师，第二子是居尼巴大师，第三子是阿阇黎格隆。

云钦杰瓦郊娶德古莎，其子云答衮波杰。衮波杰之子是长官绰渥潘。

绰渥潘之子是仁钦喜饶、喇嘛扎巴益喜、扎仁巴和云达仁钦郊等四昆仲。

仁钦郊之子是京俄扎巴坚赞、大司徒钦波、京俄扎巴喜饶、长官索南尚波、长官杰贝和长官扎尚。是为年脱支系。

证果者曰：“（年脱支系）将有众多的人出类拔萃，在新密旧密法方面得道，承袭喇嘛的世系，世世代代充当地方首领和咒师。孪生子喜饶坚赞以上是咒师传承，其后传承中断。”

年尚拉敦之子是阿佳和阿巴尔二昆仲。

哥拉哥学是哥咱支系之祖宗。

哥拉[16]之长子是雅拉杨尚，次子是崩脱杨拉。

雅拉杨尚有四子，即长子贝尚赤烈，第二子是贝尚阿雅，第三子是贝松拉厥，第四子是果查。

第四子 [17] 贝尚赤烈之子是炳芒。贝松贝切（即第三子）有三子，长子杰烈旺秋，次子是宇贝丈松，幼子是门布米琪伍。

杰烈旺秋有二子，长子是日莫，次子是阔木。（赤烈旺秋）在同赤尚哥佳、丹玛械斗中身亡，中间有个时期，（他）前往一妇人处，生子为“腊”（意为“大腿”），名叫“腊”的理由即是此。由此传出其那波措三支系。

尚孔娶巴查莎姆勒，生八子：噶聪、噶尼雅、孔查贝楚、芒查查搭、曼脱吉、索部布西、炯达董达和贝拉赤竺。

芒查查搭娶巴董莎宇姆有二子。

赤达东布娶竹古莎楚姆，生子达巴、得古和朗孔三昆季。

达村潘有二子：长子是达厦素，次子是朗赞涅果拉。

朗赞涅果拉有三子：长子是杰思鲁松，第二子是杰尚鲁雅，第三子是坚赞鲁都。

鲁松有四子：长子是朗吉赤松，第二子是达砣贝雅，第三子是门吉喀瓦，第四子是长官贝布。

董聪有二子：长子是赤松雅玛，次子是赞松盖巴。

惹氏之子是朗。

朗之子是瓦木。

瓦木之子是晋巴尔。

晋巴尔之子是杰尚。杰尚有十子，即长子嵇协，其下依次是嵇贝、纳、拉珠、根启普，塘康此三人无嗣（原文如此）。

灶隆有十子：赛杰、宇杰、宗喀、夏那、尊章木、坚赞、牟孜、杰西尔、工玛和嘉嘎尔等十人。

莞波砀热有三子：长子是帕瓦，第二子是贝巴，第三子是佟布。

热杜之子是那让。

那让有二子：长子是桑结巴尔，次子是玉拉巴尔。

玉拉巴尔有六子：长子是坚赞，其下依次是嵇柯、哥莫、赞细尔、耶喜巴贝和丈江。

桑结巴尔有三子：长于是堪波，第二子是鄂波，第三子是曼丁。

杰细尔有四子：长子是宇孜，其下依次是隆孜、赤孜、秋尔布和群普炯章木。

群普炯章木有缀氏妃所生六子。有董氏妃所生四子。有贝氏妃所生八子，即达布拉约江、葛徐、魏累惹伍累、脱楮、桑结郊、巴尔查、普缀巴松。是为朗瑟晋巴尔支系。

朗氏后裔分布于各地之情形

如是，朗董支系南方的后裔繁衍为吐蕃叶如地区的朗氏小支系。第二子切吉的后裔繁衍为吐蕃云如地区的朗氏小支系。第三子董林的子嗣繁衍为吐蕃前藏地区的朗氏支系。尊者董脱的后裔繁衍为雅木塘地区的朗氏支系。朗氏首领董瑟的后裔繁衍为宗喀德杨地区的朗氏支系。幼子董格的后裔繁衍为多康地区的朗氏支系。就这样，朗·孜团和桂丁二人所繁衍的后裔在帕尔古、珀赛、热旺、热普、渚伦、江孜、果恰、学尔、夏木、哲、珠和谟等地方繁衍生息。关于大多数的细小支系和更为详细的情况不在此赘述。

天神种姓朗氏家族世系叙述完毕。

注释：

[1] “苏噶达哥恰”为梵文，意为“བདེ་གཤེགས།”即“善逝佛”。

[2] 六道众生：又称六道有情，依照佛学的说法，谓为天、非人、人、牲畜、饿鬼和地狱。

[3] 四生：胎生、卵生、湿生和化生。

[4] 五趣：佛学所说五种生死轮回之路，即地狱、饿鬼、牲畜、人和天。

[5] 协坚：佛教谓此劫之初有一神因败德而堕入世间，是为劫初人，“协坚”意为“意生”。

[6] 耶门杰波：意为“本愿王”。关于人类起源于一个大卵的说法，常见于本教的文献，参阅卡尔梅《本教历史及教义概述》第五节《世界的起源》所引用的《斯巴卓浦》的有关内容。

[7] “佟莎鄂姆”之中的“莎”系已婚妇人娘家的族姓，下同。

[8] 珀秋佟：藏史称此人为佟氏氏族的初祖。

[9] 塞琼惹：原文写为“སེ་ཁུང་དབྲ།”，应是“སེ་ཁྱུང་དབྲ།”之误。藏史称此人为惹氏氏族的远祖。

[10] 阿葭祝：原文写为“ཨ་ལྕགས་འབྲུ།”，通常又写为“ཨ་ལྕགས་སྟོང་།”。藏史称此人是董氏氏族的第一代祖宗。

[11] 牟查嘎：传说是牟氏氏族的初祖。

[12] 原文写为“ཨཛྲ།”，“ཨཛྲ།”系“དབྲ།”的异体字。下同。

[13] 原文为“སྟོང་དགེ།”，应是“སྟོང་སྡིང་།”之误。

[14] 原文为“ཚ་འདུམ་ཐོ།”，是“ཚབ་ཐང་ཐོ།”之误。

[15] 原文为“གསེར་པ་རྒྱལ་འབྲང་ཤར་རྫོང་།”同上文写法不一，不知孰是孰非，待考。

[16] 原文写为“དགའ་ལ།”，应为“སྨོ་ལ་སྨོ་ནོ།”。

[17] 原文如此，应为“长子”。

珍贵史籍《朗氏灵犀宝卷》和人种来源

祖宗绛求浙桂盛赞朗氏家族之文

愿得吉祥！这样，天神种姓朗氏家族的血统来源已如上述。祖宗绛求浙桂告诫说："总而言之，我们天神种姓朗氏家族世世代代应将（《朗氏灵犀宝卷》）记忆在心，是会有用的。"又说："此间活着的人需要有声誉，所做之事应有结果，尊荣之人应有高尚的标志，进行诅咒要有实在的征兆，打仗的人应有勇士的徽帜。"我们此富足的天神种姓朗氏血统，门第高贵如苍鹏，渊源深远如大海，以奇谋妙计而获尊荣地位如雪落山峦，以种姓优越而如冰冻之湖泊，作战时如能征服人心的珍宝，勇猛而德行敦肃如长角的狮虎，倔强令人生畏犹如空中的龙，多得不可胜数如天空的繁星，富有资财如天空中南来的云团一样，世世代代连绵不断宛如五种珍宝，莹洁明亮好似无垢的水晶球，是为（朗氏）门第之实况，血统之写照。总而言之，（朗氏）谁不祭祀年波神，（神）就不守护他；不修习精深的妙法，则不能成道；不尊敬达官显贵，则得不到庇护；不向愚人解说，（愚人）则不明白事理；不鞭挞骏马，它就不奔驰；利箭不磨则钝；不请得佛法，其人必傲；不施舍精美的财物，其人则得不到安乐。总之，我富足的天神种姓朗氏家族，上有喇嘛和三宝，应供喇嘛是吾之导师，下有天下之人，（我承认）宿缘是正法，种姓殊胜出自天神。今后，朗氏子子孙孙应铭记在心，切实精进。对祖宗绛求浙桂所阐述的道理和制定的规矩，朗氏家族的人们应心悦诚服。

朗氏珍贵史籍中有关俗务史实

现在即使简略地问及天神种姓朗氏家族的珍贵史籍、世系和豪杰世系（的历史），（绛求浙桂）也是回答作为根基的俗务事迹和作为饰品的佛法二者中的俗务业绩。朗·董脱担任所有黑头庶民的长官，故官宦的上峰也是在我天神种姓朗氏家族。最早据有地方的情况是：赛巴据有赛日地方，宇巴据有宇日地方，如本管辖松久巴、朗域晋雪、扎协黎、天竺下部的达雪隆玛等地方，役使（当地）全部显贵为庶民，自是始有名为四如的庶民部落。彼拉思三人（之中），砣巴掌管嘉雪以及俄居和噶日二地；年加徐那波之后裔据有嵇堆地区之六条山川和公有的热萨宗脱地方；敦仓·觉渥滨布担任那、索、夏三地的总管王。故最早占据地方和役使庶民的情况如上所述。朗·赛巴占有赛日，宇巴领有宇日，如本管辖扎协黎和天竺之拉雪地方，彼拉思三人据有南方上部地方十八处大地域，以后充当康区人的总管王。故善于役使庶民和最早据有地方亦是天神种姓朗氏之人。

若欲扼要叙述豪杰世系，则是：朗·古容僧格在杰地（即杰砀，今中甸地区）暴发汉藏战乱时向汉地进军，攻陷汉地的水城杨烈，作为勇士的标志，带回汉地的赔款。故充当征服汉地的长官亦是天神种姓朗氏之人。

朗·董格祭祀念青唐古拉山山神后，在同该地土酋开战时，向土酋发兵，平定昭氏部落的疆土。作为勇士的标志，缴获黎地君王蜕噶的银顶髻，用土酋昭氏的财物在草原铺筑道路，役使土酋四昆仲，聘土酋之女协特玛为妻。因此以头支撑谷顶崩塌的雪山，役使土酋者也是天神种姓朗氏之人。

朗氏首领孜团在东方同扎、久尔和布尔三部落开战时，摧毁他们借以栖身的水寨。作为勇武的标志，生擒扎波（土酋）三昆仲，击杀布如部落六人，役使久尔部落（土酋）二人。作为货财，收缴扎、久尔和布尔三部落花色的与紫色的畜群。故践踏东方口痰（意为“卑劣之徒”）和平定扎、久尔和布尔者亦是天神种姓朗氏之人。

朗氏首领董瑟祭祀积石山山神，讨伐东方嘎氏部落和居热部落，摧毁邓柯地区的碉堡。作为勇武的标志，夺取邓柯地区的朗宇嘎江（疑为一物名，待考），役使土酋噶瓦僧尚，击杀居热部落六人。征服居热部落和改造邓柯地区的狡诈者亦是天神种姓朗氏之人。

朗氏首领仲黑祭祀董尚米日山神，发兵南方，攻陷革雪巴·朱楚杰郊柯本那之牟烈僧堡，作为英雄的标志，缴获罗康香额（似一物名，待考）作货财，故搜查出南方黑熊经书者亦是天神种姓朗氏之人。

朗·多得祭祀宇工波山神后征伐丽江，夺取丽江的黑色霹雳箭，剜了丽江人杜坚的眼珠。作为英雄的标志，缴获丽江的铁灰色宝剑和放光宝剑。故击败丽江的长官亦是天神种姓朗氏之人。

朗氏首领香宗祭祀门积桑许山神，占领孔咱达木噶堡，役使茫砻董日山以内（的庶民）。作为税收赶走多群牛羊，作为长官的膳食（费用）索取马五匹。故广大地役使庶民者亦是天神种姓朗氏人。

朗氏宰官赤松祭祀将季丁迪山神，征讨白尔部落酋长日脱，攻陷昂木地方的水寨。作为豪杰的标志，缴获白地金甲胄，剪掉盔缨三百只，销毁白地甲胄三百副，剜掉白地三百凶恶者之眼珠，掠走白地女子三百人，作为货财带回白地儿童三百人。故击败白部落土酋日脱者亦是天神种姓朗氏之人。

朗氏宰官米德祭祀莲花生，讨伐罗刹，击杀罗刹头目朗噶。作为豪杰的标志，缴获罗刹的寄魂玉，运走罗刹的货财，带回罗刹女贡米玛，赠与其兄牟扎，故罗刹女所生朗氏三昆仲武艺高强，凶狠残暴。降伏罗刹朗噶者亦是天神种姓朗氏之人。

朗·僧格杜祭祀门地神灵嵇贡，进军门地，平定门地的疆土。作为勇武的标志，活捉门地水中吃人之虎，剥下斑纹虎皮悬挂在帽顶，役使门地四部落。故帽顶佩挂猛虎皮役使门地者亦是天神种姓朗氏之人。

朗氏宰官答巴尔祭祀牟弥拉赞神，兵伐后藏，攻陷后藏要塞十三座。作为英雄的标志，缴获后藏首领蜕噶的狮额璁玉，故征服直至吾宇地方的后藏地区者亦是天神种姓朗氏之人。

朗氏宰官泽松祭祀焦钦定热神，发兵琪域，平定达尔、璋、琪三部落。作为英勇的标志，击杀琪部落头领赞扎，战胜达尔、璋二部落，役使其民，缴获琪地璁玉簪和红光璁玉酒壶。故征服达尔、璋、琪三部落者亦是天神种姓朗氏之人。

朗氏尊者贝季僧格观想至圣喇嘛于头顶，祭祀雅拉香波山神，兵伐阿里北部地区，征服了该地。作为英勇的标志，生擒北方的显贵盎句，役使阿里北方（的百姓）。故征上部阿里之北方地区者亦是天神种姓朗氏之人。

朗氏宰官孜团祭祀俄德贡杰神，兵伐前藏，摧毁佟、丁二地的碉寨，役使佟、丁二部落。作为英勇的标志，缴获铁鹞三昆仲（似一图腾偶像名）。故击败前藏佟、丁二部落，并役使其民者亦是天神种姓朗氏之人。

朗氏公子桂丁祭祀拉桂洞孜神，兵伐珠部落头目绒巴，攻陷三楼之堡。作为英勇的标志，击杀绒波旺丹，缴获绒氏之寄魂玉和威光闪灼的宝剑。征服珠部落酋长绒波（原文如此）者亦是天神种姓朗氏之人。

朗氏贝达、拉思和赛伍三支系祭祀莫南神八昆仲，朗氏将康区划分为三如，充当康区的总管王。后来子孙众多，史籍（宗谱）繁多。保持往昔良好传统者亦是天神种姓朗氏之人。

朗旺孜击中黑牛魔的角，割下其尾悬挂在门上。自是门上系（牛尾）者亦是天神种姓朗氏之人。

朗·桑积供奉多闻天子，家藏克敌制胜的矛胄、金鞍、勾魂铁丸、牛皮蓝盔、流星白光剑、珍珠华盖、银质器皿、银茶碗、金曼札、会说话的鸟儿、大小水晶座等，财宝无计。故富裕之首位者亦是天神种姓朗氏之人。

朗氏宰官答巴尔充当所有（行脚）僧人的房东，将汉地货物运到藏地，又将藏地货物销售至汉地，他把所有的财物用于供养三宝，恭敬地祈祷发愿，由于虔诚的功德，亲见本尊神。故虔诚的大施主亦是天神种姓朗氏之人。

朗氏首领桂丁兴建南脱赛康寺，以金子造屋顶，屋脊安装瓶状金饰品，用金液书写《甘珠尔》经，室内以沙金泥墙壁，上张珍珠之华盖，墙面悬挂贝壳制作的帷幔，墙上挂缎制佛像，墙的中央部分安放佛像和经卷，银柱支撑璁玉梁，梁柱上系以金环和银环。因为藏地王法不普及，无知者问（它）是何物，（桂丁）说道：“当我的王法通行藏地时，我的后辈应如此守法执法，我的人种出自天神。故恩德浩大。”最早充任施主者亦是天神种姓朗氏人。

朗·拉砣者，凡人之身具备天神之姿色。故美人之姣姣者亦是天神种姓朗氏之人。故其名叫拉砣（意为“天神之姿色”）。

如是，谁都不会误认的珍珠似的天神种姓朗氏之子修建的温仓噶玛寺内贮碧蓝的优等粮种。朗·旺孜馈赠红面罗刹以粮食，罗刹则回赠罗刹地方所产的骏马、罗刹的削发如泥的利剑和罗刹的财宝，从而（朗氏）得以充任施主。因此兴建其他的寺院和役使罗刹为施主者亦是天神种姓朗氏之人。

以上仅仅略述（朗氏家族）巨大的业绩、担任首领、安定邦土、豪杰之士、征服地域、据有领地、役使（百姓）、拥有珍贵史籍等俗务方面的情况。

朗氏珍贵史籍（家谱）中有关正法的记载
——从朗·康巴果卡至朗氏大得道者贝季多吉

绛求浙桂所演说的有关作为顶饰的正法业绩如下。

在从前祖孙三法王时期[1]，朗·康巴果卡和朗·康巴贝若咱那二人将正法（经典）翻译到吐蕃，在黑暗的吐蕃之地擎起正法和雍仲苯教之火炬。故照亮黑暗的吐蕃者亦是天神种姓朗氏人。

朗氏大得道者洛追米色巴向泥婆罗的有情转动十善之法轮。故弘扬正法者亦是天神种姓朗氏的大得道者。

朗氏大得道者贝季僧格前往上部天竺地方，将天竺的诸佛典翻译到吐蕃，使得吐蕃全体天生盲人崇信佛教，宏恩浩德竟如此（大）。他自天竺金刚座以东的佟日巴尔瓦（意为“光辉灿烂的白螺山”）开采白螺寺的基石，建造了白螺寺，内中奉安观世音像，围绕诸佛作眷属。从南方赛日巴尔瓦（意为“光辉灿烂的金山”）开采黄金寺的基石，修建黄金寺，内中奉安释迦牟尼像，围绕八万四千（佛像）作眷属。从西方尚日巴尔瓦(意为“灿烂的铜山”）开采黄铜寺的基石，修建黄铜寺，内中奉安弥勒佛像和慈氏五论。从北方宇日巴尔瓦（意为“光辉的璁玉山”）开采璁玉寺的基石，修建了璁玉寺，内中奉安金刚手大势至佛像，围绕菩萨和大鹏作眷属。

朗氏尊者贝季僧格在金刚座的四方兴建四所庙堂，内中奉安诸佛会众塑像，以四大天王做门卫。又在天竺金刚座山上用五种珍宝修筑寺殿，无论从什么角度观看，殿宇的屋脊镀金饰品均高耸入云天；无论从什么角度观看，（神殿）四周的树叶都覆蔽大地；无论从什么角度观看，(神殿）都掩蔽天空。在此神殿内，用金子塑造了七世佛像、贤劫千佛、二菩萨、声闻佛随子、旧密咒的神佛和佛语传承上师的群像，奉安金汁书写的《甘珠尔》经在殿内，委派天母和依怙为守护神。朗氏家族伟大的贝季僧格在前去抗御下部地方的汉军时，驾御猛狮当座骑，四大天王拱抬四蹄，依怙和天母冲锋陷阵。汉军驻扎在汉藏交界处，他一抵达，汉军便仓惶溃逃，泪水纵横，昏厥身亡。汉王叹息说：“我们每人两只手，人家每人三双手，有的俗人也是四只手；我的人身材矮小，人家的人魁梧如大山；我的马匹低矮，人家的马匹高大；我等不是对手，还是分散逃命为上策。”于是汉军遁去，他（指贝季僧格）追击汉军，攻陷汉地的答宗水城，役使汉王，带回汉公主盎觉姆，赠给朗氏大公子。（他）运回汉地的全部财物，运回的珍珠用藏族的容器克计量，用车装载一捆捆绸缎往回运。当缴获的汉地财物运抵藏地时，以珍宝金子建造了佛堂，(他）就坐于珍宝金座上，发放了众多的珍宝金子布施。（他）走在珍宝铺设的路上时，说：“正法是不会中断的。”使得沿途的有情信奉佛法。

（他）前往北方帝都茨砣杨波，嗣后模仿汉地的碉堡，建造了连环九堡要塞，堡垒的顶层用金造，底层以土筑，用红宝石做大门，用白银建中层楼房。在上层金屋中奉安贤劫千佛和两尊菩萨像，还有传承佛语的师长群像。在中层银子和白螺屋内，奉安金刚勇识作主尊，观世音、众佛尊和守护善业的神灵皆用银子造。在下面璁玉砌筑的房内，塑造主尊金刚手，围绕大威德化身的诸神佛，忿怒之众神簇拥世尊金刚童子，四臂金刚等天母和依怙护法神塑造在前面，委派为守护神，四门塑造四大天王像。其后，（他）前往天竺时，在神像上方用珍珠伞和华盖铺设了飞幕，给神像穿珍珠法衣和袒衣，供养十盏金供灯，以金子制作曼扎和钵，在墙壁上张挂缎子帷幕，向四方横挂四个金幡，而且还制作了丝缎香囊和幢。迎请持明得道者和阿阇黎莲花生，奉献各种音乐和供品，梵香料里哈和香等，默诵新旧密咒，金刚童子清晰浮现在眼前，阿阇黎莲花生说道："你们天神种姓朗氏的血统出自天神，已登上乘（佛教），我的慈悲充盈你们有福分的朗氏家族，你是有福分之人。在你们天神种姓朗氏的后裔中将出现一个叫做'绛'和'求'的超群之孺子，彼乃是我的心传弟子。"说罢，化身成一个八岁孩提，遂前往西方乌仗那地方。（贝季僧格）他亦是为使雪域吐蕃未成熟的应化众生步入成熟、解脱之道而出世的，所以（他）在天竺金刚座用各种珍宝建筑神殿，供养不可胜数的各类珍宝从而在新旧密咒方面得道，役使依怙和四大天王；迫使汉军后撤，将汉地的财物运回吐蕃；在天竺法宫寺亲见金刚童子；（他）同阿阇黎莲花生会谈，（莲花生）赐予教法教授；（他）将天竺诸佛典翻译到吐蕃，使吐蕃所有天生盲人信仰佛教，功绩巨大。故恩德浩大的证果者贝季僧格亦是天神种姓朗氏之人。

朗氏家族的得道者耶喜炯勒，最早向泥婆罗帕巴辛衮寺奉献珍宝、金伞和供品，彼亦是天神种姓朗氏的大证果者。

朗氏家族的证果者多吉旺秋在拉萨释迦牟尼佛像前奉献珍宝、金伞、曼扎、幢、供灯和宝座等，请求加持，进行祈祷后，由于释迦牟尼的加持，他觅得一个三级的金塔。最早获得释迦牟尼的加持和最早供养释迦佛者亦是朗氏的大得道者。

朗氏家族的大证果者耶喜多吉用箭定位太阳，使有情享受太阳之光华。用箭定位太阳，使有情享受太阳之光华者亦是朗氏的大得道者。

朗氏家族的大证果者耶喜僧格在贝木贝塘地方遭遇凶恶的乞丐抢劫时，无论怎样用刀枪砍他，均不能伤残杀死他，（他）所赍带的用具放光，财物燃烧起火，致使乞丐向他央求告饶，归顺了他。此人亦是朗氏的大得道者。

朗氏家族的大证果者贝季炯勒，当藏地所有鬼神麇集在绛求衮嘎园开始作祟时，他将鬼神抛向天空后摔在地上，（他的）手指变成智慧之火山，所有鬼神即将被烧糊，遂奉献命根咒，做了具誓。故役使藏地一切鬼神亦是朗氏大得道者，（他）使全体鬼神从多方效力。

朗氏家族大证果者绛求崩谙习般若十万颂，他将缺漏的字书作字顶圆符。所谓“不遗缺”者即指此事，自此藏地佛教和二众[2]方注重念诵经文。由于念诵经文才得以智慧广大。在经院首倡念诵之风者亦是朗氏的大得道者。

朗氏家族大证果者达玛僧格在清凉尸林[3]役使大黑天，（鬼神）谁也不敢染指他的财物，均逃之夭夭，不见踪影。博得咒力威猛的声誉者亦是朗氏的大得道者。

朗氏家族大证果者盖丹绛求亲见千佛。故亲见佛尊者亦是朗氏的大得道者。

朗氏家族的大证果者云丹僧格获得共同和殊胜的悉地，他刀枪不入，江河不能溺死，能翱翔苍穹、钻入地下。彼亦是朗氏的大得道者。

朗氏家族的大证果者贝季多吉，悬挂法衣于日光之中不落地，而且风吹不动，（他）以法衣作舟横渡雅恰藏布江[4]。对五大（地、水、火、风、空）获得悉地者亦是朗氏大得道者。

朗氏大证果者拉思多吉即绛求浙桂得道的史实和他役使鬼神的情况

朗氏大证果者拉思绛求多吉诞生后就崇信佛法。年届四岁时获得旧密咒的悉地。五岁之时于正月十五日亲见广袤虚空之中彩虹之内八狮交错捧抬的宝座上的世尊释迦牟尼，请得密咒之诸教法，此亦系证果的道貌。年届八岁，真正化身为阿阇黎莲花生前往西方乌仗那，委派具誓等护法神，担任调伏罗刹的首领。其后，在春季十五日之时前往岗底斯雪山，真正参拜金刚手菩萨，是为证果的道貌。该月十五日前往天竺金刚座谒见怙主观世音，是为证果之道貌。他返回时，于下月初八日抵达泥婆罗之帕巴辛衮寺，供养无数财物，祈祷后在禅定状态中入睡，梦见他本人前往上界天堂，膜拜弥勒，这时天母奉献供品。旭日高照时，他梦刚醒就听到有人说："应把那已死亡的瑜伽师在泥婆罗荼毗。"他站起来，认识到这是泥婆人请求传授（弥勒）赐予的慈氏五论，于是他兴建了讲习慈氏五论的大经院。其后前往布让拉瓦地方，藏地十二尊永宁地母前来迎迓，康嘎地母启请说："我等藏地永宁地母十二尊早已是阿阇黎您的具誓了，请现在效命。"此亦是得道的道貌。复次，（他）前往前藏拉萨时，众空行母来迎接，当智慧空行母用一个外白内红的颅器给他呈献悉地时，彭域人达玛旺秋说道："您是不讲究清洁的瑜伽师，这些麻风病患者断了炊，便宰食拉萨所有的死尸，颅器盛过人血，所以呈红色，不能以这些人充任眷属。”（达玛旺秋）说了这些话遭到智慧空行母的惩罚，鼻子流血，死在北方。（绛求浙桂）又前往念青唐古拉山神的颈部——纳木错湖畔，世间的所有鬼神云集在那里迎接他，被役使为具誓，围绕着他前往康区的索雪地方，并驻锡于那里。当（他）兴建研习新旧密咒的经院时，龙王杰瓦蜕噶前来求法，同意做他的具誓护法神，（绛求浙桂）说道：“对确系我家族的人，您虽非守护神，但不得加害!”其后前往达雪地方的谢、烈、普三座神殿之中普神殿，那里驻锡着竹敦·达玛斯底。达玛斯底根据佛语教法解说新旧密咒诸法后，说：“您在新旧密咒方面得道，亲见诸佛，供养三宝，奴役所有鬼神，名号就叫绛求浙桂吧（意为“菩提役鬼”），这是蜚声藏区的得道者之名号。”以后（绛求浙桂）考虑前往南方工布地方时，空行母授记道：“得道大德你的所化在东方，前往东方将会得成就。”

绛求浙桂同岭·格萨尔结为供施的史实

于是他（即绛求浙桂）前往东方。在到达格尔措山山腰时，岭王格萨尔奉献了罗刹的黑色避雷大氅、罗刹的花花宝剑、罗刹的乌骓马，请求授给长生不死的灌顶，说：“在我降伏凶残的鬼神时，请您守护我的身体。”（绛求浙桂）答道：“当您的死期降临之际，我纵然勉力，岂可作凭依，瑜伽师我做您的守护神，保证（您）不发生磨难，八十八岁是您的寿期。”这时，以积石山神为首的多康地区所有鬼神前来迎接，（绛求浙桂）遂前往汉地五台山，膜拜圣者文殊菩萨，空行母呈献悉地。此亦是得道的道貌。

复次，（绛求浙桂）前往特嘉地区之烈渠地方，即汉地之洮州杨烈地方，平定了汉人的全部宫殿，露布道貌之后留住该地，建寺修行。全体空行母齐聚那里，频频奉献悉地。此亦是证果的道貌。

他亲见诸佛后住于根本定时，格萨尔馈马来到汉地，启请说："我来迎请您，请证果瑜伽师前往藏地，我将奉献银质的刑场号角、猛法的法鼓、胜伏的刑场黑旗以及汉地的无数财宝。"此时空行母向大证果者授记道："在上部乌仗那以北，男女罗刹麇集，作为伏藏，那里有《历史宝炬》、《支撑宗教的大象》、瑜伽师您所需要的《朗氏灵犀宝卷》和经论。瑜伽师不得留恋岭国这小厮，不要听信其言语，巨大的伏藏待发掘。"于是（绛求浙桂）嘱咐岭王格萨尔说："西方乌仗那以北的男女罗刹待（你）调伏，在北面红色片石山山脚状似青蛙的碧绿磐石之下有许多经论的巨大伏藏待你发掘，一旦发掘出来，我立即前来藏地。"说罢，给他身上系了一尊阿阇黎莲花生的像、一根隐身木[5]和一个护身符。（格萨尔）遂出发调伏男女罗刹，发掘巨大的伏藏。

这时，贝尚米邦获悉（绛求浙桂）的声望前来迎接，来到其座前启请说："不留居自己的地方，为何逗留于异乡？请前往我们的地方。"大证果者答道："我们叔伯弟兄相逢，是留是走要商量，还要考察今夜之梦兆。"是夜空行母授记云："瑜伽师启程的时间已到，您的所化在上部地方。您的子嗣将有三个，（他们）将据有上部地方。下月十五日瑜伽师前往上部地方最妥当。"于是证果者发话道："下月三十日，（我）将到达侄子您说的任何地方，侄子你快离开吧！"贝尚说道："下月二十八日，施主宗氏和咱们的拉敦和贝敦等人将在日雪约江砣地方欢迎（您），吉祥时辰是下月三十日，（我）将恭迎于工钦塘地方，尽早缔结法缘，充当施主。"（绛求浙桂）答应前往，他遂离去了。当他（指绛求浙桂）打算前往时，汉藏地方的所有鬼神齐聚，当具誓、厉鬼和依怙等神灵向他巡礼时，证果者说道："你们依怙们奉献了火，天母们汲来水，瑜伽师我烧火，熬煮了善恶两种茶水。现在前往藏地的时刻已到，有空行母前来迎接（我），为照管我的修行处和守持佛教，（我）留下年尚拉敦此侄作洮州的喇嘛（此谓“座主”之意）。”年尚拉敦说道：“此地凶煞，鬼神残暴，（我）要陪伴您离去。”他回答说：“我把天母和依怙留给侄儿您，教授、经籍亦留给侄子您，庙堂及屋脊金饰品等亦留给侄子您，空行母的悉地亦留给侄子您，洮州的汉藏施主亦留给侄子您，汉地五台山的圣者文殊菩萨担任侄子您的本尊神，留下洮州汉藏众鬼神充当侄子您的信使，留下门生三百充任侄儿您的扎巴（僧人的总称）。（您）把阿若敦巴赠送的磐石大鼓取来，我以风做坐骑，若需要我时，（我）会速来。”说罢，跨上磐石大鼓腾空而去。此刻空行母也来迎迓。当抵达岭国的果尔砣地方时，岭王驾到岭国悦地区的上部地方，岭国人士均前往那里赠送礼品。他（指格萨尔）供献了《历史宝炬》《支撑宗教的大象》《朗氏灵犀宝卷》，猛利的法鼓，刑场白银号，令人胆寒的黑旗，阿阇黎莲花生的经卷、冠冕、衣服和靴子等，以及状如白额马的磐石坐骑，启请说：“您是得道的瑜伽师，守持佛教，调伏凶恶的鬼神，增长岭国的人口和财富，消除人畜瘟疫，关心藏地的安乐。在证果者住世期间，愿经常聚会，若要露布无常之状，请带领我至极乐世界。此次是首次献礼。”僧伦赠送了花绵羊，查根供养了白椽木，晁同供黑腰刀，佟布馈赠了白华盖，协噶尔供献了白哈达。总之，岭国三十位头领、三十位勇士、三十个青壮男子、三十位应供喇嘛、三十位尼姑每人分别奉献了礼品，进行了一次启请。大得道者说道：“在雪域若有什么害人（的鬼蜮）要加以调伏，经我授以教法和灌顶后，施主你们遂可降伏。若远离十不善遂可行十善，若修习悲悯遂有慈心，若观想师长始可得加持，若观想本尊神方可得悉地。应修习慈悲并布施，要摈弃罪孽而行善品，这样，福德则会相继不断，此区分善恶的法类乃是有福分者的法缘。”接着演说了应讲解的经籍。当（他）说要离去时，岭·格萨尔说道：“危害雪域的一切（鬼神），我征而未服，若不尊重阿阇黎你的教诲，杀害全体有情，只能是损害疆土而已。现在请调伏东方的寻香王、南方的阎罗王、西方的罗刹古尔峒和北方的男女夜叉，役使为具誓，请留意藏地的利乐。岭国八个平坝及其上部地方献给证果您作阿练若[6]，岭国何处安乐，（我）便赠给得道者您做驻锡地，状似白额马的此巨石献给您做降魔伏鬼的坐骑。”说罢，他们供施二人一同前往岭国八个坝子中的悦德雅塘和岭国上下部各地。俟后停留在状似白额马的巨石前，祭祀三宝，向众护法神奉献施食，向鬼神抛撒使之恪守誓言的施食。向空行母祈请悉地，空行母遂呈献悉地并授记说：“身披狗皮大氅的瑜伽王不要停留而要去东方，东方寻香王肆虐太猖狂。”（绛求浙桂）于是跨上状似白额马的磐石，击以金刚拳，蒲团化作四马绕周围(凌空奔腾)。在天空（绛求浙桂）目睹世尊释迦牟尼、传承佛语的历辈师长、本尊金刚手、吉祥金刚童子、大威德诸尊会众和忿怒佛母等。上部地方之地祇格果，中部地方的念青唐古拉山神、下部地方的积石山神和藏地永宁地母十二尊等世间鬼神聚在一起，下部地方的积石山神启请说：“我担任东方的信使。”于是（绛求浙桂）前往调伏寻香王，他幻化为金刚童子，在金刚部坛城拜见金刚勇识，金刚部空行母呈献悉地，遂降伏了男女寻香，约定不加害有情，做瑜伽师的具誓，奉献了命根咒，于是被委为信使。随后（绛求浙桂）前往宗喀地方，降伏了宗喀的一切鬼神，龙女们短程送行。（他）又跨上状似白额马的磐石飞驰天空前往藏地，在空中他敲击金鼓，驾到藏地后，积石山神启请说：“为调伏南方阎罗之危害，我请求担任信使效力。”（绛求浙桂）真身变为文殊菩萨，跨上状似白额马的磐石（飞翔），在宝部的无量宫谒见宝生佛，宝部空行母呈献悉地，遂役使南方阎罗，约定不伤害有情，做瑜伽师的具誓。复次，藏地永宁地母十二尊启请说：“身着莲花生服饰的瑜伽师，您无论前往何处时，我等永宁地母十二尊咸做具誓，却未曾被委任为您的任何部属。此间西南方的罗刹加害世人，阿阇黎您前往调伏的时刻已到，我等藏地永宁地母十二尊请做阿阇黎您的具誓。”（绛求浙桂）于是跨上状似白额马的磐石，变身为阿阇黎莲花生前往西方乌仗那，前往极乐世界，前往度母刹土，参拜诸佛，在莲花部坛城拜见无量光佛，找寻男女罗刹，调伏了罗刹古尔峒，莲花部空行母呈献悉地。其后，返回藏地时积石山神启请说：“阿阇黎莲花生密意化身的您已前往西方乌仗那调伏了作恶的鬼神，在调伏北方男女夜叉时，我请求担任信使效力。”又启请说：“请以我的白螺山做您的禅房，在得道者纳妃时，（我）有许多财女要奉献。”于是（绛求浙桂）跨上状似白额马的磐石，化身为金刚手，降伏了男女夜叉，降伏哲木雄地方的鬼神，在羯磨部的无量宫晋谒不空成就佛，羯磨部空行母呈献悉地，北方多闻天子启请说：“今日（我）将供养财宝，得道者您心中明白充当（您）子嗣的守护神是何人。”（绛求浙桂）思忖到，财宝于我有何用。于是委派为子嗣的护财神，说道：“（我）将骑乘磐石返回。”多闻天子启请说：“（我）供养我所骑乘的马一匹，骑乘石头是不妥的。”他思忖后答道：“犹如国王您将馈赠的马一样，我的石头是堪任的。”说罢，跨上石头，击以一记金刚拳，于是变为一头狮子，骑上而去，鬼神们心悦诚服，在空中和地上呼喊说：“我也要担任（您的）子嗣之守护神！”遂委任他们为子嗣的守护神。

得道者同积石山神前往岭国时，积石山神启请说：“请前往鄙处，请光临白螺山，倘若打算娶妃，（我）有财女要奉献，此外（我）尚有众多的姊妹，谁中（您的）意（我）便奉献谁。（我）有亲属三百六十个，谁合(您）的心意我就奉献谁。”他认为从前（朗氏家族）就是天神的血统，我本人亦是从天神获得悉地，鬼神之子女众多时，后代将不能守持佛教，且会危害有情。于是施舍给他（即积石山神）的三百六十亲眷和四十五姊妹以朵玛食子，役使为具誓，说：“(我）将继续向您积石山神和眷属供献朵玛食子，请担任我后人的事业守护神。”（积石山神）

允诺担任具誓护法神。

其后，他给岭国男女施主惠赠了悉地，多次讲经灌顶，说："瑜伽师绛求浙桂我在天界之时已种姓醒悟，笃信佛教，弘扬佛法，降伏了作恶的鬼神。岭国的人畜会兴旺，施主你们会长寿。现在瑜伽师我要去繁衍子嗣。"说罢就要离去。格萨尔向他恳求道："证果者您要前往何方？请留居我的地方，倘若不肯留居要离去，请告之修行处在何地，（我）将携带礼物来拜见，否则请带领我俱往。"证果者答道："施主岭王甚虔诚，（我俩）在许多辈之前，在许多世之前已发愿结为供施。我的故乡在上部地方，上界清净天堂以下世间安乐处就是瑜伽师我的家乡；凡是殊胜的修行处和佛陀莅临过的地方都是瑜伽师我的家乡；上部天竺以下到下部汉地以上的地方均是瑜伽师我的家乡；屋脊镏金饰件辉煌的寺院、奉安经卷的场所都是瑜伽师我的家乡；拉堆绛以北，拉堆、泥婆罗、卫藏等地均是瑜伽师我的家乡；南方十八处大地区亦是瑜伽师我的家乡；达咱、赛日等地，宇日、日卓等地，嵇巴、茨松热萨等地，布洛、鄂雪等地，赛郑宇松等地，吉鄂、桑德等地，那索、夏格等地，洮州、岭国等地皆是瑜伽师我的故乡；（我的）亲友在日土（西藏西北毗连新疆处），先前原本是家乡，此间亦算作家乡。瑜伽师绛求浙桂我为繁衍守持佛教的子嗣，将在南面的上部地方繁衍子嗣，瑜伽师修行的逆旅是玛旁雍措湖畔的曼遮地方，那里是四河聚集的河源，是佛陀驾到过的圣地，（我）将在那里静修。"说罢即离去。格萨尔返回家乡。

证果者前往炎热的地方时，峡谷妖精卡瓦噶波和龙妖康季巴玛、朗查渥二者（似应为三？）逞凶肆虐，他（即绛求浙桂）毫无惧色，龙妖不认识他，变为红人、红蛇遮覆大地，他化身为金刚手菩萨和马头明王，头发燃烧，入定而坐，挥舞金质的五股金刚，显示种种神通，跨上状似白额马的磐石，责打面前出现的一群群鬼神。鬼神们逃遁至岗刹雪山，他又杀向雪山，他的十个手指幻变为十尊智慧忿怒明王，以令山崩岩塌之火山融化雪山，此时出现了两个骑鹿的红人，搂住（绛求浙桂）的脚央求道：“在您调伏四方鬼神时，在（您）召集世间的鬼神时，（我们）做您的具誓，请勿焚毁我俩，也不要掀倒（我俩）栖息之山。”证果者答道：“得道者我的子嗣是殊胜的补特伽罗（人），证果的喇嘛和首领将层出不穷，朗氏家族将会有位高如虚空之人，聪颖明智如日月之人，光辉耀目如星宿之人。在守持佛法方面，得道的喇嘛将连绵不断，在安定疆土的俗务方面，将不断出现首领。如果你俩想要试探，我就像征服世界(其他）鬼神那样将你俩粉碎。”说罢，遂调伏之。

他又前往公有的勒竹地方。杨烈洮州以上和支瓦尔地方泽莫寺以下的直、嘉达和牟三部落（之人）都被咒师摄服，均被役使为门徒，九大贵人被役使为民，役使斯巴神的父系和母系（后裔）。因为相传（他）神武无比，所以朗·董瑟的后人们奉献了勒竹和达俄等处人们的住地、神殿和佛典，从而博得他的欢心。璋氏和贝东迎请（他），但未前往。父系兄弟朗·赛巴、宇巴和如本三人（向他）捐赠答、雪、普三地的神殿、赛日神殿、宇日勒萨寺、答雪拉康塘寺、根江寺。他前往公有之地，朗·桑巴尔说道：“为款待证果者光临，待朗巴康巴支系众人集中后供养，此间作为首次献礼，赠献公众的六条沟谷、年波热咱地区的扎果地方和嵇、巴尔、怆三地，奉赠屋脊有镏金饰物的全部寺庙和所有佛典，朗氏全体璁玉般可爱的儿童中任您挑选带去做门生，承侍叔叔您。”说得（绛求浙桂）很高兴。二十八日虽有讲经说法的惯例，但（他）仍前往松砣地方。施主璋氏赠献了噶雪地区的贡吉塘地方、素工谷尾、加秋、布烈巴如等地方，请求充当应供喇嘛。贝尚敬献了《甘珠尔》经和那雪地区的萨矶地方。东虬馈赠了索雪地方的蔡钦寺，拉敦赠献了有金顶的瑶那寺、印度人建筑的塔院寺、琮都羊巴地区的竹西寺。（他们）启请说：“先前您莅临过(以上诸地)，现在请做禅房。”总之，印度金刚座和阿里以内的地方，（他们）无不捐赠，而且还划出热希、夏索、克喀和一处处地方投献。

绛求浙桂娶妃噶丹玛及其后裔的史实

复次，（绛求浙桂）娶妃噶丹玛，长子贝尚降生于故乡，因其容貌俊丽，故取名为切尚贝季僧格。第二子生在集会之时，故取名阿充。其后生的是泽玛。嗣后，他再次在玛旁雍措湖畔——四河之河源，佛陀莅临过的地方修建禅房，空行母和本尊神均呈献共同和殊胜的悉地。

八十三岁时，先前曾赠送过礼品的格萨尔王前来敬献礼物，启请说："我没有子嗣，我向您请求悉地，请授以食物无穷尽的悉地，请赐以身体不劳顿的悉地，请传给无不定心的悉地，请授以口不干渴的甘露悉地，请传给刀枪不入的悉地。"（绛求浙桂）赐给了颅骨背靠背制成的合格颅鼓、无穷尽的避谷术[7]的教授，口不干渴的甘露水的（法术）、刀枪不伤（的法术）、无马如风（飞翔法术）和经常（有用）的教授和悉地，格萨尔遂返回。是日，妃子生下一子，为纪念那天，公子取名为达查。

继之，（绛求浙桂）认为应寓居玛旁雍措湖畔的曼遮地方，其时，他年届八十八岁，空行母来迎接，询问说："瑜伽师若不住藏地，是否前往乌仗那？"他答道："瑜伽师我的故乡是玛旁雍措湖畔的曼遮地方，那里是四河之河源，佛陀曾降临之处，在藏地（我）尚有作化，我在一百零八岁之前还要教化此世间的应化众生，人间岁月二十春秋之后，你们空行母再来迎迓，瑜伽师我要前往安适的地方。（我）启程抵达乌仗那之后，你们空行母应授记得道的亲友应如何守持此殊胜的悉地，请对儿子、妃子和亲眷作简明扼要的训诲。"

于是空行母遂授记说："朗氏证果者赛贝达尚在答雪地方的虬岩窟

修习人间岁月三十载之后将获得旧密咒的成就，露布遨翔虚空的道貌，我等空行母将呈献悉地，瑜伽师您不因此而住于证悟之境吗？在天竺金刚座山下，朗·喀切格敦尚波将展示十种道貌，（他）将九次亲见本尊，此人亦将住于瑜伽定境中。在雪域藏地，朗氏家族的证果者将出现十一位，虽然宛如瑜伽师您一般的是不会有的，但空悬法位是不可能的。此是瑜伽师您心中明白之事，空行母我又作授记。”得道者认为赛巴达玛尚波是近亲，应向他讲解金刚童子的修习法，应给予相应的授记。于是对空行母说道：“请授记证果者赛巴达玛尚波，安排他留守此处，瑜伽师我要前去照管应化众生。在多康（安多和康区的总名）天神之地，妃子生有四子继承瑜伽师，（我）要考察（他们）生育了什么子嗣，（我）已安排侄子拉敦年尚留住洮州做喇嘛（意为“座主”），（我）要观察他的教化是否广大。（我）要观察岭国男女众施主是否人畜迅猛增长。（我）要考查施主岭王的教化是否广大。（我）要考查施主璋氏、贝东和拉敦等人是否维护供施情谊。”说罢，空行母授记道：“瑜伽师绛求浙桂您本系阿阇黎莲花生的化身，为调伏鬼神而化身为人守护佛教，您的子嗣有三类：或系守持佛教的大德，或做修行之幡幢，或管理藏地。瑜伽师您的妃子噶丹玛本系智慧空行母，（您）将吉祥圆满富足，亲眷之枝叶茂盛，您的后裔将安住于天竺和汉地之间的藏地。”说罢，众空行母在音乐声中消失。

朗氏证果者达玛在十三天内到达（绛求浙桂处），（绛求浙桂）向他讲解了多部经论，然后说道：“我要离去。”令其修习风脉法。（达玛）启请说：“我要承侍三宝，竖起修行之幢，使此地繁荣昌盛，我请求授以众多的教法和护法神（之法），请像关怀孺子一般抚育（我）。”于是(绛求浙桂）讲说了令人膺服又易于理解的新旧密咒之心要，空行母秘密心要方面之不死不堕法和风脉幻轮法等众多的法。随后以风作坐骑，须臾之间到达拉萨，向拉萨的释迦佛像请求加持，中午时刻前往索地（今西藏北部)，又前往索雪地方的蔡木林寺，继而前往北方的盎兀、南方的雪积贡秋，考查三个儿子，他变幻各种身形前往。切尚贝季僧格在梅尔座前。他（指绛求浙桂）变为虎而前往，儿子化身为狮而来；他变身为蛇，儿子幻化为大鹏；他化身为金刚手菩萨，儿子虔诚恭敬地礼拜，说："我目睹吉祥金刚手的尊颜，似乎是证果者父亲的悲心所致。"他高兴地说："我也是干练的瑜伽师，（你）尚需修习佛尊。"说罢，前往年波热萨岩。阿充住在岩上，他（指绛求浙桂）幻化为龙，阿充说道："我乃是证果者的第二子，是修习本尊神的得道者，是调伏鬼神者之后辈，魔神你若试探我，就看看我是如何守护年波热萨地方的。（你）仿佛是父亲的具誓，（我）要在魔鬼你的上方观想佛尊。"遂变身为十尊忿怒明王安住在他的上方。他高兴地变为金刚童子，十尊忿怒明王都来巡礼，阿充喜悦地敬礼，启白了如下的颂文："我亦有证果者后裔之四昆仲，（我）在年波热萨岩上，在新旧密咒方面获得成就，心中谙习清净的《集密》，并坚持修习，故调伏了鬼神，亲见吉祥金刚童子，继承了父亲的教法，向空行母请得悉地，馈赠具誓以朵玛食子。"他（指绛求浙桂）高兴地中止了幻化，说道："孩儿你虽娴熟旧密咒，但须勉力于修行之法，若坚持修习，将获得一切意乐之成就。躺卧为龙的是我，安坐在上的是孩儿，（你）缺乏父亲的声望，孩儿应创名声，直玛年脱阿充应以此地做故乡，要在此处修习三载，修行彻底就会有证悟，乃翁训示的心要，已用言语露布给孩儿。"说罢，阿充施礼、忏悔，启请说："在我等瑜伽师家族中我也要繁衍瑜伽行者的子嗣，现已娶妃生了一子，作为忏悔之供养奉献给父亲，请赐以名字和护身物品。"父亲喜悦地见到孙子，因其头状似宝座，遂说："我的后代中会有安坐宝座的喇本（谓为政教共主），会有严厉凶猛的咒师，会有出人头地的赞普（此指地方土酋），应给孙子取名号，就叫年神的信使葛赤吧。"遂赐以名字和护身物。复次，他认为应考查在噶雪贡钦地方的妃子噶丹玛，遂化身为一只鹫鸟而前往，盘旋于山巅，施主璋氏说道："鹫鸟来了，是否什么地方有被猛兽咬死的动物残骸？"妃子认识他，说："不是何处有动物的残体，鹫鸟是向我飞来的。"说罢，前往鹫鸟跟前施礼，启请说："证果大瑜伽师即使化身为鸟类亦无幸福可言，请勿漫游荒山野岭，应前往安适的竹西地方。"他停止幻化，说道："我的妃子噶丹玛，你是否已让三个孩子修习？修行出现了何种道貌？牛马是否猛增？（你）对亲眷是否具备菩提心？施主们是否欢心？你本人是否守持生活的操行？是否给孩子娶了妻？（媳妇）她是否生了子？是否精心取了名，是否赐给了护身物品？"噶丹玛答道："（我）未背离瑜伽师您的命令，我等在家的人都备勉精进，（您）是否不想见两个孩子？可能（您）在思索（我）修习的是何法，我有什么道貌您清楚，做为我份内之事，已给儿子娶了妃，婚配之后儿子生了子，长子在索措湖畔，第二子在萨扎岩，孪生子在宇郑地方，幼子在格尔茨岩。长子贝季僧格已有二子，请赐给名字和护身物。第二子阿充已有一子，过去未献于得道者您的座前，请赐以名字和护身物。噶丹玛我洁身自爱，瑜伽师您已去上部地方，惠赠的礼品有何种？殊胜的悉地有何许？做为道貌是否亲见诸佛尊？"对此，他做了许多教诫和训示，继而说道："现在（我）要出发。"说罢，前往洮州、岭国和父系兄弟的部落，考查其幸福景况。（他）跨上如风幻化的坐骑前往洮州，但见洮州颇为繁荣，在那里修行一年，演说了许多经论。其后，前往岭国，演说了修心混杂相生之法。继之前往朗氏父系兄弟的部落，演说了许多经论。朗氏长官多吉洛追奉献礼品后，启请说："感激惠赐佛法经论，尚请惠赐俗事礼仪规则方面的训示。"证果者说道："暂且不言关于是非曲直的忠告，十年之后请前来，闲暇时将给以忠告。"

复次，他以心和幻化变身为熊前往答查处，答查化身为虎而来，他变化为豹和狮，儿子变身为虎发威咆哮，父亲对他说道："当你生为虎之代表时，由于宿缘，要做格尔茨神的奴仆。"又云："你仅能显示一种化身，是不会有子嗣的。你住世时，勇气和威严两方面都凶狠，外表令人生畏而且武艺高强，（我）由此给孩儿命名，因为你生为猛虎之代表，勇猛非凡，就取名为答查阿尔巴。”随后，带领儿子前往璋氏处。当到达长侄之地时，立刻被迎至噶雪噶如，（为他）设宴，（侄子）头戴聂式帽，他说道：“侄子的筵席堪称佳，（侄子）头戴乌黑帽[8]意味将娶妃子，（侄子）就叫敦尊夏那坚吧！”其后，侄子先行而去，对胞弟说：“头戴这顶乌黑帽前去迎接(绛求浙桂)。”侄子（指敦尊之弟）自果达地方来迎迓，（绛求浙桂）给他取名说：“迎接者到达交叉路口，就叫砣巴夏那坚吧!”说罢，遂离去。其后，（他）在贡钦塘修习三年，驻锡巴尔鄂地方三年，停留加秋地方一年，驻锡果那地方三年，向子侄们演说了十二类精深之法。当刚刚居住在噶雪贡钦塘时，就向岭国的施主、朗氏父系兄弟、侄子年尚、近亲达尚、父系兄弟贝尚和施主璋氏等人讲解了许多密乘经籍。而《历史宝炬》、《支撑宗教的大象》、阿阇黎莲花生关于佛学的论著和新旧密咒的许多典籍是在（他）前往素江砣神殿后演说的。

（他）说：“总之，（我）虽然服从所认可的真谛，但瑜伽师我要加以必要的思虑，撰写出思考和修持真谛的偈文。”又言：“在此时，咒师要将念修相结合，不得分离，笃信佛法的子侄们若实修此‘七不离异’的道歌，是必需的，故应膺服。”切尚贝启请说：“它们的母系血统（此处引伸为‘有机因素’）我等略具些微，（您）演说俗务方面的教诫颇为紧要。”证果者答道：“人是否贤良，应考察其行为；自己是否明智，应考察其计谋是否善巧；自己是否辩才无碍，应观待其谈话后是否后悔；自己是否富足，应（观待）其积累财富之后是否善于开销；自己是否是赞普（地方土酋），观待其不在任何场合矜持；自己是否有长远之计谋，(观待）其以财富调柔敌友；自己是否有父系兄弟，（观待）其对内和好对敌仇恨；自己是否敏捷，观待其射箭是否中的；自己是否神武，观待其是否擅长战斗；自己是否有亲眷、仆役，观待其部落治与乱；计策是否暂时不施用，观待他人的利乐；自己是否明智，要倾听舆论（评价）如何；自己是否富有，观待供养三宝。自己要成为能人，则需要上述条件。请记在心中，将会派用场。现在我要迁徙住所。”说罢，从索地区的约那地方启程巡视所有疆土。

绛求浙桂向子侄们传授自身证悟和圆寂的史实

（绛求浙桂）为了白直绒寺的佛法世代传承，馈赠世间空行母以使之恪守誓言的朵玛施食，并娶智慧空行母和护财空行母为妃，（她们）经常不断呈献悉地。经他祈求后，世间空行母和众鬼神允诺担任子嗣们的守护神。（白直绒寺）向他敬献了二部，作为施放朵玛食子的代金（即酬劳），他留下二部返回家乡。

在留居噶雪噶鄂期间，（绛求浙桂）向子侄们做了本质的教诫，说：“应如此修持，应谙熟修法的规矩，修习根本定，修习三摩地，食分别一味，坚持念修，严肃地守戒，遵守誓言，是为妙法庄严的传统。俗务方面的规矩是：启请高贵者，征询智者，考察他人，白昼观察，夜晚思索，做到遇事胸有成竹，且倾听舆论反映，勉力贯彻长远之计，是为俗务的根本规矩。总之，智者本人也要向长老征询韬略，征询父老叔伯（意见）后方能谈论有关部落及方略，征询老臣始能提出有关部落和施政的计谋。虽然自己位处尊荣，也应尊敬他人；虽然自己身为一方之主的赞普，也应与部落和长久之计共存亡；虽然自己富有，也要善巧财施；虽然自己身为首脑，也应公正对待诉讼；自己若是地方官，则应对亲眷发菩提心；

自己若是总管王，则应以计策维护自己的部落；自己虽敏捷矫健，仍要以勇士围困对手；自己虽有三能[9]，仍要观待（时机）巧妙作战；自己虽健谈，要待谈话之末方忠告于人；自己虽拥有武力，仍应以财物诱骗勇猛（之敌）；自己虽然聪睿，仍应倾听零星谚语；临终之际应观想师长于头顶。若患病，则应将所见情景作为对治。生命诚可贵，但为了国政在作战之时可舍弃，纵然遍体鳞伤亦在所不惜。（人们）虽吝惜生命，但阎王鬼卒降临时也要前去。全体以俗务为根本的子侄应观想妙法、师长和本尊神于囟门，同自己融为一体不分离。光阴紧迫一去不复返，在此刻幸福的时光里应专心致志修习三摩地，若动心起念心散逸，应考查是否安住根本定，即使魔鬼相逼迫，也应做到（同喇嘛、本尊神）不分离。若此，五宝、马匹、大象等财物充盈疆土的欢悦时辰定会到来。是为瑜伽师我的做法。现在瑜伽师我前往净土的时间虽已到，尚有数言要忠告，下月初十日，瑜伽师要前往乌仗那，虽然行将结束对子侄你们的抚育，但是（你们）要以先前的照管为满足，圣人说对这些现世观加以训诲是情长谊深（的体现）。自动求学人人皆能，无需学习遂能解脱是为瑜伽行者之风尚。（世人）观想本尊神修习瑜伽，无需修习而成就是为瑜伽行者之规矩。（世人）享用美味佳肴而面容色泽美妙，以避谷术为食是为瑜伽行者之制度。大地之上习艺是青年的做法，以其技艺遨游太空是瑜伽行者之风尚。（世人）衣锦盛装铺张堂皇，以脐轮为衣是为瑜伽行者的制度。众人崇尚繁文缛节，心呈躺卧之状是为瑜伽行者之制度。变动修改是世人所做之事，做事远离烦恼束缚是为瑜伽行者之本质。变更身体姿态是世人所做之事，公正持身是瑜伽行者的体态。世人转换眼色频繁，直视前方是瑜伽行者的规则。勇士以刀枪为武器，击以金刚是为瑜伽行者之制度。世人身披铁甲，以禅衣为食是瑜伽行者的习惯。观想（本尊神同自己）不分离是瑜伽行者的规矩，以著作为智慧是祖师之业，著作遵循教法是瑜伽行者的制度。设法调伏厉鬼是世人之业，以温和方式伏魔是瑜伽行者之风尚。役使奴仆是世人之业，不加役使而令其成为眷属是瑜伽行者的习惯。遵循上述信条的瑜伽师我即将示寂。”说罢，打算离去，全体子侄启请说：“为了教诲我等子侄，栽培众弟子，调伏世间鬼神，坚定施主的视听，使未成熟者成熟，请为有情而住世。”(绛求浙桂）回答说：“像瑜伽师我这般的体魄在藏地唯有我，（我）已住世人间岁月一百零八个春秋，对此鬼神无力加害，现在年迈的我却不能调伏鬼神了，（你们）要将这些忠告付诸于实践，要和睦相处，子孙的教育亦当如此。世间的鬼神被（我）调伏后，允诺为了守持佛教的证果者们，特别是为了天神种姓朗氏家族，充当我的子嗣的守护神。信守誓言，遵从训示的鬼神们为了守持佛法的大德，吞食了（我的）朵玛施食，从而做了具誓护法神，（它们）亦将享用担任世俗首领、宗教首脑和次第出世的后辈们的酬谢、祭祀所施之朵玛食子。（它们）声称要在座前尽力效忠，做助伴和保护者。若经常修习本尊神，施舍朵玛食子，无论后辈如何潦倒，（它们）发誓要充当守护神。（我）依照阿阇黎莲花生的惯例，馈送（鬼神）以调伏朵玛二十九，设立坛城二十九，制定惩办爽约条例二十九。后辈的守护人是能胜任其职的。瑜伽师我本系阿阇黎莲花生心意之化身，弟子三千四百均系密乘法缘的请求人，诸位施主是赤松德赞及其亲眷、仆从向我请求法缘，在若干世代之前，众施主(同我的）关系已是如此。子侄们应修持瑜伽师我的规劝之辞，修持之后定有体验。瑜伽师我的化身无所不在，后人之中会有像我一样的人。应恒常不断地修持，应知（它）是酋长的家珍。应经常照管情谊深厚的人。首脑办事要出于公心，使得总管王绵延不断，万世长存。青壮男子斗殴要克制，要经常不断习武艺。首领对公事要心存善意，时时刻刻照管亲眷和仆从。父系兄弟应知（我的忠告）是家珍，要时刻养育近亲，要让亲眷和仆役安乐知礼，经常不断履行长官的职责，要使孺子机灵聪慧，勤劳不息。女子应嫁配有钱的富豪，这样，货财始能滚滚而来。财主应善于使用财物，这样，亲友就会层出不穷。姑婶应尽力尊敬他人，不间断抚育子侄。新娘应洁身自爱，经常扶助自己人。瑜伽师我未矫揉造作地向你们亲友讲述关于是非曲直的偈文，以上是为闲暇之际向朗氏家族的近亲和眷属等人进行的规劝。

我们朗拉思氏族是传自五个父系和母系血统的殊胜种姓，无论是充当喇嘛或首领，（我们）家族均能堪任。朗氏的补持伽罗殊胜，在空中金刚相续不断，在地上描绘的坛城不消失，天地之间持明和贤良方正不乏后继有人。同样，殊胜之七夫善巧修心，中平者德行高尚，平常者将如岗底斯山的水晶佛塔一般（不可摧）。在六十一辈人中，喇嘛和首领将层出不穷，（他们）若修习本尊神会速见成效，会成为有辩才的证果者，若担任首脑，会成为总管王，成为拥有广大眷属和仆从的长官。在我同十三代人之时，藏地（之人）会成为属民来围绕。”说罢，又赐给子侄们如下的训诲：

“朗氏父系兄弟、僧侣、咒师、勇猛的持三部密咒的人们、贝尚、年尚、岭国的施主、璋东热希徐鬲阿尔、姑婶、亲眷、仆从和子侄们，（我）要训示你们，教言宛如依托处和珍宝。瑜伽师绛求浙桂我自幼种姓醒悟，笃信佛法，娴熟新旧密咒之诸法，心灵聪睿符合标准，此聪慧的种姓对于子侄们来说宛如珍宝。我已显示道貌四十七，若修习佛尊则速见成效，修习佛尊的此修习法，于子侄们来说犹如珍宝。由于我祈祷（神佛）所赐的加持，亲见二十四尊本尊神，（神佛的）加持会绵延不断，（你们）将经常亲见本尊神，此事对子侄们来说犹如珍宝。众空行母将聚在一起经常不断（向你们）呈献悉地，此持续不断的悉地，对子侄们来说犹如珍宝。（我）役使世间的鬼神，（它们）允诺充任朗氏家族的守护神。（我）调伏了危害雪域的全部鬼神，（它们）约定效力尽忠守护朗氏家族，世间的鬼神们正充当守护神和具誓护法神，充当佛法、喇嘛和咒师的永恒守护神，这方面应如做工者享用（主人的）酬劳食物一样，要经常不断给具誓抛撒朵玛施食，这样就可差遣他们至任何地方，纵使后辈务俗事，（它们）亦会充当后辈的守护神。再者，犹如给贵人呈献食品一样，要经常不断犒赏和祭祀具誓护法神，（它们）会在所需之时前来救助。我役使鬼神为具誓，委任为子孙的守护神，（它们）对子孙来说宛如珍宝。

上部玛旁雍措湖畔曼遮地方和佛陀曾莅临过的地方是瑜伽师我的修行地，（它们）对子侄们说来宛如珍宝。在我调伏天下的鬼神时摄受弟子三千四百人，其中贤者一百七十人，证果者三百二十人，大禅师一百零八人，大德一百六十人，善知识二百六十人，修习旧密咒者一百九十人，（他们）对子侄们说来犹如珍宝。人若是贤能者则应尊敬自己的师长，自己若是贤能者则应抚育他人为门徒，若俱为贤能者则应相互请求教授。（我）有大小佛堂十八处和金汁书写的《甘珠尔》经，谁守持佛教和修行，那些就赏赐给谁。（我）在天竺、汉地和介于二者之间的藏区分别有施主二百六十七位、信仰者二百人，还有殊殊的岭王，若施主们信仰笃诚，会经常不断送来礼品，施主的馈礼不间断，这对子侄们说来宛如珍宝。一般而论，（我的）施主数量众多，投献土地的有十六位。玛旁雍措湖畔的曼遮地方是大父我的降生地。施主巴查和巴杜俩捐献后藏的阿里三围，卓氏赠送普兰和恰果地方，亚泽王之大臣捐赠泥婆罗、里域[10]、拉堆及其以北的地方。仲答·达玛杰波供献前藏苏毗地区自己的花金屋。丁氏施主奉献前藏和后藏的（一些）地方。额氏惠赠拉萨、加玉和贡琼地方。璋供养噶雪地方。朗·赛巴赠献赛日结丹地方，宇巴馈赠宇日竹觉地方。如本旺秋达玛奉献答雪、晋雪和咱雪等三地。钟额多吉奉献红房和上高下宽一见就令人喜悦的碉堡，还赠送了白额牛、猫眼石和璁玉。其子孜桂杰馈赠稽、巴尔和强三地。公有的六条深谷牧场是桑积衮奉献的。八个平坝及格尔砣等地方，还有康区安乐的地方均系岭国施主捐送的。洮州杨烈的寺庙是空行母奉送的。结俄萨德等地方是竹氏分散的四部落赠送的。布渥格雪等地方是贡巴嘉热赠与的。仁波惠赠邦仁秋孜地方。侄子朗瑟钦波（意为“朗氏大公子”）供献公有的勒竹地方。上述地方并非使用钱财购买的，是为瑜伽师我所有的地方。如果（你们）善巧守持，将来就会有这般的馈礼送来，（它们）对子侄们说来宛如珍宝。（你们）还希求什么物质馈礼和土地就请讲，（我）将满足希求。”

敦尊启请说：“总而言之，（您）所管辖的地方您已叙述了，南方十八处大地方崇信佛法，地方又肥沃，无论剃度出家修行或执政司法，它都是中心地带、枢纽要地，请您赐予之。”颇尼雅果赤启请说：“赏罚要分明，分配地方要做到不悔恨，否则出现便宜和吃亏的情况亦是徒劳相思。”砣巴夏那坚启请说：“谁据有地方，谁便是该地的主人，酋长若公而无私，遂是该地的主人。富翁尽力施舍，（众人）便是近亲，勇士执掌邦君（之权柄），便是赞普。除开玛旁雍措湖畔的曼遮、阿里、拉堆南北、泥婆罗和卫藏、洮州和岭国的修行地，无论捐献土地的人是谁，何人占有它就归属谁。南方十八处大地方是我等子侄的出生地，夏天游牧牧业好，秋天谷物丰登，请训示谁人据有此地方。”

此后，他（即绛求浙桂）在分配家产和封授土地时，说道：“索那、索噶和雪那地方，谁若善守境，彼就会有赞普（此指地方首领）的世系。”说罢，赏赐敦尊以天母佛像、孔雀幢、颅骨鼓、布秋寺的全人皮、罗刹之花花剑、洁白的哈达、花绵羊、法庭的白银号和无数财物。赏给砣巴以马、茶、金子各三份，《般若八千颂》，物品，土地，银白薄氆氇，《历史宝炬》，《朗氏灵犀宝卷》，克敌的刑场黑旗，白椽木，猛利的法鼓，锋利的宝剑，无数的财物和宇、郑、赛三地。授给颇尼雅果赤以黑色避雷大氅，小匹黑绸，长腰刀，灌顶的金法器，《支撑宗教的大象》，嵇、巴尔、强三地，资、格、宇三地中的钟额和高大、宽敞、美丽的金刚红堡，琪地区年波扎团地方。继后，他再次赏赐和训诲三子说：

“上下部地方的安适处和此修行地全都授给诸子，授给泽玛以标准的颅骨供具，不坏朽的灌顶咒师衣和自在圆满法。授给答查以三层金佛塔、标准的颅骨供器和多天子像。”又说道：“众子侄、众施主、朗氏父亲兄弟、亲眷和仆从们听我言，瑜伽师我有数言要相告。一言以蔽之，朗氏家族的血统来自天神，是殊胜之种姓，特别是瑜伽师绛求浙桂我调伏了上下部地方的鬼神。关于（我）建树的业绩、修习之法、亲见本尊神的情况、众多施主的情况、（他们）捐赠土地的情况、供奉三宝的情况、役使具誓的情况、培育门生的情况和演说正法的情况，过去已清楚讲述了。瑜伽师我现在进入一百零八岁。至于你们的事业，因祖宗（我）是莲花生的心传弟子，祖母是智慧空行母，故子侄们种姓殊胜，若做喇嘛会利益众生；若做禅师会有证悟；若做大德会成佛学家；若做善知识会成为导师；若求学会聪睿；若管理守持佛法的僧人，将把遵守根本戒律视为至关重要的事项；若修习密咒将威力巨大；若担任部落酋长会使人心服；若担任首领会有心计；若充当地方官会有威严；若系青壮男子会武艺高强；若打仗会勇猛顽强；若是俗人后裔会贤良；若做丈夫会脾气好；若讲说祝愿辞会伶齿俐舌；富裕之后会乐于施舍；充当赞普有计谋；担任带兵官会安定疆土；若守持佛教，喇嘛、智者会来巡礼；位处尊荣者实施法制时，臣工来簇拥；达官安定疆土时，骁勇之士来簇拥。是为子侄的后裔们之究竟状况。干练的贵人们备勉吧!”又说道：“复次，子侄们听我片刻言。对国人要心中有数，尤其是绛求浙桂我种姓优越，门第高贵，（你们）要做到有主见有计谋，不得礼敬无耻的强横者，不得娇惯有辱门庭的逆子，不让装模做样的无知者充当首脑，不让不信仰佛法的破戒之徒担任喇嘛。不咨询愚昧的制造内部争斗者。不让胆小鬼带兵打仗，不输送精良武器给敌人。不在会众之中谈论谋略和知心话。不让痴呆孩子掌权柄。不让老人经商奔忙。不让哑巴传话。不让鲁莽之人担任管家。不糜费积累的财富。不让骏马掉膘消瘦。不要让人闲话淑女。

不要头脑简单令敌人高兴，要有主见奋发图强。不要争夺家业田产。若同外人角逐计谋争夺部落，财富遂从彼而来。胸无大志在内部争夺地位和田产，将蒙受卑劣敌人的恶言诽谤，亲友和仆从都会讨厌他。若同有心计知事理的人磋商，连怨敌和外人亦羡慕，亲友高兴仆人亦安乐，（这样的人）充当赞普或僧人皆不难，会事事如愿，一切遂心，为后世子孙留美名。你们父兄虽有财富，死亡之后遂归子侄所有，在世虽获得各种声誉，死亡之后遂成祖宗之遗物。”

答查阿巴启请说：“父亲之言有理之至，在我调伏现世观时我未获子，今生已得幸福，若赐给下世之乐土，孩儿答查定将前往。（我）遵照您的教诲做到要有主见。请将地方、房屋和祖产授给他们，传给我以财富，（我）请求获得祈祷的喇嘛、灵验的本尊神、消除魔军的护法神和我胸有成竹。（我）不同三位弟兄斗殴，不同三位侄子诤斗，若遇见危害佛教的敌人，答查定要勇如猛虎，那时（我）亦会成竹在胸。作为瞬间的俗务，哪里驻锡哪里就是（您的）家乡，为了培养我等，请继续住世多年。”对此得道者答复说：“孩儿年脱您应以噶雪之布拉雄丁（房名）作禅房。令人赏心悦目的资崩堡是长子贝尚的禅房。（你们）应一如既往地维护以岭国施主为首的供施关系。朗氏父系兄弟和拉贝等人应有主见，谈吐要有理智，不得胡作非为和妄自尊大，应深思熟虑措辞精心。瑜伽师我何时死亡不得而知，长治久安之事拜托于世人。在（我）闲暇之时已将往昔的经历和今后必须保持的家风、规矩等一概列在遗嘱上。闲暇之际撰写的此短文，一般而言，天下之人是需要的，尤其是对朗氏家族人更有用处，天神种姓朗氏家族人应付诸实行。（我）是为子侄们撰写(此文的)，若将它付诸行动，将会像我一样，他人了解有何不可？

“愿各个段落均令人膺服的此篇训示能满足聚在此地的众施主、父系兄弟、近亲子侄的一切希求和渴望。瑜伽师我即将示寂，为改变施主、父系兄弟、亲眷、仆从、近亲子侄和近住弟子等鬼神以上有情之观念和交待今后应恪守的纲目，于是在苏朗砣佛殿口述了此简短的遗嘱，时间是鸡年（土鸡年，藏文铅印本比定为公元1069年）中间的某月初八日。愿一切众生得解脱！”

临别时，（绛求浙桂）嘱咐众子侄数言后，又根据（他们的）请求讲授经教，大家高高兴兴地分了手。其后，他在那锁松砣地方修行三年，在热萨郑脱地方修行两年，给子侄们以教诲，讲述教授密咒心要。继之，在索约那地方演说真谛时，说道：“子侄七位加上瑜伽行者共为八，如果妃子噶丹玛在场亦请谛听，（我）来讲述人人所需的真谛。喇嘛非具菩根心不可，禅师无法远离根本定，大德非著述不可，善知识无法舍弃修持，沙弥绝对不能摈弃精进，大师无法抛弃持戒。聚在此处的施主、父系兄弟、孩儿和门徒们请仔细听，总而言之，奉行妙法的规律是：喇嘛利益众生会顺利博得信众的馈礼；善知识若善巧修持，将成为导师之辈；咒师圆满修习，将顺利获得威力和悉地；沙弥善巧求学，就会知识广博。关于几个‘顺便’的偈句，您们咒师要牢记。征询俗务方面的注意事项时，若极端尊重地位高的贵人，自然会拥有亲眷和仆从；掌权者若大公无私，自然会成为首脑；赞普礼贤下士，自然会成为智者；第巴（即地方首领）若有主见，自然会有战略远谋；父系兄弟若有主见，自然会成为赞普；富豪善巧施舍，自然会有近亲；征战者不学而通兵法，自然会成勇士；若会使用锐利兵器，自然刀锋刃血；若善急驰，自然捷足登先；首领廉洁，自然引来吉祥；叔伯能照料众人，自然德高望重；老人变更（生活习惯）过多，自然会死亡；善于射箭，自然令人生畏；带兵官善于布阵，自然以力逼人；高尚女子讲究卫生，自然是淑女；高尚女子被委以家务，自然会成楷模；放置孺子在新座位上，自然会迈步。（以上道理）于众人均适用，应铭记在心。瑜伽师不欲更改（上述话语），请记在心头，是有用处的。现在再讲一些众人需要的事理：喇嘛破戒遭受詈骂是活该；善知识酗酒游荡村落遭到反唇相讥是活该；咒师不信守誓言，没有威力是活该；赞普放肆不克制，蒙受危险是活该；贵人无主见，遇事束手无策是活该；执政者狂妄自大，韬略失误是活该；叔伯无主见，被人出卖灵魂是活该；勇士作战不节制，遭受伤亡是活该；首领说话偏私，被人揶揄、愚弄是活该；年迈朝三暮四心眼多，被人捉弄是活该；饮酒话头多，沉迷麻醉是活该；无权却多嘴，遭受训斥是活该；胡说八道性急躁，遭遇责打是活该；马术低劣跑马下坡道，跌断筋骨是活该；单枪匹马来寻衅，被杀身亡是活该；财主吝啬不施舍，遭受强梁抢劫是活该；憎恨仆从的官宦，没有亲眷是活该；才女淫乱不自爱，自惭形秽是活该；孺子不服从训示，成为二流子是活该；姑娘适时不出嫁，招赘眷属和仆从是活该；仆役不服从吩咐，遭受棍打是活该；醉汉游荡村落，被人控告是活该。瑜伽师不欲改变（自己的信念），从未领略过这些‘活该’，青年人应记在心上。

“现在略述信仰妙法者应该遵守的教规。应无限崇敬喇嘛，虔诚地祈祷和修习，将会经常不断获得加持；应无限度地修习本尊神，观想本尊，念诵密咒心要（即咒语），将会经常不断地获得悉地；应无限地悲悯有情，发放布施，发菩提心，将会经常不断发心；应详察自心，摈弃心苦，保持原始之心，将会经常不断感觉光明。我们朗氏的出家人应修持具备此‘四无限’的正法。您们施主亦应实行此规矩。总之，僧人的财物无论多寡，不得渴望（自己富裕）而行偷盗，它是长官、邦君和国王的财物，不要误认修行处的咒师不威猛而挑衅滋事，（否则）是受恶魔的唆使；不要一年四季心不安，怨恨下方的头领，以为（自己）衣服褴褛而鞭挞（头领）。这才是父母贤良的好后生。各地厚颜无耻的骗子，纵然能干，却惹人怨，（他们）口蜜腹剑，不能委托办事。霍尔的无赖盗匪赶走马群，损人牙眼有去无来；容貌娟丽健谈的有夫之妇，即使风骚脉脉含情亦不能认作女友，那是邪恶妖魔的引诱，使人倒霉、受谴责、倾家破产。这些道理你们施主要记在心。

“现在朗氏家族的喇嘛们应勉力于佛法，喇嘛不懂佛法乃是丝绸包裹的尸体，虽然整身绸缎，但无人信仰（他）；不懂佛法的善知识宛如湖泊中的黄鸭，虽然全身黄色，但不能担任导师；山口的禅师不懂佛法，宛如草原洞穴的旱獭，旱獭虽栖息草原洞穴却不修行；沙弥不懂佛法正如枯黄的大树，身呈黄色却无人尊崇；无能的咒师还不如灶里的积灰，（灶灰）无用尚能把器物打磨得黄澄澄，咒师低能不过是柏树的枯叶朽枝。这些不懂佛法者将蒙受如此的‘礼遇’。

“此刻说说有关妙法和俗务的是非道理。贤良方正是朗氏家族喇嘛的遗风，生起慈悲，遂是决定。正见、行为和修习是禅师的功课，若证悟所修之根本道，遂是决定。讲解、辩论和著作是大师的作业，若建立僧团和讲经院，遂是决定。诵读、演说和修持是朗氏家族善知识的工作，僧人若博学，遂是决定。密乘、修持和精进是小沙弥的本分，心灵聪慧，遂是决定。无论怎样，守持戒律至关重要，它是全体沙弥和僧人的立足点。修行、能力和念诵是朗氏康巴支系的本尊神，若亲见本尊，遂是决定。领会、讲说和施舍是酋长的事业，若终生有福德，遂是决定。公心、担任总管王和为公众代言是朗氏首领应尽之职责，若公正无私欲，遂是决定。勇猛、敏捷和武艺是青壮所追求之事，若马被套得安稳，遂是决定。对治、安乐和恭敬是眷属和仆从听需之事，若可以委托任何工作，遂是决定。细致、伶俐和贤能是大部落长所需的才干，若眷属感激，遂是决定。善巧培育、施舍和役使是财主所需条件，同众人亲密和睦，遂是决定。聪睿、贴切和慈爱眷属是地方官所需品德，若有财宝，遂是决定。他人敬重、作风正派和自有才气是德行高尚的女子的前提，若眷属和仆从妙高，遂是决定。肤色白皙、寡言少语和处事细致是品德中平女子的标准，若乡邻喜欢，遂是决定。体态娟美、饰物璀灿和会做事情是普通女子功课，若父兄贤良，遂是决定。我们朗氏父系兄弟们应实行有关行为举止的信条。请众施主认识到（上述道理）是普天之下适用的。

“现在，诸位喇嘛请利益众生，做到慈心绵延不断。禅师们请修行，做到恒常不断住于根本定境。大师们请讲解和听受，做到不断兴建讲经院。小沙弥们请追求学识，做到修持经常不断。咒师们请修习本尊神，做到修习密咒三摩地经常不断。我的种姓优越且（修行）地清净，我会有一代一代继承人。”说罢，讲说了多部经论。

此时子侄们启请说：“（您）虽然不能住世数年，亦请住世数月。”对此，（绛求浙桂）回答说：“瑜伽师我即将死亡，定会有人建议（我）接受医疗。（我）老态龙钟步履艰难，可能有闲言碎语议论（我）曾进行治疗。在（我）年届人间岁月一百零八岁时，在那、索二地之间会出现像我一般的证果者，应如（对待）我似的承侍他，奉为喇嘛，请求教法。我即将离去，我是证悟圆满的瑜伽师，是多次亲见佛尊的瑜伽师，是奴役鬼神的瑜伽师，是在三摩地定境中修行的瑜伽师，是弟子和施主的瑜伽师，是驾驭原质（即地、水、火、风）和风脉的瑜伽师。瑜伽师我即将冷眼旁观世间的热闹。”说罢，化身为鸟王而去。两天之后的清晨返回来，说道：“（我）已观看了世间的热闹，已给你们子侄留下遗教，在俗事和妙法方面（我）做到了无惭悔。明日太阳升起天气暖和之刻（我）要示寂。”切尚贝季僧格启请说：“瑜伽师若要示寂，尚请给以训示，请悲悯地摄受子侄们，请在每代子嗣中化身出世。”（他）答道：“请把先前的话语记心头，（我的）忠告和训示就是那些。总之，要奉行妙法，不要造孽。以僧人而言，不得入苯教之山门，以山中静修而言，不得游荡俗人之乡。办理任何事要磋商，不应延宕和狭私，要唪诵令人信服的真理文章。子侄们应如此实践，若（将我的教诫）付诸行动则会像我一样，请实行之，牢记心上。令人服膺的妙法典籍，家中已用金汁书写成卷子。俗事方面的准则是这样，事前详察是聪明人的标志，事过悔恨是愚人的表现，处高位受人尊敬是贵人的标志，知晓事物且征询于人是智者的标志，富足而且为佛法布施是富豪的标志，团结众人是酋长的标志，公正无私是首脑的标志，大力舍财是赞普的标志，骁勇、机智和作战有节制是勇士的标志，身怀七艺是青年男子的标志。应使自己具备这些标志。如果勉力于上述标志并将（我）先前的告诫付诸实行，瑜伽师我虽在世亦无别的训示。若不尊重（我）先前的嘱咐，活在世上仅是心烦的种子。工作、手段和计策施行于人时，勿得听信妇人和恶仆的挑拨，应胸有成竹地奋力实行长久之计策，瑜伽师圆寂是不能逆转的，子孙后代在修习瑜伽方面做出成就，遂能治国平天下。”

阳火龙年十一月初十日（绛求浙桂）示寂时，空中出现彩虹，在音乐声中空行母来迎驾，鬼神和具誓忏悔和呼号。（他）再次训示：“十五日火化遗骸。”这时，但见在空中众多证果者围绕着阿阇黎莲花生，(绛求浙桂）由空行母迎迓，在烟气中冉冉上升，随后变为彩虹，（人们）亲眼目睹他逝往虚空的情景。噶丹玛多次悲痛哀伤地呼喊说：“大瑜伽师不守持佛法，前往何方！大瑜伽师不以佛法教育门生，前往何方!大瑜伽师不调伏世间鬼神，前往何方! 大瑜伽师不请求空行母授以悉地，前往何方! 大瑜伽师不对眷属和仆从发菩提心，前往何方！大瑜伽师不教诲我噶丹玛，前往何方! 大瑜伽师不训诲子侄，前往何方！噶丹玛我亦将迅速死亡，子侄们请遵循瑜伽师的教语，对待眷属和仆从要温和慈祥。”在他(即绛求浙桂）示寂的次年十一月初五日，噶丹玛逝世，被空行母迎走。

子侄们遵从瑜伽师的教言，亲密相处，守持作为根基的世俗道德和作为饰物的妙法，完美地管辖康区疆土，直接据有南方上部十八处大地方，役使（当地）所有民族和显贵为庶民，与上下部地方的全体守持佛教的僧人、咒师联姻，修习妙法，亲见佛尊，获得众多道貌，役使鬼神。在俗务方面，繁衍子孙，从而喇嘛、咒师和首领连绵不绝。由于阿阇黎莲花生的加持，世代护持政教二法者均是朗氏的大得道者。

自朗氏大证果者多吉旬努到赛巴·苏噶答哥恰的史实

朗氏家族的大证果者多吉旬努，在岗郭底协岩窟有个名为食人的大夜叉危害所有有情，别的证果者均降而不伏，多吉旬努修习本尊神，以护摩（即火供）烧糊魔鬼。由于其时天空出现光芒，故他又叫多吉卧塞（意为“金刚光芒”）。作为其道貌，（他）在一座水晶塔上发现多种军械。故调伏食人大夜叉者亦是朗氏家族的大得道者。

朗氏家族的大证果者曲季洛追，于大乘佛教方面得道，在无余涅槃状态之中而成正等觉。故在无余涅槃状态中成佛者亦是朗氏家族的大得道者。

朗氏家族大证果者锁南僧格在汉地五台山亲见圣者文殊菩萨，雅曼答噶神赠给他悉地，他奴役阎罗王，四个咱热瓦（似一神名）如同狗一般被役使，从而击败了怨敌和魔障。故在修习圣者文殊菩萨方面获得成就者亦是天神种姓朗氏家族的大得道者。

此外，朗氏家族大证果者贝季僧格，当魑魅魔王白哈尔在邓隆塘地区之季登卓玛地方捣毁寺庙时，当讲经院即将被掀翻时，贝季僧格化身为金刚手把魔王捆扎在袋内，加以诅咒，把罗刹捆扎在袋内，进行护摩，从而调伏了魑魅魔王白哈尔。故使邓隆塘十分安乐、繁荣者亦是朗氏家族的得道者。

朗氏家族的大证果者益喜坚赞住于根本定时，舍地方的噶扎岩被烧焦，高僧们纷纷逃逸，嗣后寺庙兴建不成，经恩敦巴尚授记，善知识至尊喇嘛迎请他前来，奉献上品茶砖十块、鬃毛披散的白龙马一匹和碎银十升，他调伏了全部鬼神。至尊喇嘛向他奉献舍地区噶扎岩的曲科尔炯勒寺。故调伏鬼神者亦是朗氏家族的大得道者。

朗氏家族的大证果者咱俄·拉伊多吉在答雪地区拉康塘地兴建镇肢寺。藏地精通建筑的是朗氏，汉地娴熟的木工是朗氏，在里域掌握铸造的是朗氏。（他）塑造了三百泥佛像，塑造了高达三十肘的大日如来佛像，塑造贤劫菩萨高有十六肘，供养大日如来和众菩萨的天母高八肘，其他各类供养无数，故该寺取名叫说法虚空洲。在有为法方面善业广大者亦是朗氏家族的大得道者。

朗氏家族的热咱·贝季达瓦在答、江、惹三地建筑三座大寺庙，（其中）曲敦土吉林寺模仿帝释宫，建造得既高又大。

仁木雪地方云丹炯勒寺是遵照桂烈楚的指示取样于桑耶天成寺修建的，作为修行处，令人居住安适，感觉悦意。建筑布局宛如曲敦土吉林寺,(它)由土吉绛求多吉开光,(他)盛赞该寺外观宏伟精美,殿宇漂亮,佛像既多又好。故在有为法方面善业广大者亦是朗氏家族的大得道者。

朗氏家族的大证果者多吉宁波在答江山口的崖壁上画了怙主观世音像，其后他人若修习，均能亲见观世音，故命名为“山上佛尊”。在修习怙主观世音方面获得成就者亦是朗氏家族的大得道者。多吉宁波在达雪地区之查热塘地方调伏惊马黑夜叉，在夜叉栖身的磐石上塑造吉祥金刚手佛像，他本人又化身（为金刚手）以诛业调伏之，自是无论何人经过查热塘地方均旅途平安，不受危害。故调伏惊马黑夜叉者亦是朗氏家族的大得道者。

朗氏家族的大证果者旺秋多吉，在后藏有名为藏特伍特尔盖的魔鬼噬食所有的人畜，（后藏）陷入困境之中，霜、雹子、庄稼锈病和旱灾毁了田园，人们束手待毙，惶恐不安。旺秋多吉幻化为本尊神，念咒和修持三摩地从而调伏之，后藏地方因而得安乐，人欢畜叫，五谷丰登，人畜疫病消失，故（旺秋多吉）其号又称多吉特尔（意为“金刚印记”），调伏后藏特尔盖魔鬼者亦是朗氏家族的大得道者。

再者，朗氏家族的大证果者咱俄黛旺秋，非人多吉赞扎毁灭了答雪地区的孜地，他加以调伏，在出现四大征兆的基础上修建佛塔一百零八座，施舍朵玛食子，令（非人）发誓不加害有情，遂调伏了，非人在断崖上露出丝线般的迹印，自此受到佛教僧人、俗人和苯教徒的欢迎，被黛旺秋委任为寺庙的护法神，供奉佛尊，故其名叫做多吉赞扎。调伏非人多吉赞扎者亦是朗氏家族的大得道者。江地神灵是那么凶猛（的原因即在此）。

朗氏家族的大证果者赛巴·苏噶答哥恰在布鄂地方之公确炯勒寺建立讲经院，使全体俗人信奉佛教，该地遂步入善品之路。他在寺庙修习根本定时，食草野兽、鸟类和食肉猛兽咸来听法、守持禁约和巡礼。使鸟类、食草野兽和食肉猛兽遵守禁约和听法者亦是朗氏家族的大得道者。

朗氏家族的大证果者嘉热夏日前往苏毗查瓦隆岗地区之仁莫佟布地方时，山谷妖精来到卡瓦噶波雪山山脚，那妖幻变为红人红马封锁牧场住地，他（即嘉热夏日）化身为金刚手向天空三次挥舞铁质五股金刚杵，击打卡瓦噶波山岩，于是从岩石中走出一个人身鹿首的妖怪，说：“请不要掀翻我的山岳，我听从您的命令，奉献命根咒。”“您是何人？”“我是妖类，危害有情，现在做您治下的属民。”这样役使妖精为属民者亦是朗氏家族的大得道者。

朗氏家族的大证果者多吉洛追在泥婆罗杨烈下方之岩窟修习世尊金刚童子方面获得成就，役使四部具誓、魔鬼、妖精和骷髅鬼为奴隶，差遣自在天母二十八尊和永宁地母十二尊宛如嗾使鹞鹰，征服了作恶的人和非人，故他取名叫金刚童子。在修习金刚童子方面获得成就者亦是朗氏家族的大得道者。

朗氏家族的大证果者年尚拉敦对雨和龙获得成就，在他从汉地洮州杨洮上来的日子里，途中汉地的男性厉鬼作祟，人畜遭毁，他停留于途中加以调伏，使之发誓，从此沿途平安，他赢得威力巨大的美名。调伏汉地男性厉鬼者亦是朗氏家族的大得道者。

朗氏家族的大证果者赛巴·苏噶答哥恰最初善巧修心，其后敦肃地持戒，最后在岗底斯山的水晶塔（地名）、玛旁雍措湖畔的曼遮地方、四河源头、佛陀曾莅临之地和证果者们修行处修行，修持圆满，获得共同和殊胜悉地。继之，前往康区时由寻香伴送，途中，后藏的卡热噶波魔鬼神阻拦道路，对此他厉声喝道："不得胡来！"但（卡热噶波）不服从，他入三摩地，发功推拉，卡热栖身尚德岩被拆除，走出一个妇人，说道："祈请息怒，遵从命令。"从而调伏了卡热门尊玛（即卡热噶波）。卡热门尊玛护送一段路程后，念青唐古拉山神前来迎迓，陪伴至康区。朗氏家族的生神（谓为各人生日的值日神或出生地方的土地神）和依怙神色玛、约嘎、巴门、岗徐尔、多吉旺秋和多吉色等地祇咸来迎接，陪伴至朗氏家族管辖的晋雪、扎雪、喜嘎季雪、达雪隆玛。其时在朗氏僧俗众人的观感中，但见（他）被往昔出世的和现今在世的八十位证果者围绕而来。在众人前边的如本贝季僧格和宇巴·阿尔雅热夏底迎上前去启请说："您生活安乐否？修持圆满吗？玉体康泰吗？旅途劳顿否？"苏噶答哥恰回答道："（我）在佛陀曾经莅临过的地方和朗氏家族证果者们修行的地方修行，当然生活舒适。由于朗氏家族证果者们的遗风尚存，从而我调伏了世间的鬼神，鬼神奉献了命根咒，于是我得以善巧地坚持修行。由于喇嘛和三宝的恩德，（我）身体健康。由于往昔出世得道者们的具誓和藏地鬼神迎送，故未感觉疲乏。您们全体在家的僧人未舍弃妙法吗？苯教徒未破戒吗？出家人戒行整饬吗？咒师们誓言坚贞吗？三宝的祭祀和护法神的朵玛施食未削减吗？天神种姓朗氏家族的首领未谕誓吗？臣僚们未出卖政权吗？青壮男子未做懦弱的胆小鬼吗？德行高尚的妇人们未遭舆论的指责吧？沟头牧业兴旺吗？谷尾庄稼丰收吗？僧人是否干过内讧和相互拆台的勾当？”咱俄回答说：“是的，我们在家的人均礼赞三宝的盛德，弘扬佛教，出家人未破戒，咒师未违背誓约，苯教徒戒行清净，众人终生未沾染污秽和罪过，首脑们未背弃誓愿，长老未有失误，臣工未出卖政权，青壮男子没有怯懦，未吃败仗，百姓未瓜分剩余物，地方未沦丧于敌人，亲友未出卖政权，德行高尚的女子未繁衍出劣种，沟头牧业兴旺，谷尾年景好，任何祥端全都具足。”此时朗氏的家臣果雅禀告道：“在家的和外出的你俩都说得好，我要夸耀的是这些：古尔切、塘蜕和森砣三（部落）亦归我朗氏所有；朗氏京俄六近亲部落，加上贡氏部落共为七，亦归我朗氏领有；朗氏杰、思、确三支系加上属民遂为四，亦归天神种姓朗氏领有；拉思支系的僧侣、俗人和苯教徒（品德纯洁）宛如湖泊冰冻，是亦为天神种姓朗氏所有；珀巴、珀若和珀切三位（长官）亦为朗氏家族所有；赛巴、宇巴和如本三贤者亦为朗氏家族所有；一万孺子和十万马匹亦为朗氏家族所有；康巴三如及其兵力亦为朗氏家族所有；澜沧江流域那波地区三湖再上洁尚（湖）遂为四，亦为我天神种姓朗氏所有。”全体居者和行者对这番盛赞均感喜悦满意。

复次，全体居者和行者聚会时，娘氏家族系佛教的支柱，故以丁额郑尚波为代表；彭氏家族系佛教之脊梁，故彭·多吉旺秋（为代表）；朗氏家族系佛教之明炬，故朗·贝季僧格（为代表）；拉思支系是威德之王，故拉年夏那坚三昆季（为代表）。他们入座后，说道：“从前朗氏家族出了哪些继承先业的圣人、证果者、达官、德行高尚者和勇士？此间尚有何人？请众人议论之。”苏噶答哥恰答道：“从前朗氏家族出了证果者三百八十人，贤良方正绝顶之证果者五十五人，证果的层次有十八。现有的证果者将分别在每个部落建立一所讲经院。”朗氏家族伟大的赛巴·苏噶答哥恰亦是大得道者。夏那坚三昆季在祖宗的灵堂觅得一卷金汁书写的卷子，上面书写的遗嘱云：“十三辈人时期中不受制于人，勿冒失夸海口，自我始数至第十三代，其时我的后裔将像我一般，他将统治疆土。故以此看来，以前朗氏家族有加持力的证果者就出过，现在亦会出世。若将《朗氏灵犀宝卷》和阿阇黎莲花生的论著、冠帽、衣服、脚饰等奉安于笞雪神殿和曲敦土吉林寺的正中大柱中，作为本尊神，加以供奉，南方各地的人畜瘟疫将会消失，出现祥瑞。”朗·贝季僧格说：“我们朗氏家族的后代将以此加持为满足。”又说：“此稀世之宝《朗氏灵犀宝卷》蜚声遐迩，若崇奉它，将会从它获得加持。若要叙述天神种姓朗氏家族成员分布情况，有如下列情形：朗氏人前往上部地方当了上部地方的头领，其人是朗·卡切根登尚波，他曾顶礼天竺金刚座；（朗氏人）前往下部地方做了下部地方的首领，其人是查勒、贡甲和年尚等三人，他们据有汉地的杨烈、洮州、东方宗喀地区的德央地方和北方瓜州等地方，在此时期中，位于天竺和汉地之间的地区内喇嘛守持佛教，禅师证悟入定，咒师威力巨大，以咒力(同鬼神)较量威力和技能，酋长不断获得美名。

“朗氏家族的首脑不应大权旁落，应不间断地爱怜眷属。若此，达官显贵不会兴衰沉浮不定，富人不存破产之忧心，赞普统治安泰，无人犯上谋乱，无人出卖内部的计谋，青壮男子无人胆小当逃兵，喇嘛、首领、本钦、首脑、淑女、智者、机警的勇士和富人们将如湖泊冰冻一般（洁白无疵）。在此期间，人能到达的地方鬼神不能去，马匹能到达的地方野驴不能去，牦牛所至之地野牛不能去，绵羊所至之地妖怪不能去，故如湖泊冰冻一般（平安）。

“朗氏家族较之他人殊胜，门第优越，业绩广大，文献众多，娴熟佛法，堪能实施法制。（朗氏家族）因血统出自天神而尊贵。《朗氏灵犀宝卷》系珍宝之类（传家宝），应遵照其训示在各地广设讲经院。”以上是为（贝季僧格）所说。

复次，他又说：“朗氏家族的成员将会获得吉祥的。”朗氏家族的僧人、俗人和苯教徒们启请说：“《朗氏灵犀宝卷》是殊胜珍贵的文献，故不应向我朗氏家族以外的所有人泄露，请奉安于曲敦土吉林寺干江殿的大柱——天神的无量宫——里，奉安于那里将会导致吉祥、圆满。”

珍贵文献《朗氏灵犀宝卷》和人种来源叙述完毕。

《朗氏灵犀宝卷》发现的经过以及绛求浙桂将它传给苏噶答哥恰以后次第流传的史实

发掘此伏藏者系朗氏珀、让、贝三人之子孔蜕。他得到空行母的授记和绛求浙桂的教言后，在西方红牦牛山山脚一个状似绿青蛙的磐石下掘出《历史宝炬》、《支撑宗教的大象》、《朗氏灵犀宝卷》，装有辩论文献的袋子，藏王（赤松德赞）的花色阴体本尊，阿阇黎莲花生的衣帽、脚饰、书籍和论著等。《百供十三论》卷首记载说，像绛求浙桂把《朗氏灵犀宝卷》授给砣巴夏那坚一样，砣巴夏那坚为了云丹扎而将它奉安在干江神殿说：“大力供奉之，并应视为本尊神。”说罢，即赐给他。嗣后，其子长官扎氏赠给干江的部落长以金佛塔、银曼扎、克虎黄马、帐篷杆和一只猛虎，将《朗氏灵犀宝卷》等迎至噶雪地区之苏璋朵神殿，托付保管，虽曾向地方首领展示，但未流传于他人。拉思砣巴视作稀世之宝，把《朗氏灵犀宝卷》改写为详、中、略三种本子，传给总管长官旺秋僧格。旺秋僧格传给砣巴堪钦，其时他负责管理南方上部地区的庙宇、道场和僧人。作为额外的工作授给多尔炯。当拉思·京俄瓦从萨迦归来时，多尔炯为之设宴洗尘时奉献出来。其后经砣巴之长系子嗣、洛巴格西、喜饶仁钦次第流传下来。

此文献及其譬喻是瑰丽之珍宝，是先前出世的祖宗们遗产之精英，故非朗氏家族的有权势的政教共主，部落首长等外人不得染指，不得让此文献流散。我朗氏家族权重位高的人们应崇敬之，将其奉为本尊神，如此则会获得加持。此系前辈证果者们的禁令，故为精深之法，珍贵的教诲。

《朗氏灵犀宝卷》全文叙述完毕。

愿吉祥圆满遍布各地，永世长存！

注释：

[1] 祖孙三法王，藏族史学家对松赞干布、赤松德赞和热巴坚三位藏王的总称。

[2] 二众，即在家白衣带发修法大众和出家褐衣持戒修行大众。

[3] 清凉尸林，在古印度摩羯陀国金刚座东南。

[4] 雅恰藏布，雅鲁藏布江流经西藏山南地区琼结县和乃东县境时的别名。

[5] 隐身木，迷信所说对曾作鸦巢的树枝施以法术后，持此木即能隐身。

[6] 阿练若，梵文之对音，意为“离村庄一公里以上的闲寂处，平时只有僧团居住的地方”。

[7] 避谷术，宗教徒以花草药石以求延年益寿之法术。

[8] 乌黑帽，寺庙里跳神时手执降魔橛的咒师所戴之帽。

[9] 三能，谓能挽弓善射、横渡江河、身捷如燕。

[10] 里域，新疆南部昆仑山以北和塔克拉玛干沙漠之间一带地区的总名。

阐化王扎巴坚赞所著

《天神种姓朗氏家族单传传记》

敬礼师尊！三界（谓为地下、地上和虚空）广大众生之最上圣主，在此三界是举世无双的，请三时赐给福利之果报，赐给无垢之宝鬘，使我获得圆满。如此之天神种姓朗氏家族就门第而言，地位高如苍穹，就事业而言，宛如灿烂的日月之光辉，以举止而言，犹如坚固不坏的须弥山，就渊源而言，好似深沉的大海。其统治的情况、建树的业绩、（保存的）珍贵文献等等，如详史所祝福的一样。详史有载：天神种姓富足的朗氏家族之根源可追溯至赛琼惹。他首先娶赞莎盖丹玛，生子惹察渥。惹察渥之子是琼如噶波。琼如噶波之子是崩吉谢米。崩吉谢米之子是惹吉朱松。惹吉朱松之子是芒冬达赞。芒冬之子是拉日潘波切·朗。潘波切之子是巴多。巴多之子是董多。董多之子是朗·桂丁。桂丁之子是董格。

董格之子是董赤。董赤之子是帕仓。帕仓之子是宕热。宕热之子是朱宁孔宗。朱宁孔宗之子是赞巴达学。赞巴达学之子是囊年孔烈。囊年孔烈之子是芒波切卓卡。芒波切卓卡之子是答波切达贝烈。答波切之子是措尚拉思。措尚拉思之子是调伏世间所有鬼神者大阿阇黎莲花生的化身证果者绛求浙桂。绛求浙桂娶噶丹玛为妃，生子年团阿充。年团阿充之子是尼雅果赤。尼雅果赤之子是朗敦·加徐那波。加徐那波之子是阿桑。阿桑之子是阿赛。阿赛之子是云钦杰瓦郊。杰瓦郊之子是云达衮波杰。衮波杰之子是长官绰渥潘。绰渥潘之子是长官仁饮郊。仁钦郊之子是索南尚波。索南尚波之子是长官仁钦多吉和仲钦释迦仁钦。他俩之子不在此赘述。

雪域的至尊（您）以佛法和财富护佑众生，（您）具有二次第金刚乘的天赋，是众多有形和无形的有情之顶饰，盛德可同帝释天媲美，（您）是最上诸佛尊的贤妙弟子。从天神下凡和次第出世的天神种姓朗氏族谱加以详细归纳（的史实）记载无误且清楚。愿以此净善使圣贤们的领地和属民与日俱增！愿圣贤们降落利益无边众生的雨水！愿（有情）战胜欲天之魔军！愿生长在二资粮大海福德之中的智莲香飘十方！满足应化众生心灵之蜂享用功德之甘露，恭敬地依止佛教及其守持者，如像如意宝树一样诸事如意，远离异品诸灾难，愿一切人享用利乐之福德。

以上系天神种姓朗氏家族单传传记。扎巴坚赞吉贤祥写于乃东孜经堂。

祈愿吉祥！

大司徒绛求坚赞之遗教《开卷得益》

书首礼赞和祷告

恭敬地敬礼和启请吉祥饮血王[1]，本尊诸眷属、勇士男、空行母和凶猛的护法神！请赐给共同和殊胜的悉地，请尽量护佑善良者，请追究和惩处邪恶者。

帕竹·多吉杰波及其以止贡巴为代表的达陇巴、纳普巴等弟子法嗣传承分布概况

具德帕木竹巴[2]——三世佛，自来到此普贤莽林[3]后，从阳土虎年（1159年，此年系邓萨替寺兴建之年）至阳铁虎年（1170年）护持利益众生之事业，八百弟子中有盛张华盖[4]的善知识约五百人，他们中间有心传弟子八人，近住弟子四人，无与匹敌的是止贡和达陇二人[5]。

倘若要简述法嗣传承大弟子们的历史，则是：尊者德瓦协巴[6]本人原系学问通达、德行高妙的十地怙主[7]，因而早期弟子中有伟大的具德达陇巴[8]。他的法嗣继承者们和绰普瓦·杰曹仁钦衮[9]及其侄子法主衮丹热巴[10]叔侄二人与绰普派的一千善男、一百信女在此寺（即帕竹邓萨替寺）虔诚地修习；法主纳普瓦[11]彻底证悟空性，所以此间继承主巴（即主巴噶举）法嗣者，相传遍布在鹫鸟要飞翔十八日的地域内，（他们）亦是我们的守誓门生。

法主止贡巴[12]系圣者龙树的转世，是德瓦协巴座前的后期弟子，（他）本名近事男卓木累，他学得全部法教。后来在德瓦协巴圆寂之后，他身患癞病，闭关修习于叶琼寺岩窟。当时，虽有施主布施献新的糌粑和酥油，供给生活，但修持未大见成效，病情愈益严重，故(他）对施主说道："我娴于缘起，要考查一下因缘，请寻觅一些献新的糌粑、酥油、一支鹫翎箭和一方缎子。"施主觅得鹫翎箭后，连同茶褐色的丝缎、献新的糌粑和酥油一起送来。（止贡巴）思忖到，眼下我的这个躯体将一命

呜呼，于是生起极大的厌离心，又想到需要进行送往生的仪轨，终了此生。此时悲悯地联想到，三界[13]六道[14]的这些有情未尝没有做过自己的父母，其中危害自己的地祇亦不是未曾做过自己的父母，于是引发非同平常的强烈悲心，泪水涔涔，随即从体内钻出土地神、龙妖（一种人首蛇尾的精灵）、蝎子、蜘蛛、达拉（一种多脚虫）和蝌蚪等大量生物，并从两个鼻孔爬出两条巨蟒。止贡巴因而成了一位富有恻隐之心的人，他以眼作法视之，随着旭日东升，身体渐感厚实、沉重，而痛苦的感觉消失，出现了轻快、安乐的感觉，遂站立起来，仰视天窗，发现那两条巨蟒仍环顾左右，止贡巴说道："目前尚有地祇危害我的继承人的危险。"继后，现见七组观世音和度母，从而获得修道成就，根除了地祇的病源，肿块突起的麻风病痊愈。其后，止贡巴在瑟瑟地方香松脱巴[15]出家为僧，在下自岗波[16]上至桑日的地区修行。众所周知，此止贡派的传承——我们的门生——均是三昧耶尊。

智慧究竟者名叫叶普瓦[17]，是我们的大门生。沙热寺的格丹益喜僧格[18]，亦是具德帕木竹巴的大弟子，此间雅桑派的法嗣传承者亦是我们的门徒。

堪布香松脱巴在萨迦寺喇嘛萨钦[19]的座前和德瓦协巴（即帕木竹巴·多吉杰波，下同）是同师道友，后来成为帕木竹巴的弟子，是一位大弟子。辛巴多吉僧格·仲琼岗喀瓦在萨迦寺喇嘛萨钦座前与帕木竹巴亦是同师道友，嗣后成为帕木竹巴的大门生。辛衮噶巴此人亦是大门徒。多丹·米雅贡仁，建立止贡替寺，继承其法嗣者不甚多。涅普地方修赛寺的格贡大师[20]亦是德瓦协巴的大弟子。嘉贡林热的继承人叫做加·谦布瓦，出生在桑耶青浦地方，修习大黑天，一本尊神名获得成就，他亦是德瓦协巴的大弟子。得道者娘热赛渥亦是此人（即帕木竹巴）的大弟子，后来他在多康地区[21]徒众广大，继承其法嗣者亦是我们的门徒。法主玛尔巴[22]亦是我们的门生。甚至连学尔寺亦是传承我们的教法。上至那雪堪钦巴均系曾莅临过吉祥帕木竹巴寺的门生，在多康下部地区（的僧人）没有不是我们尊者的门徒的。总之，在此雪域不是我们徒众（的僧人）和寺庙为数稀少。

（帕木竹巴圆寂后）先后有两三位大德承袭我们的法位[23]。住持此法位的喇嘛们负起了贤良方正的职责，仅仅追求佛法，其近侍随从亦都出家为僧，妙善地修持，未有轻浮的举止，杜绝酒色，仅仅追求正法。德瓦协巴入灭后，堪布香松脱巴住持法位三年，其后法位悬空二三年，继后世间怙主[24]护持法位一二年，其时徒众不甚多。一天，一位施主布施一包茶，对此僧人们敬请(世间怙主）说："尊敬的师长，何时才能分发茶叶？"世间怙主沮丧地认识到，我不可能担任这些人的师长。一夜拂晓时辰，德瓦协巴授记道："徒儿，你的所化不是此地而是在北方。"于是（世间怙主）巡礼桑耶地方的森波日山，经基雪，前往（止贡地方）。多丹·米雅贡仁圆寂时遗嘱说："现在，过一昼夜后，有个叫做居热玛结的人将前来[25]，就把我的法位传给他[26]，因而门生们遂把法位献给他（指世间怙主）。自是，南热那雪、嘉措帕巴、香仲诸地（的人）咸成为他的施主，所化广大，蜚声十方。当居热玛结获得紫黑色的和花色的两群牛时，作为献新的财物，把紫黑色的牛群赠给此寺（指邓萨替寺），并用止贡地方的土石（在邓萨替寺）建筑止贡小土屋（房名），敬献此寺。每当止贡替寺获得斋僧茶，（他）总是从其中挑选一包长条茶包送给此寺，所以他是此寺夏季用茶的供应人。此外，作为（邓萨替寺）茶和食盐的来源，达陇巴每人捐献一百克盐[27]。作为土地献新，（邓萨替寺）在得到馈赠的米底拉地方以后，（我们管辖的牧民）便带着酥油灯、牛毛帐幕，驱赶着紫色的和花色的牛群前往北方草原，同嘉措帕巴（人）共同放牧。初冬运回此寺的酥油、奶酪糕计一千余袋，且有大量的马匹、牲畜牧入。

京俄扎巴炯勒住持帕竹寺和止贡寺的史实

一切智京俄宝师[28]十八岁时前往法主世间怙主座前，逗留十八年。其后，（仁钦贝）在宝座上铺垫十八层软缎，请京俄宝师就座，法主（仁钦贝）说道："直到昨天您是我的弟子，自今日起您是我的师长。"说罢，法主遂叩首。京俄宝师被委任为帕木竹巴寺法位的继承人，闭关修行一百零八天后送来此寺，护持此寺的僧团二十六年。六十一岁时逢年灾月难[29]，遂前往喇嘛温大师[30]圆寂的娘赛地方。经众人恳请，遂任止贡寺座主二十一年[31]。（他）把全部经论导释传授给杰塞脱喀瓦。炯宝师[32]住持止贡寺时，设帐住于拉热云丹丁地方，（杰塞脱喀瓦）在脱喀为其管理卧室。此后炯宝师圆寂，杰塞脱喀瓦始任座主，故人们称他为杰塞脱喀瓦。杰塞脱喀瓦的弟子是多吉仁钦宝师[33]。多吉仁钦的弟子是多吉杰波宝师[34]。多吉杰波的弟子是却季杰波宝师[35]。

蒙古将军多答到达西藏和元王室分别领辖西藏各大万户的史实

一切智京俄宝师宏法利益众生直到年届八十二岁。在他们叔侄俩[36]时期，西藏出现了蒙古的法度。蒙古人多答那波担任将军，率部在藏北热振寺[37]屠杀僧人五百，全藏为之震惊。其后，多答在蒙古与热振之间设置驿站[38]，（以马匹传送公文）。当京俄大师前往拉顿塘地方时，多答逮捕贡巴释仁[39]，准备杀害之，（京俄）祈祷度母，天空降下石头之雨，多答说道："托因（蒙古语对僧侣的称呼），您是好人。"说罢，向京俄大师顶礼，赦免了贡巴。京俄把西藏装有木门的户口名册[40]献给了他。（多答）接受了，（对京俄）照看情面。他捣毁了下至东方工布地区、洛扎[41]东西、洛若、加波[42]、门地门贝卓、洛门[43]和泥婆罗边界以内的坚固碉堡，以蒙古的律令进行统治，地方安宁。这时王法和戒律宛如黎明时东升的旭日照耀着操藏语的地域。京俄宝师对藏地恩德巨大，其原因即在此。

多达那波来西藏大概是在成吉思汗之子窝阔台之时期。当窝阔台和贵由汗升天时王室兄弟们集中在一起，磋商由谁继位，一致认为蒙哥汗（即宪宗）合宜，于是拥立蒙哥汗登位。

此时，西藏由在凉州的王子阔端治理，由阔端阿哈（蒙古语对兄长的称呼）那里迎取应供喇嘛，蒙哥汗管理止贡派；忽必烈管领蔡巴噶举；王子旭烈兀管理帕木竹巴派；王子阿里不哥管领达陇噶举派。四位王子分别管辖各万户。

嗣后，在蒙哥汗升天后忽必烈承袭汉地王位时，撤退了警卫西藏地方的所有蒙古军队。因为忽必烈和旭烈兀兄弟之间特别亲密，所以守卫我们地方的蒙古军队全部留驻。王子旭烈兀管领的地方是：门鲁果丁以内、上下部聂地、菊徐、洛若噶那、加波、叶切哇地区中炯巴——在今哥甲地区内。叶琼诸部归我们领有。为消除萨多吉贝的罪孽，作为酥油供灯的香火费用，（旭烈兀）把羊卓三岗和雅拉香波王山（在琼结县境）周围的牧户，察叶康烈雪山周围的牧户，曲登林、堆村和甲孜直古的诸村落献给邓萨替寺扎西卧巴灵塔前。现在羊卓人唱歌时总是说，若油灯昏暗不亮，就当（邓萨替寺的）属民。

王子旭烈兀还领辖下列地方：塘波且、穷结、厥、门嘎尔青、喀答多渥、扎德、魏纳或霞阿、桑耶东边的郭佟以上地方、洛扎东边的雄泊和巴西、博卓两地、阿里的郭润砣以下的地方和波日拉山口以上诸地。

自京俄大师之侄杰瓦大师起的帕竹座主世系、帕竹万户的设立和万户长多吉贝的史实

京俄大师之侄杰瓦宝师[44]住持帕竹寺三十四年，讲说经教。杰瓦大师之胞弟居尼宝师[45]住持十四年，教授经教。此昆仲俩从京俄大师请得全部的经教导释。我的叔父扎巴益喜住持九年，他从杰瓦宝师请得全部经教导释。其胞弟扎巴仁钦大师住持二十二年，他从居尼大师请得全部经教导释。京俄德瓦协巴[46]住持法位五十一年，他从扎巴仁钦宝师请得全部经教导释。从具德帕木竹巴至觉阿宝师（谓扎巴坚赞）全是依靠募化维持生活的大德，（我）未曾听说某某是有土地和权势范围的人。

在杰瓦宝师住持此寺和京俄大师住持止贡寺时出现了蒙古的法度。帕木竹巴万户隶属于旭烈兀。由于丹玛贡尊不能胜任总管，塘波且和琼结反叛，（贡尊）请求止贡贡巴释仁出兵，作为请托献礼，赠送了属于纳南百户的噶波地方。再又，贡巴说道：“魏喀这块偏僻的地方最终应承传此寺（谓邓萨替寺），请您据而有之。”对此（贡尊）稽首道：“尊敬的贡巴，不能勉强（人家）做我们的属民，请勿言（由我们）经营魏喀之事。”总而言之，贡尊不能胜任总管，未划定（我们）领地的地界。当他卸任时，由多吉贝担任。（多吉贝）最早的职务是京俄大师的司膳

官，京俄大师圆寂后多吉贝在止贡寺把虔诚的弟子奉献的财物一分为三，以三分之一建造吉祥多门灵塔，用三分之一做（京俄大师）期供和奠祀的费用，将三分之一交给长管阿渥和长管旬楚，派遣他们赴大都奉献本万户的方物。

此后，多吉贝担任管理多门灵塔和牲畜的长官。其时，座主杰瓦大师对阿阇黎贡巴岗波瓦说道："请将长官多吉贝派来此处。"于是长官多吉贝被委任为丹玛贡尊的接替人，担任帕竹万户长约十五六年。他曾三次前往大都，修筑了充都扎卡、颇章岗、乃东、纳木、哈拉岗、塘波且林麦、厥谿卡、门嘎扎西佟、嘉塘甲孜直古、曲登林和切嘎尔等大批谿卡，修筑了可对其发号施令的直辖谿卡约十二处。在长官多吉贝之时帕木竹巴的权势发迹，故京俄大师的大批侍者和善知识们就坐于决事会议开创人多吉贝的座首者有十人，他和他的下首者二人，共为十三人。由于地位相等的人众多，各行其事，因而叶聂和羊卓、塘波切和琼结、扎巴和德热等边远的地区丧失于他人殆尽，手中掌管的地方人心涣散，分崩离析，虽然名叫万户[47]，却连半个万户的地盘也没有，参加替雪决事会议的人们因循守旧，心胸狭隘，目光短浅，缺乏远谋，邓萨替寺及下面"雪"处许多人对眼皮底下和嘴唇下面的土地多次提出要求，以致只得用绳子将（官寨）拦起来，连放牧羊羔都不敢。

蒙哥汗在封诰中规定帕木竹巴的领地上自阿里的郭润砣，下至波日拉山脚。在委任南萨拔希为长官后，我们始领有。在帝师八思巴返藏时本钦衮嘎尚波[48]和（八思巴）师徒说："已故的法王（谓萨班·衮嘎坚赞）住在萨迦时，曾说'你负责管理的属民在阿里'，因此应对换羊卓和纳噶孜地方。"（南萨拔希）回答说："我不敢决定，要派人下去禀陈。"于是派人报告杰瓦宝师和长官多吉贝，（他们）捎去回复说："纳噶孜是止贡万户的领地，萨迦派拿去后，止贡派会不悦的，虽说阿里人是我们的属民，却是门生关系，供施关系，不忍舍弃，不愿调换。"因为不调换，本钦衮嘎尚波遂唆使南萨拔希的管家宕巴·仁楚——一个践踏世俗道德的破戒僧人——放毒，南萨拔希被害身亡，作为酬劳，衮嘎尚波赏给他梅卓白蔡地方。在细瓦协巴集政教二权于一身担任“喇本”时，他的年迈侍者曾目睹宕巴·仁楚在白蔡地方同妇人厮混。南萨拔希丧生后萨迦派掌管了阿里万户，故迄今未并入（帕竹）。

虽然如此，长官多吉贝仍是德行高尚的人，他头戴禅帽，身着三法衣[49]，无酒色之过失，以经典、回向和法行作装饰。仪表堂皇。（他的）随行人员亦全是远离酒色之过失、戒行敦肃的人。以俗官巴波益旬为首的人承侍杰瓦宝师，举止端庄稳重，从而使管理谿卡的管事和被委任为长官的人们亦无酒色之过失，不中饱私囊，财物积蓄于谿卡和替雪的囊梭（意为“内管家”）。因为盈亏都归囊梭，所以俗官无论多么尊荣亦只配备骏马一匹、长刀一柄、大氅一件，除此之外，在职官员无应得之物，不摄取其他物资者算是最佳的俗官。此时长官多吉贝总揽邓萨替寺和康萨（房名）的管理事务，凡前往邓萨替寺时，长官总是骑马至塔隆地方，然后下马步行到庙内。相传（他用的）是藏地出产的马鞍，鞍下铺垫黑花色的鞍垫。资历老的俗官前来敬礼，骑马直至贡玛地方，然后返回。几个地位较低的俗官前来敬礼，骑马至俄马地方，然后返回。全体侍从从塔玛地方步行而来（邓萨替寺）。相传在长官多吉贝面前和（他的住宅）内外，老少侍从们都不敢嬉戏笑闹、放荡不羁、伸手跷脚、吐痰和叽叽耳语。

雅桑与帕竹纷争的由来

关于雅桑与帕竹次第纷争之事。

先前，在王子旭烈兀之时，雅桑是我们属下的一个千户[50]。老长官阿渥和长官旬楚以武力吞并了门地区的门鲁果丁地方，并以此作为（雅帕）维持和平的基础。在聂地下部德热地区的强地，雅桑人杀死我们放牧的数千头牛羊。法主恰译师说：“具德帕木竹巴是百泉之源，是塔波噶举的基石，我要前往依附。”说罢，携带一盘沙金和钥匙前来归附。目睹被杀死的牲畜，他说道：“我不敢停留在这些阎王的商旅之中。”于是前往萨迦。（我们）派人禀奏于元帝，（元帝）颁布银字诏书和封诰，从我们万户（领地）划出下部聂地的四个村落给对方。

嗣后，虽然我们负责管理着早就划入（帕竹）的聂地区恰瓦尔地方，但是王子旭烈兀派来守卫地方的蒙古军长官阔阔赤（蒙古人名，意为蓝色的人），是喀尔丹巴家族的成员，姓毕仁，担任王子四部宿卫军（怯薛）中一部的长官。我们需要守卫地方的蒙古军队，于是派人禀告于王子驾前说：“请派一位在任何金字使臣（谓宣旨钦差）面前不必下跪的地位高的地方保卫者。”（王子）降旨，令阔阔赤前来。于是派遣阔阔赤带领十二侍卫前来。此事被薛禅皇帝听到，他询问说：“是否有需要阔阔赤干预的地方？”雅桑的那些地方保卫者（即蒙古驻军）充当阔阔赤的翻译，被（阔阔赤）派往雅桑地方搜集贡赋和断案。他们受雅桑人欺骗，与门贡咱巴·楚巴卧、崩赤卧叔伯兄弟商议后，派人向朝廷诬奏，因而薛禅皇帝降旨，将雅桑单独分出（成为一个万户）。

后来我们派人陈诉，薛禅皇帝在圣旨中令我们负责管理直拉山以内的地方，交出雅桑寺（在今琼结县境）。尚若（双方）遵守这项敕令，以后则不会有雅桑与帕竹的这场纠纷，保持和平的局面。其后，以敕令为准绳治理西藏，王子奥鲁赤[51]和阿阇黎仁杰[52]进行调解，规定雅桑负责管理热木藏协地方，我们帕木竹巴负责管理聂地区的恰瓦地方，（双方）宗教事务由阿阇黎掌管，旭烈兀掌管司法事务，（双方）应和睦相处。故出现了连年安宁的局面。然而，我们家族内有的人对僧人（指邓萨替寺座主）吹毛求疵，嫉妒愤恨，致使内部失和，有时宗教首领和行政首领龃龉。由于内讧，雅桑趁机在先前占据雅堆地方原有人户的基础上，进而取得令其负责管理二百户属民的封诰。我们从而丧失了直茨地方，迄今要同雅桑争斗的原因即在于此。

如果长官多吉贝多活十年左右，帕竹政务将会稳定，但是没有那么大的福德，他去世了。

旬努坚赞等四任万户长之情况、仁钦扎巴遵照圣谕担任喇本和坚赞贝尚、扎巴尚波担任万户长之史实

继后，帕竹万户对多吉贝之胞弟旬努坚赞寄以巨大期望，经禀报朝廷后封为万户长。然而，此时已无杰瓦大师那样能约束众人的人了，居尼宝师受觉渥尚波（居尼巴之二哥）侮谩，不三不四的都是他（即旬努坚赞）的朋辈，所以他仗势横行，沉溺于酒色，头戴竹帽，身穿蒙古装，

脚着蒙古靴，手持弓箭，夜晚唱歌跳舞，日中犹眠，放荡不羁。因而豪酋们在雅隆和文地建立谿卡，无人能够抑制。由于缺乏驾驭、管束之人，俗官们飞扬拔扈，玩忽职守，外部的人往里挤，内部的人被逐出，无人植树，原有的林木遭滥伐，住宅周围的树木当劈柴，山峦沟谷树木稀疏，光秃秃一片。自此开了酒色恶习之风。

旬努坚赞死后，不由旬努坚赞的子侄继任的缘故如下。此时旬努崩[53]正担任居尼大师的侍者，他尚未成年，而旬努云丹之父长官旺秋扎正是成年人。堪布仁杰祖籍是邓柯，此时正担任洛扎雄德寺的堪布，前辈细瓦协巴（指仁钦多吉）把他召请来，派他进京禀报，薛禅皇帝赐以封诰，遂封他（指仁杰）为万户长，但两年后就卸任了。

其后，出身于羊卓河流域喀巴地方的绛求旬努，本系宝师（指仁钦多吉）的司膳官，被派往朝廷谒见，薛禅皇帝赐以封诰，遂封他为万户长。他却重开酗酒之风。在乃东官寨下面的十八房居住着赤琼[54]扎巴卧赛之胞弟——绛旬的侍寝官，其妻名叫瑟姆卓玛，一天，绛旬去瑟姆卓玛处厮混，被扎巴卧赛的胞弟用长刀砍到头上而丧生，凶手逃逸。

其后，旬努云丹——是长官多吉贝的侄子——任万户长六年。他沉溺酒色，懦弱无能，却与座主为敌，在名叫塔玛的座主口粮田里骑马，征派供应座主奶食的牧户差税，令邓萨替寺供给王子铁木耳不花马料，等等。因为办事鲁莽，锋芒毕露，所以在完泽笃皇帝和帝师扎巴卧赛之时[55]，于猪年（1299年），细瓦协巴（指扎巴仁钦）在嘉玛和彭域之朗塘地方[56]控告于王子铁木耳不花和本钦烈巴贝[57]座前，免去了旬努云丹的万户长职务，收缴了印章。（座主）派遣阿阇黎楚衮进京禀奏。皇帝供施双方对其（座主扎巴仁钦）关怀备至，颁发封诰、圣谕，命（扎巴仁钦）担任喇本十二年。在此期间，赎回了先前丧失给旬杰卧都元帅的领地，赎回了丧失给杰塘本钦[58]烈巴贝的领地，赎回了丧失给印度瑜伽咒师的门喀尔和萨团地方，赎回了丧失给吉琼本钦阿楞[59]的领地。细瓦协巴还解囊出资赎回了丧失给萨迦的沙热、锁塘和定三地、宇斯、厥、门嘎尔、纳协诸处属民的土地、干梅朵和车曲地方的领地。（细瓦协巴）还清查户口，以每十户人为一基层单位“居郭尔”。此外还完成了“绛梅朵”[60]等法度规定的应完成的各项差税。这些都是细瓦协巴的恩德。供应乃东开支的这些著名的豁卡全是细瓦协巴用自己的财物赎回的。由于他恩德巨大，我们的囊梭、撒巴[61]和属民等每月二十二日举行祭奠活动以示纪念。

细瓦协巴之后阿阇黎坚赞贝尚波进京，请得圣谕和印章，担任万户长约七年，他却迷恋醇酒和妇人，对本钦卧赛僧格[62]唯唯诺诺，奴颜媚骨。

阿阇黎扎巴尚波[63]任职万户长十四个月，无论名望或实绩都不突出。

本钦云尊担任（萨迦）囊梭的大管家，经管桑耶地区二百一十户人家，人们称他天云尊地云尊。在他巡视前藏时，前藏的许多良家子弟被奉献给他。在帝师桑结贝[64]叔侄的座前，他对细瓦协巴（此指扎巴坚赞）说道：“您应奉献帕木竹巴的一个温布[65]”。因为长官洛追仁钦、支仓巴·本桑和近侍崩郊等三人已婚配育嗣，所以细瓦协巴答应把我奉献出去。但是，旬努云丹已把坚赞郊奉献给桑耶寺，置于小沙弥之列。我满八岁之际，细瓦协巴说：“召请他(指绛求坚赞）前来!”于是派人前来召唤。我遂前往吉琼和杰塘地方承侍。旬努云丹托辞我一方面生疮疖，另一方面年纪小，遂把坚赞郊置于小沙弥之列。（细瓦协巴）对此愤慨，未把我奉献出去。

绛求坚赞本人前往萨迦的情况

复次，略谈我去萨迦的情况。

我满十四岁的阴木兔年（1315年）三月十七日，京俄大师和阿阇黎坚赞贝[66]商量后，派遣我从尚日喀如出发前往萨迦，给予我的物品有：一件哈董甲[67]做的新坎肩，一件点缀有由革基宝石组成的五种装饰的瘦小法衣，一件布披风，一件坎肩，一对无内絮的毡垫，黄金三两，大约价值二十钱金子的一匹红马，路费盘缠半两金子，一包茶叶，又从一百头驴中挑选八头给予我——加上途中买的一头共九头。护送的人员有：拔希旬努贝、马夫桑结郊——派来牵马的人、照料生活的格西曲谢——一个糊涂的酒色之徒、烧茶人居·巴桑多吉贝，我还带了泊乃温布和后藏人仁钦僧格曲喜——托付（他们）吆喝牲畜，还有拔希旬努贝的一个侄子和乃东派遣来的两个步行者，主仆共为九人，其中骑马的四人。我用邓萨替寺赠送的小红马做驮马，拔希旬努贝用小骡马做驮马。邓萨替寺年轻的囊巴们[68]馈赠每个行人两只毡垫，母亲祥江玛送给我一只瓷碗、一匹毛布、一匹丝绒。聪波瓦和姐姐康吉送给一件有线纹的织物。十一岁的堪布释迦坚赞在砣喀尔（房名）下方送给两匹淡黄色的哔叽。觉渥衮波送给一件有线纹的次等法衣，拔希扎多尔赠送两件有线纹的织物。喇曲·衮觉郊担任乃东官寨的管家，赠送两件有线纹的织物。长官崩巴热护送至加萨栋地方，赠给一匹哔叽。

（我）于四月上旬从乃东启程。一天在鲁地方住宿时，旬努贝和曲谢无法无天，借口说我们九人进餐要饮酒，住宿要饮酒、要喝奶酪等，讨取八次酒，又索取了山、绵羊两三只，他们希望在鲁地停留三天。我憎恶他们的行径，对桑结郊发话道：“给呈献于喇嘛达钦巴[69]座前的白马备鞍!”他说：“干吗?”我说：“看见了恶鬼。”说罢，骑马而去。在山口我向留在鲁地的人喊话：“我不饮酒，（你们）喝吧!”他们说：“住下来。”因为我离开了，他们不敢留下，遂尾随而来。是夜投宿门嘎尔地方。女施主坚乃惠赠一匹白哗叽，除她以外，帕木竹巴地区就无人送礼了。其后在扎地区的哲木地方住宿一夜，又在嘎查、兑玛玛、吉邢等地各住一夜。那时，照料生活的和跟随在后的人都说（我）应喝酒，但我说：“到达萨迦以后，除祭祀时饮一点以外，其他时候不饮酒。”有几天虽然没有途中打尖，但（我）未曾吃过午食物。

在西去的途中，贡噶人劫持泊乃温布，夺走两头驴，随行人员中两个老的不敢前往，我自己前往贡噶寨门口，出示本钦卧赛僧格的“劄付”(类似现今的证明文件)，说：“你们有责任让我通行，否则我就从此地返回。”于是他们释放了被捆绑的泊乃温布，退还了两头驴子。一个身着白氆氇的女人端来一碗酒，（我）未接受。是夜住宿于基那布地方一个叫崩木且的人户的土围墙院落里。十七日夜晚抵达南巴普地方，在山谷中我躺在八驮毛布上，昏昏欲睡，在朦胧中，江贡地方的杰波神（传说中的一种鬼怪）将挂在山顶的月亮的光华幻化成一只大猢狲，骑乘它而来，压住了我，我遂修习本尊神的生起次第，用双手将那猴子掀倒，念声“吽”后，我从毛布驮子上滚下，落到曲谢身上，立刻醒来，他问道：“发生了什么事?”我把经过叙述了一遍。说罢，念诵经咒，大约掐了两遍念珠，直至子夜尚无睡意，其后（我）便入睡了。

其后，（我们）从干巴到雅尔斯，又从玛尔斯到绒玛斯，住在该地，当天断了一顿炊，我没有急躁生气。在投宿纳尔达地方东面一个村庄的废墟时，当日吃罢早饭就出发，一直走到午饭后，不但昨天途中未进餐，而且今天定时食物和打尖食物均未沾牙，我虽生气却无办法，遂在蜂皇石带子尾端系着石头抽打驴夫们，拔希旬努贝也挨了揍。曲谢明白（我）饿了。拿来一小块糌粑和一些奶酪糕，我不吃，用石头追打曲谢。是夜投宿于伊当拉山山脚的一所密宗院，我说道："现在我不前往萨迦了，回去。"致使他们叩首敬礼，发誓说："（今后）要及时供应食物和饮水，遵从命令。"嗣后直至萨迦饮食供应虽然丰富，但是居·巴桑多吉贝顶撞我，有时又不供应饮食，惹我气愤。在充都古木地方（在今尼木县境）我购买了一条马鞭，多吉贝在炒青稞处徘徊游荡，我（对他）说道："这马鞭是为谁添置的？"他脸色变了，说："是为明天马口覊不易驾驭添置的。"对此我气愤地抽打他，打得他直哭，解了他顶嘴和不及时供应饮食之恨。自是直到萨迦，他们悉心承侍，纵然我挑剔亦找不出不足之处。

一到萨迦，本钦卧赛僧格遂做了我的新上峰，管理我。他把我奉献给喇嘛达钦巴，他对我说："此后最好是求学，若不能，亦要请求担任细脱拉章的俗官执事职务。"我请求担任执事，遂被委任为掌管印章的执事。喇嘛达钦巴脾气暴躁，经常呵斥侍寝官和掌管关防的人，我感到畏惧，不敢充当掌玺官，乃辞职卸任，做个没有职务的平常人。

阳火龙年（1316年），冬季法会结束，前往曲弥（在今南木林县境）举办春季法会。充当达钦巴的随从人员有：老资格法相师喇嘛绛巴、老资格密宗善知识喇嘛衮邦巴[70]叔侄、大侍从仁钦岗拉章的敦巴喜仁及其持量（意为"模范"）近住弟子崩郊、文书员通济洛尚、香灯师阿阇黎仁珠、善知识喜饶坚赞、负荷金箱者温布曲杰的宾客、掌管府库礼品者有顿杰都元帅和本钦旺秋贝[71]、司膳官有达瓦卧色和尊者坚赞。温布之中有帕竹温布、桑耶温布、瓦德隆巴和达陇温布，我在温布的呈文中排列首位。从萨迦出发来到恰恰拉山，纳塘寺的座主[72]和曲弥霞鲁寺的师徒们前来迎接喇嘛（达钦巴），相会于山上。在向堪布、阿阇黎们回礼时喇嘛下了马，我们的侍从全都走在前面去了，无人牵马，所以喇嘛一上马我亦上马，（衣边）长短不一的线穗挂在鞍后桥的缚鞍带上，马不听使唤，赤色小骡马把我拖曳至杰查仁旺的坐骑前，他立刻下马，在他们主仆约二十人的帮助下，杰查倏地抓住马笼头，我方被扶下马，系紧鞍子的肚带，然后（他们）细心地扶我上马。杰查所以这么做，一是因为他在居尼巴处当过完德，二是因为他是雅隆人，对故乡人感情深，我未坠马受伤是他的恩情。其后，（达钦巴一行）在杰琼·索南贝的地方休憩两天。他驾到曲弥时说我不同于他人，于是（我）得到精美的食物和讲究的住房，座次亦排列在众温布之首——刚好在喇嘛（达钦巴）的坐褥旁边。善知识洛仁走到座列中央，扬言我在替雪不审慎，他动起气来，说帕竹温布受特别优待，呈文署名之首应是瓦德隆巴，他是前藏寺属百姓的长老，是噶当派释迦扎法嗣（的继承人）。于是调换了瓦德隆巴在呈文上署名的次序。接着，瓦德隆巴挤到喇嘛宝座旁我的坐位上来，我拳打瓦德隆巴，他呻吟叫苦。喇嘛招呼说："不要嬉戏。"说罢，还赏给我物品。致使近住弟子绛杰和在场的资历深的人都说："不责备打人者，反而赏以奖品，说'勿嬉戏'，娇惯了子弟!"由于受喇嘛达钦巴喜爱，所以我尽管殴打同伴温布和做事，从未受到斥责，喇嘛还赏赐过两三个连带颈脖的羊头，赏赐过两三次少量酥油、奶酪糕，还轻言细语告诉我："你把这几匹甘达尔丝织品和少量的柱面哈达拿去吧!"说罢，遂赏给了我。

当返回萨迦时，我的众同伴们都喝了几杯接风酒，我有整腔的羊肉，呈献给同门做礼物。当他们酒醉于东仓库时，喇嘛连续派来仲科（侍从）传我前去，我去了，他高兴地说："大禅师（指绛求坚赞）快拿食物来!"我醉了，步履踉跄，但坚毅地向前走去呈献食品。他把奖品放在金碟中，说："不用腼腆，用手抓取!"我回答说："承蒙厚爱。"遵循喇嘛的吩咐，司膳官把泥婆罗关桃子（一种酸果名）的汁液盛在金碟里。我说："我喝了是要死的。"喇嘛发话道："拧耳朵灌!"于是两个司膳官拧着我的耳朵，痛得我在地上翻滚，他俩因而放了手，喇嘛说道："那么，就不喂了。"

此后，喇嘛对我说："你想做高僧还是当万户长？"我禀告说："要当高僧。"他说："你当不了高僧，还是学习克敌致胜之术吧。"去年以来回味此语，我认为喇嘛是持金刚的真身，神通广大，未卜先知，从而生起非同寻常的崇拜。再者，喇嘛达钦巴无限垂爱我，我认为他知晓我将有洪福，对他产生了清净正确的印象，我对他有不可估量的崇敬。

那年秋天，皇帝降旨，迎请喇嘛烈炯瓦。为此，本钦顿悦贝[73]、达官佳瓦和居居等三人前来萨迦，于八月初离去。九月，喇嘛达钦巴把我交给喇嘛年梅巴，说："应学习《喜金刚二品》！"

我们师徒前往喀伍邦尚学习佛法，喇嘛年梅巴为了教化我，说："全体温布均不带仆从，要自己动手做饭熬茶、拾柴火和汲水，这一切本质上是实践佛法。关于亲自拾柴火等诸项事务，请勿违反（我的）告诫。"那时，阿阇黎南洛因其父是敦巴都元帅而妄自尊大，因为富有而趾高气扬，虽然我俩特别亲密，但因他称我为悍汉，而我呼他为泼妇，于是他来追赶，我逃至深谷那边，戏谑地说："你那样自负，就去执掌你父亲的虎钮印章吧！我头戴禅帽，身着禅衣，翻越上部的拉堆雪山和下部地方索雅拉赛渥山，看我俩谁吃香，谁受人尊敬？"喇嘛巴（指年梅巴，下同）获悉后，召集我俩，喇嘛询问说："此事属真吗？"回答说："是真的。"喇嘛教诲说："帕竹温布有理，你们虽是本钦的温布、都元帅的子孙，却像被风吹刮的沙山，他（指绛求坚赞）是斯巴神[74]雕塑的雪山。"遂后阿阇黎（南洛）说："温布请过来，住在这里。"从此（我）不再遭众人欺凌。

大约过了一个月，相传亚泽人[75]在萨迦发放见人有份的金银布施，温布们和全体僧侣都前去萨迦领取布施，喇嘛问我，说："去吗？"我回答说："不去。"对此他很高兴。我们师徒二人留在喀伍邦尚时，僧众和善知识们的所有衣服、垫具和粮食都堆放在那里，比一个富人的仓廪还富有。吃饭后我想到，这里仅有我师徒二人，尚若来了强盗，我俩抵挡不过，这里有一个老头年近八十四岁，另一个年近七十五岁，他俩如同死尸一般（不顶用），心感不安。于是禀告于喇嘛座前，他说："有道理。"于是我时而交替披着草黄色和红色毛布大氅，有时轮流穿两件新的或旧的红色大氅，有时穿两三件不同的毡衣，时而上房顶，时而出去溜达，又制造了有一些阿阇黎住在此地的假象；黄昏后堆起四五个垛子，给每个垛子分别戴一顶帽子披一件大氅，把他们装扮成思索辩论的样子，有时又把他们更换成说话议论的神情。午夜以前我都停留在室外，嗣后寒气沁骨，我方入内，睡一阵子天就亮了。太阳未升起之前师徒俩阅读书籍。太阳刚升起，喇嘛遂瞪眼直视我，我意识到该做饭了，遂去做饭，我生火，浓烟滚滚，火燃不起，喇嘛起身，说："我教你生火。"又说："牛粪饼是鹫，应竖立烧；劈柴是勇士，应架起燃；禾秸是劣质柴火，应支撑起烧。这样，火才燃得起来。"我说："不会烧火，无关紧要，我是要当官的人。"他问道："你想当长官吗？"我回答说："要当长官。"他教诲说："若欲做个政绩上等的长官，就应学会做能力上等的仆人所做的事；若欲做个政绩中平的长官，就应学会能力中等的仆人所做的事；若欲做个政绩下乘的长官，就应学会能力平庸的仆人所做的事；若不会做仆人应做的事，则不宜当长官。"那时，我得到启迪。回顾起来，喇嘛巴的告诫是十分精辟正确的。

阳火龙年（1316年）秋末，阿阇黎扎巴尚波[76]被封为万户长。他的厨子来到萨迦，及时熬了拜见茶和我初次讲经的茶。我把（他带来）的礼物分发给众人。我占卜，卜辞说我将出人头地。（乃东）未派马来接我回去。

火蛇年（1317年）春，我们师徒前往泽郭那帕。由于萨迦地方水质恶劣，致使我的脚肿起来，在桑塘桑仲地方我住了一天。次日行路伸不直腰，从山口至山谷中部沿途冰封，我滑冰而行，到达谷尾，未曾跌伤。当抵达喇嘛的住所时脚肿得脱不下靴子，不得不用砖坯烘烤，始得以脱下。

三十八个僧人从座位顺序开始轮流做饭，三十八天后轮到我做饭，我去伙房做饭时，伙房里躺着敏多瓦·益喜僧格和古如多吉贝，他们问道："有何贵干？"我说："做饭。"他们说："我俩起来做饭。"说罢，一个汲水，一个生火，帮助做饭。此事被雅桑万户长窥见。饭刚熟我就上楼延请喇嘛用餐，喇嘛入座我遂呈粥。他问道："煮饭难吗？"我回答说："不难。"雅桑万户长插话说："岂会困难！饭是两个康区人做的。"喇嘛不高兴地发话说："叫两个康区人来。"（他俩来了）喇嘛问道："你俩为何做饭？"他俩答道："让我们喇嘛的温布做饭，我们躺着可不行啊！因而帮助了。"喇嘛说："此事是出于弟子对若钦巴[77]禅师的崇敬。"于是他俩得到体面，我亦受到赏识。

复次，在泽郭地方，有个财主举行宴会，不知是为活人祝福还是超度亡灵，不敢邀请喇嘛赴宴。请求委派一个人带领僧众去赴宴。喇嘛对我说："你带队去吧。"我回答说："若要我去，请训示僧人们听从我。"于是喇嘛告诫僧人们要服从我。我们遂前往，我被安排在坐席的右首[78]，我指定二人作行茶僧，其余的人入席。（我们）享用宴席并接受了布施，没有发生口角，气氛融洽地返回。来到喇嘛住所之前，山嘴上有个池塘，同行的僧人们都说："今天我们的学业已中断，索性玩一下石头游戏。"我说："不行，这关系重大。"他们说："无论如何也是行的。"我说："那么，你们玩吧。"我遂坐在他们的衣帽处。在他们玩石头时，我发现山嘴那边有个衣着黄色的大德，遂对他们说道："仿佛是喇嘛。"他们说："您先回去禀告。"我首先返回来时，喇嘛已坐在卧室楼上的飞幕下，我来到门口时，他笑了，问道："在湖边玩弄滚石游戏的是你们吗？"我说："是的。"他又问："谁坐在衣服中间？"我说："是我。"

喇嘛没有斥责我，相反高兴地说："将来你会当长官的。"其后，喇嘛先去萨迦寺，临行时他（对我）说："你可率领僧众后面来。"我对众人说："你们都要听从我。"于是我们在后面出发了。在喀索雄地方打尖时，铺展红垫褥和花色粗厚毡子，我坐在中央，雅桑小温布和其他人坐在我旁边，秩序井然，寂静无声，向村民借用熬茶的罐子和讨取柴火均没有发生什么口角，因此赢得全体村民的敬仰，说："师徒全都年轻，师长严格管教僧人，令人惊讶!"于是有人（向我们）赠送酥油团和奶酪。那天打尖的糌粑吃得特别饱。我们沿途没有发生争吵和斗殴，顺利地到达萨迦。

阳土马年（1318年）新春时，本钦卧赛僧格虽然不担任职务闲居于仁钦岗，我依然到他过年的寓所拜望他，因而染上天花，从而滞留在萨迦至二月十五日。嗣后我前往吉地调换水土和同弟子们朝圣，蒙承吉·曲丁巴和琼噶瓦盛情招待。在答那以上地方所有的人向我们禅师弟子赠献肉类、酥油、糌粑和青稞，所以在吉地的两个半月之中生活十分愉快。（我们）用驴驮载剩余的食物送往萨迦，约有九驮，供（萨迦）师徒享用。是年夏季，喇嘛年梅大师来到东仓库。我等弟子们被派去参加法会，在喇嘛座前我用毕膳后，喇嘛结合譬喻讲了许多寓意深刻的训诲，我亦询问了许多有关妙善譬喻的功过得失的问题。喇嘛说："你自己要把这些妙善的譬喻记住，就会获益匪浅，能分辨善恶香臭，从善弃恶不迷惑。这些妙善的譬喻不是薛禅皇帝颁布封诰、帝师八思巴下达文书所能赐予他们的。"我由于铭记嘛喇结合譬喻的全部精辟教诲，所以迄今诸事未出差池，成绩卓著，这乃是喇嘛年梅巴大师的恩德。

其后，这里（指乃东）尚未派马来接我，我遂购买马匹，准备返回。在喇嘛达钦巴座前呈献临别致敬茶时，喇嘛克尊巴[79]正欲去卧室，达钦巴说道："南喀烈巴过来。"说罢，拉住我的手，又使我同喇嘛克尊巴拉手，说："得道者多杰（谓帕竹多吉杰波）是喇嘛萨钦巴的守誓弟子，南喀烈巴你要尽力扶持宝师(此指邓萨替寺第六任寺主扎巴坚赞）的这个弟弟，你们宝师兄弟亦应承侍南喀烈巴。”正因如此，我很崇敬萨迦嫡传世系，尤其尊重南喀烈巴。我返回时，喇嘛达尼钦波在文告中说：“(帕竹）宝师以下，以堪布、阿阇黎为首的众人应尊敬绛求坚赞，犹如尊敬宝师一样。”又说：“作为（绛求坚赞的）生计，赐给杰塘、吉琼、萨团、充都羊八井、扎西雄、咱通坝、邓萨替寺中小屋及室内用具和部分牧户。”我不但有上述文书，还持有王子搠思班为弹压上部蒙古人而莅临萨迦时我所请得的令旨。但是，那时是坚赞郊担任万户长，犹如猴儿追随猴王之故，我未取得这些田产。我函告他说：“在那些田产中请给两处较好的谿卡做我的生活来源，今后即使我收到皇帝颁发特别的封诰也不争万户长职务，我不争夺就不会有他人来争。”然而，他通过阿阇黎楚衮和堪布多杰捎话谩骂说，晒着太阳等待吧。我不能接受这句话，此乃是我后来执着追求万户长职务的缘由。

坚赞郊被委任为帕竹万户长之史实

坚赞郊是由阿阇黎桑益禀报皇帝后才被封为万户长的。从马年（1318年）四月至阳水狗年（1322年）八月，他在任职的五年中继承其父旬努云丹的遗风，迷恋醇酒和妇人，他在此帕木竹巴政权中成了门户和天窗上的栓子，断绝了宝师（指扎巴坚赞）夏天在牧区募化奶制品、藏红花的收入，强迫僧人交纳差税，致使此寺濒临倒闭，（这些方面）比其父有过之而无不及。有个叫杰贝的人，曾三次朝见过皇帝，可能是坚赞郊职务的接替人。狗年（1322年）正月初一日，坚赞郊为了夺杰贝之妻卓玛嵇而杀害了杰贝。为此，在大喇嘛衮洛[80]从大都到萨迦受具足戒时，在司徒仁钦扎和贝丹佥院[81]赍带着分院[82]的关防大印来藏判案时，以杰崩为首的杰贝之亲友提起诉讼，遂废黜了坚赞郊。

绛求坚赞担任万户长及当时帕竹乃东官寨的情况

大喇嘛和众首领劝请京俄德瓦协巴[83]说："宝师您应遵令叔之例集政教二职于一身，担任喇本。"京俄却说："我的弟弟绛求坚赞，是萨迦的一位善知识，请委任他。"因此赐给我喇嘛[84]的法旨和分院的"劄付"，宣读文书和"劄付"的金字使者是：（帝师的）侍从索南扎西、扎西都元帅的代表——乔道扎西丹和迦杰，他们抵达（乃东）后于狗年（1322年）九月初九日宣读法旨和"劄付"。十四日我接管了乃东。在囊梭（谓为内管家，亦指内库），仅有下列物资，切碎的熟马肉一腿、水磨房内炒熟的青稞一袋、麦子十五升、青稞酒半挤奶容器[85]；容器有：有耳的穿底石臼一只、穿底大锅一口、穿底铜勺一把、青瓷粗碗四个；坐具有：穿底羊毛软垫一张、穿底绪边坐褥四个、破旧的浮绪栽绒一庹(两手伸开的距离)；佛像及供具有：小灵塔三座、昌珠人的金汁书写的《十万般若颂》一部。除此之外，无论佛像、炊具、供具和垫具什么都没有，值得拿走的均被坚赞郊子侄们拿走了。其他的（设施）被砸碎，所有的门均无门栓，大多破损不堪，食物仅有狗吃剩的，东西厢房倾斜欲倒，每年都须培修大小房屋和围墙等建筑。

（京俄）说，我（指绛求坚赞）必需留在乃东官寨，我说，请将僧衣俗官旬努贝或旬努衮派给我。京俄却说："我们邓萨替寺需要。"没有答应。（我）在泽日草场央告京俄时，他说："（坚赞郊）在同我结算时，不要未经同我商量就插手邢巴雅松这些地方的事务，我亦不过问陈地以下地方的寺属和非寺属百姓。雅本和霞阿地方的农夫散失问题，先前在尊珠贝之时就已减少了，对百户们要像爱惜花朵一般地爱护。是否经管沙热康萨（房名）您考虑后再行事，你把扎西雄交给我。至于其他的事，譬如在百户的地区不要因为穷困而占有一间房子或一厘田地。"

替雪忠于我们的俗官、侍从、撒巴和长老们说道："如果向对方（指坚赞郊）提出清算和要求，以现在提出为妥。"但是，我知道纵然提出清算和要求亦不会兑现，所以那时未办理。有时坚赞郊来拜访，我因为专心致志于佛法，未曾提任何要求。

这时，京俄（即扎巴坚赞）赏给我十一匹产自贡如地方的马匹，其中一匹叫做热门（马名）。从泽日牧场赶到多恩，途中丢失了四匹马，两匹马留在了文地。在多恩一匹小白马和另外三匹马已方便了我，遂将小白马给旬努尚波做坐骑，他付给我三百克青稞，我按常规一量仅有一百二十克。衮聂瓦、嵇萨瓦、雅曲巴和萨掩巴等人分别赠给我一匹骏马，加曲巴声称经济拮据，只赠送了一头犏牛，阿阇黎坚赞贝赠给的有：名叫积烈的白额马一匹、有鲨鱼皮鞘的长刀一柄、曼孜地方出产的有浮雕花纹十三处的小腹银瓶一个、有花朵和枝叶图案的一个、有花朵图案薄得吹口气都会飞走的木碗及碗托一副——碗托现在还存放在邓萨替寺的小屋里，那只木碗我曾发现存放在孜塘巴·衮旬的室内。

我走马上任时的财物还有：以我购买的叫做谢赛为代表的犏牛五头，加上别人赠送的两头，共为七头，马十一匹，有背光的金质小佛像一尊。我本人所有的帷幔和华盖一对、坐垫和缎制垫褥一对，邓萨替寺人惠赠的厚实丝缎软垫一只、薄的一只、双层垫五只，帷幔、华盖一对，囊梭们每人赠送了有浮绪的软垫一对、瓷碟一对，觉卧瓦（雅隆地方一首领）馈赠一匹用酒糟喂养上膘的老红马，雅达宇斯地方赠送一匹马，纳谢地方赠送一匹马，纳南巴地方的撒巴赠送了一块茶砖。寺属百姓除赠送一头犏牛之外，谁也不郑重对待（我的就职）。

关于（我）领有属民的情况。坚赞郊以武力占据了厥地和门嘎尔地方，雅桑占据了直茨崩和哲木等地方，塘巴[86]占据了居塘地方，萨迦东院[87]占据了赞塘拉章、昌珠、尚木和拉如为代表的地方，格西都元帅占据了以门喀尔和吉玛拉康为代表的地方，萨迦康萨瓦和本钦云尊等人占据了上下部沙热、律邢、衮塘、衮嘎热和赛色拉康周围的土地，多吉衮波都元帅占据了咱通坝地方等地。在本钦卧赛僧格前来时，我在达木地方央求多吉衮波都元帅后才收回，我将此地交与邓萨替寺。本钦云尊刚去世（京俄）就说邓萨替寺需要赛赛拉康（拉康谓为神殿）周围的土地，我凭借法旨文书得以收回。赛赛拉康内的器物有：一只有铜箍的漏壶、一只铁质破壶、一顶能容纳二三十人的帐幕，至于供居者和行者使用的炊具有什么，旬努尚波是司膳官，他是知道的。

先前，贡尊、长官多吉贝和堪布仁杰等三位是戒律清净的僧人，以后的万户长沉溺酒色，无论名或实均不卓著，自己受苦，且遗笑于他人，帕竹衰微，众人都加以欺凌，因而卑贱，逢人低头三分，我清楚这些弱点，认识到在局势未安定之前我应当仁不让地担任万户长，寄希望于佛法，要在供职期间根除酒色之舛误，负起责来。

委任敦巴·旬努卧为管家的情况

我年满二十岁时担任万户长，当时的管家是敦巴·旬努卧——僧人居尼巴，他年届六十岁，热爱邓萨替寺，忠于我，并很富裕，故被委任为管家，担任管家八年。以往无论是邓萨替寺京俄的老资格侍从，或是替雪的管家、赤琼和执事等人都没有接受聪睿的撒巴和官寨的马夫以上的俗人施礼致敬的习惯，也没有享用帕竹糌粑的规矩。因敦巴·旬努卧是邓萨替寺的管粮官，所以略遭我们的老少撒巴的轻蔑。我屡次让众人明白这句话："管家旬努卧是我的长辈，你们任何人不得加以蔑视。"所以众人都尊重他，服从他。但他却辜负了期望，他操纵向杰塘、萨团和吉琼诸地放债权，在囊梭他把借贷豌豆、麦子和青稞的升子加高刨薄，放债时要把升子盛得满满的，收租时不把收租用的大升子装满，致使囊梭唯有成倍亏损，若算优等和劣等青稞，亏损三倍，他又贪污中饱，私攒财物。囊梭全部的收入田赋被赞塘巴·扎巴卧赛等一些败类家仆骗取。门嘎尔地方的诸项地租和收入由于加萨地方道路阻塞未能收齐，而且被装入各自的私囊而未到达囊梭。厥地和雅堆等地的田租和进项被喀脱和杰塘人侵吞，未到达囊梭。雅达宇斯地方的诸项收入亦散失在各地。囊梭由于没有进项岁入，致使不能维持局面，我的衣服、靴子不敷用。在旬努卧担任管家的八年中，（他）遭到有权势的撒巴们蔑视，亦无人向他敬礼。管家没有食用帕竹糌粑的先例，所以他也不能享用。然而一天早晨敦巴却对厨子那森说道："今天早上请给我一点细糌粑吧!"厨工说道："我不能决定是否给你。"说罢，（敦巴）遂逃跑出去。一天，我召集老少撒巴、百户、什长和全体长老于六柱厅楼上，给众人呈献一些粗劣干粮后，我详细介绍了（我上任）前后帕竹政权的功过得失及其原因，然后说："第一年是冰上烧火，第二年是另起炉灶，第三年管辖治理。而我却像后藏的新媳妇一样，什么都不顺手。我同属民之间钻入了一些盗贼，百姓们说赋徭苛重，若差税繁重，则囊梭就该殷实；囊梭若拮据，则无需属民(交纳）赋税，目前囊梭既不富裕，百姓的差徭又很沉重，所以这些盗贼就聚集在这道门之内。我宽宥（他们）以往的行为，今后你们应从各方面辨别盗贼。"当讲到男子汉应发挥作用时，我说："以敦巴·旬努卧、长官仁氏和阿阇黎楚达等为首的俗官们相互撒糌粑，各人是没有过失和责任的。而是同启梭[88]的旅客行人相勾结而产生的，而且又不听从我。"随后，我说道："萨迦善知识(指萨班）的话含义深刻、有理，要么囊梭富足，要么属民殷实。你们去体会吧!"说罢，我出门而去。

嗣后，他们依然如故，没有发挥作用。我遂前往邓萨替寺，对京俄说道："请让扎巴僧格或者担任我的外管家、或者兼任司膳官和侍寝官，请留意焉。应安排旬努尚波为内管家，或者请批准他担任乃东官寨的内管家。"京俄说："我们替寺需要扎巴僧格。"没有派给我。我认为虽然(我）极其需要旬努尚波外出办事，但若委任为官寨内的小管家，大概是有益的。因为敦巴·旬努卧彻头彻尾背叛我们，使我的境遇恶化，因而我感到沮丧，于是当我从北方返回时，在四方柳林架设帐幕，停留半月，不去乃东官寨。虽然全体撒巴和长老央求，（我）仍不前往乃东。继后敦巴来到敦巴达旬的住所，他俩相逢于乃东下面山川交界处，（达旬）流泪规劝道："切不可同那位仲巴[89]起仇隙。"他带来（敦巴·旬努卧的）恳求：现在愿卸任交出钥匙，若不进行结算清查的话。虽然囊梭未收到巴尔塘地方的田赋已有七年，未收到门郭尔地方的田赋已有五年，其余诸项收入亦同上述情况一样，均未收到。但是，他是白发苍苍的老年，我是头发黝黑的青年，担心舆论谴责我说，眼红他的财富，所以不结算清点了。我出生时赤条条地来到这个世界上，寿终正寝时亦要抛弃身体和全部财产，灵魂孤零零地逝去，我生在京俄大师（指扎巴炯勒）的贵族世家，若有福德，是不会饿死的，所以我除了接管钥匙之外，未接收一钱金子和长度够一匹的毛布，不仅如此，（敦巴他）还向绛干和梅朵地方赊销茶叶和马匹，其债款折合金子一千余两，应在五年内归还，但他们连一钱金子亦没有面交给旬努卧。相传他的仆人多吉坚赞裹卷约五百两金子潜逃雅桑，绛旬挟带一千五百钱逃亡，尚有一千余钱在他担任管家期间存放在碉堡中，他卸任时寄放在管家处的仓库里，他死亡后遂散失了。后来我虽想起此事，却未追查财物。旬努卧寄存在拉章[90]仓库的器物被僧人们用于做善事消耗殆尽，那些僧人已流散，我亦未加检查和追究。

阿都拉通钦到达乃东的情况

阳土龙年（1328年），阿都拉通钦受萨迦喇嘛衮邦巴派遣，同达陇巴（指达陇寺的寺主）的侍从顿杰和敦巴仁钦卧等人从萨迦前来受理坚赞郊的诉讼。挑动坚赞郊发难和打官司的幕后策划者是塘波且人仁钦贝，然而（阿都拉通钦一行的审理）却成就了我们，在诉讼过程中我未曾用手指指划对方的眼睛，因为我心怀坦荡，没有歹心，故了结了。

阿都拉的下榻处是乃东孜的卧室，他说要两个晚辈小青年充当侍役，我遂安排年满十三岁的桑珠和年满十八岁的喜饶僧格担任侍从。我明白他欲从天真烂漫的孩子口中问得帕竹政权内部的一切功过得失。主（指两个小青年）客（指阿都拉）双方谈得颇投机，阿都拉本人亦承认是那样的。所以，我认识到以后提防不知利弊的晚辈小青年在外管家之包藏祸心的逆旅面前信口雌黄，暴露帕竹内部的得失情形。

京俄和他的侍从香灯师阿阇黎索多等人来到（乃东）。对坚赞郊提出的控诉，京俄的语言失之过详，恰特巴和宝师[91]是聪慧者，虽然需要用一般人的措辞表述宗教概念，他却锋芒毕露，所以（阿都拉）评论说："（京俄）不可能是心胸开阔的人。"他问我说："那个香灯师是有才干的人吗？"我回答说："算是干练之士。""那个人太滑头了，是个每天多次变化脸色的人，不会是个坚定的人，不宜参加第巴[92]之决事会议。"当觉卧衮波前来（乃东）时，此觉卧截然异于其父，他一会儿用脚踢地，一会儿似乎要出去，反复做这两个动作。他入内后，阿都拉评论说："心眼多，不可能是个德行好的人。"又说："我要当面考察一下你的那位管家。"敦巴·旬努卧是在职的管家，未能前来。关于赤琼长官仁氏，阿都拉问道："你的这位赤琼可否算作聪睿之士？"我答道："办事精明。""唉！此人是大笨伯！你不要信赖此人。""为什么？""把封诰带来同你诉讼的这位小姐叫做噶姆，是他的妹妹，她唯有他这个兄长。""没有其他的兄长了。""他俩是兄妹，他充任你的属下，其妹妹却怀揣封诰与你对证诉讼。再者，一旦她有儿子以后，其子将获得万户长的职位，就是这么一回事。然而她又无子，如果他的兄长同妹妹商议之后，把封诰献给你，萨迦人管你身上的这些官司还有何种意义？其兄长愚蠢的道理就在于此，他是个大笨伯，今后请勿加以器重。"以后回顾起来，他的话是对的。

虽然如此，管家多吉坚赞依然顶礼京俄细瓦协巴，作为侍从他追随（我）至塔工以上的地方。他抛弃了家乡的豁卡和全部财物前来乃东，作战骁勇、品性正直、出类拔萃。我仅着眼这些方面，无论长官仁氏是否明事理，无论他在官寨内外出现什么差错，我都佯装不知，不加追究，对他在我们兄弟之间、邓萨替寺及其下面"雪"之间玩弄两面手法，搬弄是非，对他的其他所有过错，我都权当不知道。

一天，阿都拉通钦把我领至马厩，指着马槽上一个坏朽的木边儿，说：“万户长要细心呀！这里倒两筐土或安三个土坯补好才妥，马槽得当，马方不受伤。一匹最好的马价值一升银子，一升银子折合八两金子。这样无谓的浪费是没有好处的。总而言之，当长官的应善于教育仆人。今晚请带着茶和红糖来我的住处，我有话要对你说。”当夜，我带着两片糖和两块沱茶到他的卧室。他说道：“我很敬重你，你的叔父宝师[93]在世时，作为杜玛大平章的侍从，我同我的父亲来到雅隆地方，那时宝师惠赠我父亲一件上等大氅和五两金子，赐给我一匹马和一个云铃[94]，对我父亲请道：‘请长官将此子奉献给我。’（父亲）遂将我奉献给宝师了。关于赐给我的那匹马，宝师说：‘目前这匹马堪供小孩骑乘，要珍惜它，勿馈送他人。’后来我把那匹马带到后藏，我发现在后藏没有比我的马更好的马了。您的叔父宝师是那样厚爱我，所以我敬重你。要精心地修葺这些房屋。”我回答说：“虽欲培修得像样，但旅客太多[95]，培修、改造亦是徒然糜费。”他批评说：“你这话说得不对，虽然有行人来(投宿)，但一年是十二个月，过往行人住宿三个月，自己使用九个月，情况如此，怎么可以废弃不管呢？要修葺房屋，要种树，要考虑周全。”我遵照阿都拉善意的忠告，培修了乃东孜的房屋，并为修造帝释厦奠基。

阿都拉通钦还说：“人们（境遇不好）总是怪罪时间不吉利，时光岂有过错？往昔噶当派和止贡派相逢吉祥的岁月，兴盛昌隆，现今萨迦派和蔡巴噶举派发迹，权势显赫，美满昌盛，是噶当派和止贡派把时间出售给萨迦派和蔡巴噶举派了吗？掮客是谁？谁成的交？岂是岁月的罪过？是我们人的过错。在往昔天空亦升起太阳，亦降落雨露，地上种的庄稼全都结籽。如果我们人的德行好，日月就吉祥，你本人要做到行为善美，这样，就有吉祥的岁月。房子圆不圆满，是否要倒塌，从房檐和门外便可查知，房子在倒塌之前，房檐和门外呈现异常现象，房子有人居住，则房檐不会破损不堪，门外清洁干净。”我铭记他的上述箴言，并以此约束自己，所以，虽然目前卫藏三界岁月不吉利，却统统归属我们，没有比现今更为吉利的时辰了，没有比现今更为显赫的权势了。

委任旬努尚波为管家管理豁卡之情况

阴土蛇年（1329年）六月，我接管了都秋等地的帐册，八月接管了钥匙。蛇年的一年之中我亲自前往各百户处结算他们的田租、地价和所有的进项收入。随后，我规劝旬努尚波说：“请负起管家的责任吧。”他回答说：“我需要一个坐于座首席位的长老（做后盾）。”我说：“我便是正管家，你不要违背我的训示，不要积攒一丁点私房，我同你共患难，你应该明白这点。”说罢，给予了详细的指示。我有时天天责打他，有时三四天责打他。然而他对待我既畏惧又崇敬。三四年后，囊梭的面貌有了起色，还清了债务，经过核算各项收支有了盈余。因知道雅堆千户地方是要冲之地，应有我们的豁卡，于是长官多吉贝在其下部地方建筑了哈拉岗，在上部地方，替雪的直系部队经过雅桑与帕竹之战收复了纳木和直古地方，奠基修筑了纳木豁卡。（我）嘱托叫做长官旺氏者主持纳木的土建工程和委派他管理哈拉岗豁卡。长官旺氏死后，扎启地方的僧衣俗官担任纳木的长宫。他是阿阇黎旬努衮的侄子，前辈细瓦协巴的及门弟子，为邓萨替寺的四书格西[96]缝制衣服的工匠。后来他暴露出贪婪，把纳木地方出卖给雅桑。流言却说乃东孜官寨厌恶他，容不下他。嗣后他来过一次邓萨替寺，然后前往雅桑担任了措那和阿渥砣地方的管理工作，现今雅桑的叫做贡索的，是他的儿子。

细瓦协巴（指扎巴仁钦）兼任政教二主之时，皇帝降旨著帕木竹巴长官领有哈拉岗和绛斯等地，凭借银字封地文书对百户进行应有的管辖。细瓦协巴认为果梅是险要之地，在哲木觉塞死后，拿出许多财物（赎回），由我们进行管理，委任阿阇黎噶玉瓦经营该地。由于他严重危害过往行人，所以在本钦卧赛僧格之时，经过诉讼，因其危害道路通行，不得不撤销他的（豁卡）管家职务。其后，由于其影响，住在果梅地方的人亦严重危害道路通行。在坚赞郊时期雅桑欺负我们，捣毁了果梅（碉堡）。

（我）任命阿阇黎仁钦僧格为雅堆千户辖区的长官。他的父系兄弟长官索氏在坚赞郊受封的同时，获得了王子搠思班的令旨和宣政院的“劄付”著其负责管理雅堆千户地区。为此坚赞郊同阿阇黎仁钦僧格达成协议。在长官索氏和释泊兄弟偷袭哲木时，贝仁的祖父纳多很顶用，顽强地坚守高屋顶，虽然敌军一度冲进大房子，但他从高屋顶投掷石头打击，致使钻入大房子的人们（指长官索氏昆仲指挥的军队）不得不后撤，故哲木未失陷。嗣后，阿阇黎仁钦僧格灰心失望地投靠雅桑，雅桑人把他交给本钦顿悦贝[97]。其后，萨迦人亦多次对哲木地方托辞寻衅。后来我们取得喇嘛帕巴衮洛[98]的执照、王子的令旨、宣政院的“劄付”和萨迦决事会议的“劄策”[99]，拆除石堆地界，由仁钦僧格之子杰查负责经营（哲木）。然而本钦杰瓦尚波[100]和雅桑会谈后捣毁了薛禅皇帝颁布圣旨下令修建的哲木碉堡，为此我们遂拆除了（哲木）寺院里本钦的住室。我们在哲木奠基兴建哲木（碉堡）的原因即在于此。

甲孜直古（在今琼结县境）碉堡乃是薛禅皇帝为镇压南方的反叛者而下令建筑的，却由于羊卓人和雅桑人向本钦杰尚（杰瓦尚波的简称，下同）告恶状而被毁，它亦是我们重建的。后来我们把耶布德、厥和洼仓三地划入喀答多渥（甲孜直古所辖一地名），郡巴、扎拉、上下部贡波，圣西四部和雅尔贡木诸地的地租收入遂储存于喀答，再送往乃东。

我二十岁时（1322年）来到乃东官寨，在大喇嘛衮洛和分院颁发的法旨和劄付中明白规定让我们负责管理直直修及秋斯等地、茨崩、赛卡、纳木、哲木。然而，雅桑人不理睬（要他们）交出哲木、直直修及秋斯[101]等地的规定。（我们）委任旬努坚赞管理茨崩，委任杰崩管理纳木。旬努坚赞同雅桑人曲桑卧各管赛卡的一半。由于年轻和考虑不周，（我们）想起了武力进攻厥谿卡的办法，虽然围攻了十天，但（我的）仆从有一半成了他人（即雅桑）的人，因而未能攻克谿卡。我二十一岁（1323年）时，又围攻了一个月零二十天。然而，由于仆从怀有二心，不信赖我，我们仍未收复该谿卡，厥地遭受了战乱破坏。

雅桑与帕竹双方诉讼于本钦卧赛僧格座前

鼠年（1324年）秋，旬努云丹和衮波坚赞请来了册封我的诏书、大喇嘛的法旨和王子搠思班的令旨。

牛年（1325年），我们同雅桑两方诉讼于本钦卧赛僧格座前，争辩直、茨的归属，也未能收复直、茨二地。本钦让我任选直、茨二地中的一个地方。因为直地人骁勇，直地兵所向无敌，所以我挑选了直地。直地一半人是雅桑的僧侣和胥吏，雅堆人中忠于我的人说，应进行果梅碉堡的土木工程，于是修筑了果梅碉堡。觉卧和雅堆的全体百姓回忆起噶悦瓦的狠毒，对土木工程心生反感，暗中勾结雅桑，从而召来雅桑的军队，我们的人惊惶失措，致使遗留的工程被雅桑拆毁，雅桑占据了直直地方及堡寨。

嗣后，本钦卧赛僧格传呼我前往其座前，我遂前往彭域通门地方同雅桑诉讼，我诉讼获胜。虽然我有理，但是却敌不过雅桑人世世代代积累起来的财富，蔡巴又做雅桑的后盾，雅桑巴将其胞弟奉献给本钦后把（领占地）当作私有庄园来管理，百姓亦被他长期领有。自是直、茨和赛卡等地丧失于雅桑，哲木置于调解人手中执掌，萨迦委派纳木杰崩经营，住在哲木，我却未登门拜访主宰人。后来哲木地方似乎丧失于调解人手中。因为雅桑人有强大的后援，故我不得不吞食沮丧的糌粑团。

前后建议攻打厥地和雅堆地方的人是我们德高望重的俗官中的一些人，我这个最高首领如果要怪罪和追究他们，那时法律苛严，他们必然被判极刑，我应当承担出师不利的责任，俗话说不向仆役讨计谋，所以我向他们说："你们身不由己，我本人应带锁脚枷。"当我们的执拗之老资格仆役们在旁边议论时，我解释说；"是由于骄傲自满导致（失败），是由于不请示造成的。"说罢，也批评了他们的缺点。后来，人民终于懂得了他们应负的责任。

司徒达玛坚赞在贡塘设立法庭之情况

兔年（1327年），喇嘛帕巴衮洛的遗骸从朝廷运回西藏。当司徒达玛坚赞在贡塘地方（在今拉萨蔡贡塘）设立法庭时，对我说道："你与喇嘛衮洛关系特殊。在喇嘛达尼钦波座前我们是同门友伴。雅桑人不归还封诰中划定的属民是违反法度的，你提出控告，我逮捕雅桑巴，把百姓归还给你。"我将此事禀告于本钦卧赛僧格座前，本钦向贡巴益喜贝[102]和长官衮嘎多吉[103]说道："帕木竹巴有理，要妥善解决。"然而贡巴极度懒散，蔡巴又歪曲事理未予恰当解决，致使雅桑鲸吞了上述二地。不久本钦卧赛僧格逝世，于是无法进行。

复次，蛇年（1329年）时，王及公主[104]前来西藏时，召集前藏人开会。藏历十一月时，王驻于雅桑，公主居于乃东，经过王及公主斡旋一个半月，稳妥处理雅桑与帕竹的争端，我们保住了纳木、哲木、茨崩和赛卡等地，雅桑保住了直直修及秋斯等地方。以王及公主为首的全体前藏人在雅隆度过阳水马年（1330年，此年应为阳铁马年）的新春佳节，(王及公主）自正月逗留至二月下旬，雅桑、帕木竹巴和塘波且均感压力沉重，尤其是我们因做东道主，为了整治城堡，驱逐乞丐，忍辱负重，从而使巡行者们（指王子一行）悦心，未责怪我们。

不久，在水马年（1330年，应为铁马年）四月十三日为帝释厦奠基。八月，除正厅外二层楼全部竣工，可以接待行人旅客。自此直至猴年（1356年），帕竹主仆形同一体，人人安乐，仆人畏惧主子，主子器重仆人，精诚团结，每月之中均有进步。

萨迦喇嘛衮嘎坚赞前往大都和萨迦白兰王一家来前藏的情况

在喇嘛衮嘎坚赞[105]前往大都时，京俄和我师徒俩前往贡塘地方送行。此时喇嘛偏袒坚赞郊一家，说：“你们若交出厥地和门嘎尔地方，则请接受我的馈礼；若不交出，则勿接受。”我无可奈何，只得从贡塘逃逸。他袒护坚赞郊的原因是，坚赞郊系云尊的人，故云尊的后人们对拉康拉章而言，是师母方面的人，特别受到信赖。因此喇嘛衮嘎坚赞成了坚赞郊的利益的照管人，排斥仰赖师父喇嘛达尼钦波的我们。由于衮嘎坚赞不护佑我们，使我情绪低落。

那时我同德杰卧都元帅——先前王子搠思班来藏的侍从——关系密切。在本钦云尊担任税务官[106]时，他供职于税务处，我已同他情谊深厚，嗣后他出任宣慰使司时在北方阿尔砀地方遭怨敌伏击，连身上的衣物都丢失了，我盛情承侍和款待他，因此在前藏诸万户之中他最看重和夸奖我们，当着皇帝的宣旨钦差和玛绛蒙古人[107]等的面赞扬我说："在前藏的首领中唯有此人好。"从而使皇帝的宣旨钦差等所有的人都尊重我，连玛绛蒙古人亦敬重我，印象清净正确。

那时大阿阇黎具德白兰王精神错乱失常，召集卫藏宣慰使司的酩酊大醉的仆人们开会，使前藏蒙受巨大损失。在达木召开的一次会议上，德杰卧鼓动我在白兰王座前去说："你已在前藏停留四年，前藏人已尽力服侍了，现在请前往后藏留居四年，再前往阿里盘桓四年，这样遂为十二年。然后请移居多康[108]十二年，居住多麦[109]十二年，随后我们前藏人承侍您。"蔡巴说："我的地方处于关隘要地，担当不起，不敢禀告。"而止贡人早同萨迦有仇隙，若首先陈述，会引起忌讳，故对我说："您是萨迦的大弟子，您说为宜。"我因为年轻，因为气愤白兰王捣毁曲登林寺，气愤白兰王及公主二人停留于雅隆，召集前藏的全体首领开会使我蒙受巨大损失，气愤他长期逗留不走，无限度地耗费我内外的财富，遂按照德杰卧都元帅的指点第一个开口说了。白兰王反唇相讥说："现在我前往后藏，要向你们前藏人借路，由于不经过属民的村落，上策是自隆雪经魏喀入雅隆谷顶，出卓拉山；中策是经彭域、拉萨贡塘，出嵇雪；下策是经南木，入堆隆，经嵇雪、藏拉雅朵前往斯玛山，请指示此三条路线以何为佳。"我回答说："先前承侍了四年您尚不满足，现在前藏人已山穷水尽，无能为力了。若还不知足，我们前藏所有首领就充任白兰王您本人的侍从，全体识字的都充当文书，永远不需要委派司膳官，请给所有的执事和侍从人等安排恰当的工作，我们全体的人马都来服侍您。这样服侍你该满意了吧，若还不满意，就请看看薛禅皇帝以来颁发的这些印章吧！它们是为管理和守护皇帝的属民而赏赐的。现在庶民们确实无力效命，故请勿提上路之事。”我请皇帝的宣旨钦差仓青巴和宣慰使司之首领德杰卧都元师一道劝说，说道：“尚若恶狼闯进皇帝的属民之中，护卫百姓的使命就落到皇帝的宣旨钦差和宣慰使司肩上”。终于，由于我语气强硬，辞锋尖刻，白兰王遂说：“如果道路不通，就不行。”我答道：“从大都以上，至吉祥萨迦寺以下，设有驿道通途，由驿道而行是合乎常理的。无缘无故要走百姓无力支差的路线，则是没有道理的。要是这样，我们的印信就交给您带去，请您管教百姓。”最后他只得经驿道而行。虽然白兰王对我不悦，但此事却有利于整个前藏人。

再又，在大喇嘛将前往大都时，给坚赞郊做后盾，向我施加压力说：“交出厥地和门嘎尔，施舍给拉康拉章。”因此我不得不从贡塘逃走。当时，德杰卧都元帅提醒我说：“大喇嘛、蔡巴和雅桑已商量了，对你心怀叵测，纵然暴发雅桑与帕竹之战，你也要暂时忍让、退缩，勿对抗，你的人即使死亡一百又有何妨，大喇嘛亦无法搞什么诡计；尚若你杀死雅桑两个人，那两个人头就会送往朝廷大喇嘛处，他就会禀奏皇帝说：‘绛求坚赞是可恶的反叛者，杀害遵奉皇帝命令的无辜庶民，请予惩罚。’皇帝就会降旨讨伐你，你将倒霉。”由于我多次听从他善意的提醒，所以迄今我的谋略都正确无误。

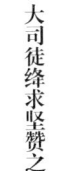

绛求坚赞在与雅桑的战争中失利

那时，同意建筑砣松碉堡的也是我们的人，不同意建筑的也是我们方面的人，这等于是召来雅桑的军队。短命的敦巴·旬努卧不服从我的训示，却听从嘉玛长官索氏，导致巴尔塘地方失利，以他和楚达为首的十三人殉难身亡，除了以我为首的旬努尚波等十五人外，俗官、撒巴和农夫等众人都抛下我们逃之夭夭，官寨内的俗人和马夫亦携带着各自的细软逃跑了，哲木失陷，雅桑攻占了直地、茨崩和香波桥以下的地方，对此雅桑尚不心满意足，抢占了阿巴（房名），竖起风旗，雅桑遂占领了绛斯以上的地方。在雅桑的背后有萨迦喇嘛衮邦巴和蔡巴支持，所以负责司法的官员们亦是受制于他们，我申诉毫无结果，这便是“有理不吃香”的事实。因为败北，我遂对撒巴、寺属和非寺属百姓失去信心，一二年之内被众人凌辱，忍辱负重。

雅桑与帕竹双方在本钦旺秋贝座前诉讼

嗣后，于阴木鸡年（1345年）初冬，本钦旺秋贝[110]驾到，在达木召集会议，然而雅桑不与会。随后在南钦塘地方召开会议，我同雅桑诉讼于会上，尽管我诉讼获胜，却被铐以枷锁脚镣，拘禁十七天，贝仁让我写信，我带着枷锁脚镣写好信，派他同脱孜昼夜兼程禀告本钦和我方的人们，从而将直直修及秋斯地方判给雅桑，我们保住了纳木、哲木和赛卡等地方。我被驱赶至尼雅塘地方。虽然和解书上载明我们有权在不危害百姓的任何地方修建豁卡，长官衮多做雅桑的保证人，贡巴益喜贝做我的担保人。然而长官衮多加以曲解，对贡巴说："我俩不领取和解书，他本人会徒步来领取的。"因其语气强横，贡巴未从本钦手上领取和解书，致使拔希旬努衮[111]偏袒雅桑，在后藏尼查旅舍将和解书更换，规定帕竹上部地方归前藏，下部地方归后藏，纳木、哲木和赛卡诸地方归判案者本钦，我们无权修建豁卡。一年之后，本钦以定案人的名义要将上述地方退还给我们，然而他们却觊觎赛卡地方的收入，未退还。嗣后，当本钦归还时，我付给雅桑八十两金子始退还赛卡地方给我。本钦按照规定将纳木归还给杰崩，把哲木退给原主。其后，我前往色勒萨地方会见本钦旺秋贝时，他要我加倍奉送八十两金子，我说："可以奉献，关于赛卡地方，您没有把我放在心上，是不妥的。"他说："有理人就是有理，（我那样处理）是要使衮邦巴不能窃据赛卡。"

其后，由于本钦未把赛卡归属问题放在心上，我就先后派人赴朝廷禀报，虽然获得许多王子的令旨和院巴[112]的劄付，但是雅桑的敌对军队驻守该地，且蔡巴又做他们的后台，所以我仍未收复赛卡地方。纵然把止贡算做我的后援，但止贡对严竣的法律诚惶诚恐，事实上是不能视为靠山的。我们的人马懦弱，不能独当一面，老人们缺乏打仗的武艺，青年们体力不支，青壮男子沉溺酒色，因为以往多次遭受挫折，所以士气低落，要他们拿起武器同雅桑人作战，他们宁可选择跳入娘波渡口河中自杀。我未着手进行连年战争，其原因正是由于此点。

帝师衮嘎坚赞和本钦旺尊企图剥夺绛求坚赞的万户长职务而严厉管教甚至监禁他的情况

喇嘛衮嘎坚赞令本穷（意为小官吏）扎杰之子索南坚赞当长官崩巴热和娘仲尼雅木的打水倒灰的仆役。后来索南坚赞做了扎季地方加氏家族的牧羊人，深得阿阇黎仁钦贝的垂爱，拉尊丈松令其步行牵马至萨迦寺，交给拉康拉章。喇嘛进京时将他作为打前站的人们的侍卫被带去，喇嘛向皇帝谎奏，说他是坚赞郊的侄子，奏请委派为帕木竹巴的万户长。此时本钦旺秋贝正担任宣政院的大长官。本钦旺尊担任他的僚属。当时本钦旺尊同我关系亲密，帮助我阻挠索南坚赞走马上任。本钦旺秋贝前来西藏担任卫藏地区的本钦之后，本钦旺尊任职宣政院的大长官（即院使），其时他屈从大喇嘛的情面，大肆张扬已办理了封拜索南坚赞的诰命。本钦旺尊和格恰大平章一起来藏清查赋税时，他把我们的衮波坚赞带在身边以商量的口吻说："请多加关照。"喇嘛刚抵达这里（谓为西藏），平章和渥若答根黎已办完巡视前藏和清查户口的工作，带着分院的印章返回京师。

喇嘛途经多康地区之后，旺尊就徇喇嘛之私情，声言要在多隆巴地方赏赐我，召我赴宴。在宴席上他逮捕了我，强迫我跪在羊脂石上，吼叫说："快将虎钮印章交出来！"对我进行各种式样的惩处和盘诘，然而我未交出虎钮印章，嗣后把我囚禁在贡塘九十三天。虽然他咆啸说："把虎钮印章交出来！"我硬是不交。在审讯我时，问我不交出权力的理由是什么时，我答道：“索南坚赞他若是父子承袭，在他年轻时期，因为我过错巨大，或者他本人是个能人，遂可暂时委任他，或者他长大成人来接管权力时，我应当交权；或者我俩情同手足亲如兄弟，我当然应该交权；或者我老朽无能，他来办事，施行法律，管理属民，我应当交出；或者他对皇上有汗马功劳，皇帝降旨封他为万户长，我应该交出。”旺尊说：“倘若得到圣谕，你又要说你不知道。”我回答说：“皇帝的圣旨中又有敕令。然则，截断脚，把它安装在头部的位置，让它做头应做的事；割下脑袋，把它安放脚的部位，让它做脚应做的事，若此难道是可以的吗？”说罢，就是不交权。旺尊这般地殴打我，以致在旁边的止贡人亦怒不可遏，愤然退场，但无济于事。

我患腹泻症，物资损失惨重，当把我从多隆巴解押至贡塘时，我通过衮波坚赞和释迦崩捎信给乃东的旬努尚波说：“他们把我逼迫到这般地步，我绝不会交出职位，即使我被裸身捆绑押到乃东，你们也不要交出乃东官寨，若不交出乃东，就有帕木竹巴的政权，就有我，就有你们诸位，就有雅隆；倘若怜惜我而交出乃东，则没有我，没有你们诸位，没有帕木竹巴的政权，没有雅隆，纵然我蒙难被杀被剥皮，也不要交出乃东，你们诸位是明白上述话的含义的。”

旺尊对我说：“不要违抗大喇嘛的命令，现在就交权吧！今后快者一年，慢者三年，不快不慢者两年，就把权力归还你。倘若需要起誓，我可发誓。”我回答说：“连皇帝也不敢颁布这样的圣旨，你比皇帝还伟大呢！请派我和索南坚赞骑乘自己的牛马到朝廷禀奏，经禀呈宣政院后，再在皇帝殿前辩论我应不应当交权。”旺尊说：“不可派你进京禀奏。”自是播下了同旺尊结怨的种子。

本钦索南贝上台后勾结旺尊、雅桑、蔡巴和塘波且等进攻帕竹，同绛求坚赞抗衡

此后，阴土牛年（1349年）下半年，本钦索南贝[113]从朝廷来到西藏，接管了本钦旺秋贝的职务。本钦旺秋贝向萨迦决事会议提出其愿望后占据了藏拉雅朵地方。其后，挑唆本钦索南贝损害我们。其时，蔡巴、塘波且的阿阇黎仁钦和雅桑等一起磋商，本钦旺尊怂恿他们使坏，进行战备。这时多尔郊都元帅——本钦索南贝的下属官吏——从充都古木(在今尼木县境）带信来说："您依从本钦是不会错的。"我派人答复说："若此，则请勿与本钦巴（指索南贝）、本钦旺尊同行，先来雅隆，我听从圣谕，承侍之。"所以他先莅临，我恭听圣谕，承办招待。俟之，本钦抵达纳噶孜地方（今郎卡子县），会同羊卓巴（谓羊卓的首领）、雅桑巴(谓雅桑的首领)，纵火烧毁了曲登林寺内特别精美的弥勒殿及约八百户香火人家，使之空荡不存一物。自此曲登林寺所掌管"五马头"[114]传集力役差徭遂中断，自此我们同雅桑兵戎相见。当本钦（旺尊）进兵茨崩地方时，我们亦结集军队于乃东，当敌军开往南杰地方时，我们迎击之。由于要筹划作战方案和行军路线，我们的京俄细瓦协巴[115]驾到(乃东)。经本钦索南贝和前藏众首领呼吁，本钦旺尊前来雅隆，我拜会了他。他驻于多恩（房名)。在任命我的胞弟索南尚波为万户长后，本钦旺尊前往文普地方[116]。本钦索南贝经昂雪[117]前往藏拉雅朵。本钦索南贝供职本钦大概是六年或七年，然而却成了整个卫藏所蔑视和欺负的对

象，我以为萨迦本钦是全体萨迦尊敬的对象和（卫藏的）主宰者，所以给予他应有的合乎常理的承侍。嗣后索南贝卸任，我亦迎请他至雅隆，恭敬地承侍和供养他，他很高兴。作为报答，本钦索南贝曾启奏皇上说，有人说我是反叛者，乃系虚妄不实之辞。所以他对我是做过有益的事的。

司徒达玛坚赞为安定阿里和清查藏地三区的户口而进藏时雅桑与帕竹双方诉讼于南杰岗

不久，（雅桑）万户长崩贝卧去世，萨迦决事会议和宣慰使司任命楚崩卧为（雅桑）万户长。此时雅桑决事会议派遣敦巴·格登坚赞来我处，说："目前您应当义父，楚崩卧应做义子，现在双方应和睦相处。"我回答说："若此，则应把赛卡地方归还给我，若归还，我就当义父，楚崩卧就当干儿子，我们友好相处。"他说道："不能交出赛卡地方。"

阴木鸡年（1345年），司徒达玛坚赞、多杰江副使和阿山薄卡知院等人带着判案任务，为建立夏绛木[118]、稳定直至阿里地区的局势和清查藏地三区[119]的户口与贡赋而莅临西藏。我打算在达木地方诉讼，他们说："不宜撬开前藏人红色马尸的腹腔，等巡视后藏完毕后，才可以受理诉讼。"没有管前藏人（即绛求本人）的要求。其后，我在充都古木地方起诉，他们说："在后藏地方出售前藏人的神是无谓之举，等巡视阿里地区后才可以受理诉讼。"

嗣后，当司徒刚巡视阿里完毕，我立即邀请他们一行至雅隆，在南杰（即前文之帝释厦），我把以薛禅皇帝颁发的封赐帕竹领有直拉山以内地方之封诰为代表的圣谕、令旨、命令、劄付、文件和封地文书等呈献于司徒座前，供其审查，以便对证。司徒瓦郎、巡使和译师等人惊愕地说道："有如此完整的封诰、文件，岂容争辩，（雅桑）应退还直拉山以内的领地。"经前藏人们商议后，（司徒达玛坚赞）将热木藏谢、修地及秋斯等地判给雅桑，我们保持直地、策崩、赛卡等地以及纳木、哲木，由宣政院颁发劄付，前藏诸首领签订了和解书，今后不再争夺有争议的诸属民，谁不遵守和解书，违犯甘结，就要交纳金子五升、银子十升和交付驿站的马一百匹，等等。但是，当司徒刚途经索格[120]离去，雅桑就扬言要攫取（有争议的）诸属民，楚崩卧和玛嘎乍嘎主仆集结叶聂和俄洛地方的大批军队，玛嘎乍嘎在拉萨大庭广众之中口出狂言，派人传话说，要在乃东过冬，在羊卓度夏。

帕竹陆续战胜雅桑侵犯的情况

阳火狗年（1346年）八月初八日，叶聂地方的军队前来侵犯，十一日交战于朵波居地方，由于我们在法律上有理以及三宝和空行母分辨是非曲直，我们以谋略取胜，击毙玛嘎乍嘎等约二十人。然而我们节制胜利，仅短程追击，我们的步兵士卒又急于秋收，故仓惶收兵。

再者，雅桑事先侦察和偷袭，将旬努尚波所率之兵逼进哲木，并加以围困，又包围绛霞巴、巴瓦纳、佟布，并设立军事基地。对此事，我召集以我为首的全体在家的撒巴和属民组成的部队驰往巴尔塘。当夜，雅桑的部队喧嚣不止，但我依然直抵答木铺地方，沿途捣毁豁卡。而扎西岗、伦波孜乃是贝崩卧和在萨迦寺听法的同门朋友所有，怜惜其遗孀，故弃而不问。我接受雅桑寺的投降，令觉卧·布巴坚巴之子觉僧为首的人充当人质，安定该地。

这时雅桑巴派人前往贡塘央告司徒门朗巴，（门朗巴）从贡塘派人禀告本钦杰瓦尚波[121]。当时，本钦在阿里，禀呈一抵达，本钦杰瓦尚波就前往喇嘛衮邦巴在尚丹地方的住所举行会谈，决定喇嘛衮邦巴从尚丹前往萨迦，同萨迦决事会议磋商。于是传闻喇嘛年梅巴和囊巴索僧将领人前来调解雅帕争端。我一获悉此消息，立刻派遣信使急驰喇嘛年梅巴处，说："若崩贝卧在世，您做公众代表倒也可以，参加斡旋亦行，现在，当崩贝卧已不在之时，您不要斡旋雅桑和我之间的纷争，请勿驾到。"然而一些不友好的人怂恿说："喇嘛前往调解雅桑和帕竹之争是恰当的。"喇嘛年梅巴遂说："应调解说合。"说罢，起程前来。当他抵达雅尔斯地方时，我派人献茶，奉告说："就像不久捎去的央告那样，您不该驾到，却降临了，我担心会发生使您头痛的麻烦事。"其后，他莅临扎塘地方，我遂前往迎驾，谒见于扎塘的下榻处。当时，有尼脱巴、朵丹仁崩、阿阇黎桑结崩等人侍坐。我启请道："这次喇嘛不该动驾，现在却来了。雅桑连一点有理的证据也没有，雅桑倒好！我才坏呢!"其后，他抵达雅隆，在五柱南杰厦楼上，我呈献糌粑、奶酪糕之类食品。当囊巴索僧和充当侍从的老资格善知识们齐聚时，我说道："这次你们调解，我请求让雅桑赢一些，使我略输一点。"这话说得连喇嘛也乐了。

嗣后，喇嘛一行前往雅桑，雅桑巴连面都不露，致使喇嘛师徒空手而回。我说道："现在似乎不需委托喇嘛您为公众代表了，从此间返回上部地方是否合宜?"他回答说："最终的决定权在萨迦，我要派人前往询问，我在此将滞留一个月。"遂派人前往萨迦询问。得到的答复是："您住在那儿（指雅隆）当然是恰当的。"本钦亦答复了同样的话语。

萨迦喇嘛衮邦巴伙同本钦杰尚阴谋杀害绛求坚赞，接管乃东，绛求坚赞应战

其后（萨迦）着手准备吞并我们。我获悉后，趁奉茶于喇嘛座前时，说道："喇嘛仅精通佛法，不知晓俗事。"后来本钦逮捕我时，（喇嘛）愤愤然说："赤绛！[122]赤绛！你落得个这般下场，岂是懂得世俗事务的嘴脸？"

喇嘛衮邦巴和本钦杰尚商定，决心戕害我，接管乃东和帕木竹巴万户，由本钦杰尚兼领雅桑、帕竹和塘波且三个万户，伙同蔡巴撕毁前藏协议条文，放逐止贡巴（谓止贡首领）于卡萨伦地方。我得知这些阴谋后，周密地思考，认识到，若坚守乃东和险要的豁卡，征集人马对抗，则直至藏拉雅朵的扎兑三平川和羊卓三岗等地将濒临沦丧。若此，不仅损害帕木竹巴政权，而且世世代代蒙受反叛的罪名，世世代代不能昭雪。我们的此教法传承世世代代同萨迦派结为师徒关系，情谊深厚，（我）明白不能同萨迦家族决裂。萨迦历任本钦都关怀我们，而没有刻薄之辞，本钦杰瓦尚波系善知识仁钦尊的子嗣，他祖祖辈辈效力萨迦世系，同他人相异，而我们又是喇嘛达钦巴——萨迦法主座前听受《喜金刚续二品》的真正同门师兄弟。因此我先后派人恳求本钦，派人带往娘堆（即今江孜）禀告说："我听任您摆布。请光临雅隆，我由衷地听从您的吩咐。"然而，我知道他言听计从于不友好者的唠叨，是不会待我好的。但是，我仍前往扎塘地方迎迓。本钦的侍从以前不向我敬礼者今天敬了礼，以

往不向我脱帽致礼者今天脱了帽。其时有人说，这是在欺骗我。嗣后，迎请他到雅隆，在五柱南杰厦楼上，我亲自在本钦座前再三禀陈说："现在请仲勒勿误会，既然萨迦诸喇嘛的行径是般，若本钦不加以抑制，就会出现目无法纪的事情，因此我将前往照拂你。我暂带半月脚枷，请最终依据封诰、文件的条款合理解决。"说罢，站起来告辞出去。但刚迈出两三步又折回来，禀告说："您亦有鲁莽的过失，故请求在我身上不要发生香堪布的锦上添花之事件。假若您杀死我，我的尸体块头大得很，从多麦、多堆、东方西夏，上至阿里，整个东西南北各处地方有众多的人来为我收尸，此卫藏地区将长期动荡不安。请勿围攻乃东为妙，倘若围困，我所恩养的仆从至少有一百整，这一百人每人觅得十名甲胄之士，遂有上千士卒，若如此，将导致此昂雪替地区大规模骚乱，故请止息兵革。"但是他不听忠告，却接受心怀叵测者们的怂恿。这些事实是众所周知的。

翌日，即逮捕我的头一天夜上，我让衮波贝都元帅做证人，在四柱厦楼上，对旬努尚波、衮波坚赞、释迦崩、衮仁桑珠和衮嘎扎巴等长老们说："明天我将戴着脚枷同雅桑万户长诉讼，有希望最终合理地解决争端。但是，本钦此人言而无信，而且从各方面备战，相传蔡巴的军械已从水路运来。倘若把战争强加于我们，我们纵然能抵抗，但法律不容，自取失败，请按照当初在多隆巴地方我被囚禁时捎给衮波坚赞和释迦崩的信行动吧！"

次日，本钦驾到颇若塘，在南杰厦正厅我同雅桑巴相遇，刚进行了零星的诉讼，本钦遂慌乱起来，脸色难看。我以为乃东孜的人尚未觉察，说："尚须取来文件。"遂派遣贝仁前去。但他们却在途中逮捕了他，不让他去。其后，雅桑巴和我统统被捕，雅桑巴被押往五柱厦，我被解往本钦的住处——六柱厦，掩上大帷幕后，我被招呼就座于双重软缎大坐褥上，我的人员全部被擒，贝仁的上装被剥光单独关押。我心里不安地思索到，难道我错了吗？我无辜，是他们错了。

嗣后，各处军队到达，所有沟壑一片喧嚣，法鼓隆隆。据说阿山嘎雅都元帅抵达文地后正向此处进发，声称欲以乃东孜做寓所。由于本钦屡提此事，所以我说："遵令照办。"（我）唤来囚禁于行茶僧房里的坚赞尚波说："请拜托喇嘛年梅巴做房东，将乃东孜做都元帅的住所，侍奉之。"说罢，遣之。坚赞尚波到达乃东。乃东孜的人听受和铭记我先前的训示，未让都元帅入内，故都元帅遂在南杰的柳林中搭帐。

我认识到，现在我身不由己，此人（指本钦杰尚）肯定要向我索取投降书。不知是中风还是患什么病，我头脑昏昏沉沉，全身颤巍巍，需熏安息香和肉豆蔻，我呼喊道："快拿火来呀！"从厨房端来一个火盆，里面是燃烧的木炭，我立刻抱住头将印章扔进去，印章着火燃烧，散发出白檀香的芬芳。众狱卒问道："为什么这般香气扑鼻？"我回答说："印章已经烧毁了。""这般恶作戏太过分了。"我说道："这颗印章使我吃尽苦头。"印章刚焚毁，学阿瓦·拔希南喀贝和本钦卧赛僧格的文书员敦巴·多吉贝、副文书员——拔希多吉坚赞之子竹细·多吉贝和侄子郑乃瓦等人携来大批要我盖印的投降书，由于印章业已焚毁，我遂不必交出印章了。

次日，不需同雅桑巴诉讼了。虽然同塘波且的仁钦贝对了证，但他所言无理可据，所以无言可对。本钦只得像嗾使狗一样派他给大执事衮波贝带去下述的信函：他（指绛求）被捕时有一部分封诰、文件经止贡派喇嘛衮杰瓦转移至贡噶人之达鲁花赤手中，作为判案材料应交出。作为仁钦贝的助手多尔仁虽然能够身着俗装渡河至北岸，但我听说替纳协、邢巴和切喀瓦（指多尔仁）所辖地区都在发兵援助乃东，如果敌人来犯，士气高昂的增援部队能做到肝脑涂地，灵魂如传说中的扎达雅王一样。

从第二天起，连继三日我同在本钦和蔡巴支持下的雅桑巴、塘波且巴和加域千户楚诚扎等人诉讼。在我处于无能为力的境地时，本钦向我索取各种文件，咆啸威胁，打皮掌子，多次以各种办法迫使我俯首屈服，我痛心疾首地说：“现在纵使死去亦不做遗恨之事，印章已烧毁，随你的便吧，我永远不求饶。”这时，他们用铁块和磉磴等物压榨贝仁。我想到我永远落入他们的手中，逃亦逃不脱，即使被害亦无关紧要，应该设法营救贝仁。在思索其办法时顺便想到，假若文书官坚赞逃至乃东孜，便可捎口信说，你们应遵照我先前的训示行事，今后无论得到我的任何话语均不得相信。用毕早饭后，我的头和整个上半身疼痛难忍，遂搂住坚赞，他抱住我的上身，我说道：“您若能逃至乃东孜，请告诉以旬努尚波为首的人们：牢记我以前的训示，不要违背，今后不管得到我的任何话语均属虚假的，不要相信。”我问他：“此间你的耳朵听到了吗？”“听见了。”“那么就复述吧。”他准确无误地复述了我所说的话。我认为现在稳妥可靠了，遂差遣而去。狱卒们虽在近处，却未发觉。随后，在吃饭时，我说道：“看守们，你们辛苦了，若偿给酒钱五两（银子），似乎不够。”“纵然不够亦请偿赐。”尔后，他们多次将我的恳求转给拔希南喀贝，请根本不要动武。

我给以旬努尚波为首的人捎去令其投降的口信，是夜未得回复。

次日，晴空万里。本钦亲临六柱厦的阁楼，说道，“他（指绛求坚赞）说了什么？是否已给乃东的人们发了令其投降的信？把他的脚枷和布穷(一种刑具名）打开，让他来此阁楼中。”俗人们打开脚枷和布穷，引领我至阁楼中。这时我佯装惶恐和颤抖，敬礼下跪，说道：“本钦是菩萨，心胸广阔胜似天空，所以我请求让以旬努尚波为首的乃东人投降，他们的全部过错由我承担，请责罚我，他们是我的仆役，干这干那身不由己，请予怜惜，让他们向一个信得过的人投降，请派遣长官达瓦向他们转达这些话。”“行，怎么投降法？”我启请说：“让旬努尚波投降蔡巴，让释迦崩投降羊卓，让衮嘎扎投降雅桑，让其余的人投降其崇拜的人，存封所有的财物于各个仓库，加锁并封以黄蜡，我将钥匙奉献于本钦的座前。”他说：“可以。”其后，我又佯装说，我有新的想法告之于他：“比起派遣长官达瓦传话，倘若派遣贝仁前往，官寨里的人倍加相信，更适合。”他又说：“可以。”我又说道：“作为我说话的见证人和有助于人们相信，可否差遣担任文书官的这个后生前往？”他回答说：“这亦恰当。”他又说道：“现在你们主仆要分开，中间掩挂帷幕，不能互相看见打手势使眼色。”

其后，刚吃罢饭，衮嘎都元帅、比丘降杰、达鲁花赤南喀贝、侍者衮乃、囊巴僧格贝和贝崩乔道等以及本钦的老资格执事们排列于两侧，贝仁和文书员坚赞站在队列之外，我依据自己向本钦所作的禀告加枝添叶地给以旬努尚波为首的乃东孜的人们捎口信，为了使本钦等人相信，我发了誓。这乃是为了期望贝仁摆脱监禁。

贝仁和坚赞二人前往乃东孜，转达了口信，乃东孜的人问道：“没有用眼神示意和别的训示吗？”“没有使眼色和其他教诲，主仆无法互相看见，中间分别有他（指本钦杰尚）的人监视，没有办法。”坚赞接着说：“今天（绛求坚赞）未言及别的教诫，昨天早晨（绛求坚赞）说，你若逃出前往乃东孜，就对以旬努尚波为首的人们说，要牢记我以前的叮咛，并遵循之，现在不管得到我什么话语，全属虚假不实的。他郑重地强调了此事。”“那么，正是这样的，应当占卜一下。”于是进行了占卜。卦象极佳，云：应“遵照以前的训示，勿投降。”倘若遵循后面的嘱咐，则将遭厄运。

这时，我请求派人迎请止贡宝师、达陇宝师和蔡巴的门朗巴等三人。（我）捎信儿给他们说，如他们受降就投降。不久，贝仁等二人来了。吃罢饭，贝仁进入室内，他说道：“那该死的东西竟是这般。”我极为沮丧地想起谚语所说，轮到敌人当屠夫凶多吉少，遂向贝仁发话问道：“什么，他们是否声称拒不投降？是否扬言不投降？”“一旦以止贡宝师为首的受降人驾到便投降。”我说：“现在去吧，就这样投降吧！是否扬言不听从我？”于是打发他返回。是夜，他住于囊巴僧格贝的住处。次日，本钦和他们所有的人给他答复，派遣他前往乃东，向以旬努尚波为首的人们转达口信。旬努尚波问道：“你前去对承侍（绛求坚赞）能所有裨益吗？”“于承侍不能补益。”“那么，你前不前去都一样，还是住在此处为好。”于是贝仁就留在乃东孜了。

本钦杰尚秘密解押绛求坚赞至后藏，企图秘密杀害

午饭时辰，本钦唤走坚赞，对我打皮掌子，进行各式各样的威胁。饭后，打我约七十记皮掌子，加以各种恐吓，我昏厥三次，几乎断气身亡，然而想到贝仁平安离开，感到心安，尽管肉体疼痛不已，却不甚苦恼。

翌日，加域千户和昆恰塘在竹恰（房名）对我进行咒骂，又多次打皮掌子。臀部上挨了约一百三十五记，上半身约摸掉了三层皮，致使我在一个月之中只能俯卧。旬努云丹本系资助我们的根本施主之子，却不顾虑佛法和情谊，向本钦进谗说：“杀死此人（指绛求坚赞）比用金汁书写《甘珠尔》经的福德还大。”我问他：“你是否在邓萨替寺做过僧人？”“做过。”“是否曾充任阿阇黎坚赞贝的侍从？”“当过。”“是否曾担任我的仆役？”“担任过。”我气愤地说：“唉！本钦，指定这种人同我诉讼岂是恰当的吗？若此，难道不危害你们长官们的谋略吗？”本钦面带羞愧，不敢正视我。因为让弟子殴打师长，让仆人殴打主子，乃是教唆犯罪。

仿佛是两三天后，大阿阇黎索洛瓦驾临江北岸，黄昏时刻，他的侍

从带来一块茶砖和几块红糖呈献给我，巧言令色地说了一些安慰话。随后，狱卒们神色慌忙，有的佩带起刀剑了。我意识到将要把我解押至什么地方，我身边的仆役们被关在内室，我被单独关押在六柱厦。随后，狱卒们拿来一些劈成碎块的柱墩，砍成圆形，拣两个牛眼大小的塞入我口中，用一方丝帛捆住嘴巴，在脑后打结，将我押至南杰厅的西门，在西门门口给我戴上插有狐狸尾巴的帽子（一种侮辱性的标志），我摇动头把它抛到水沟里。在村子的上部地方再次给我戴上插有狐狸尾巴的帽子，我抖动头把它扔到断崖上。在加萨佟地方又给罩上，并系紧帽子的绊绳，我只得一直戴到吉邢地方。行至羊卡地方，天方破晓，在兑玛玛地方吃饭，然后住在吉邢。蔡巴的军队押送至嵇那地方，由于被利口恶言逼赶催促，我患了腹泻症。其后，蔡巴人返回，本钦的下属们待我和蔼仁慈，在饶准地方既是途中打尖又是午餐，吃了一顿饭，其后经塘甲地区的竹地方，在娘阔山脚——据说是古香巴[123]的豁卡歇脚过夜。这时，据说是衮嘎扎的晚辈的一个年轻人送来乃东尚未失陷的喜讯。是夜，我心情泰然。次日一大早便上路，骑马至曲尼雅地方，然后徒步而行，傍晚晚饭时刻到达团鲁热卡地方。在团地谷尾吃饭，在南杰过夜。其后，在卓叶地方用饭，在努卜地方住宿。其后分别在哲域和努卜谷尾住宿一夜。出努卜后遂昼夜兼程而行，故在达仓地方打尖和吃饭。其后在洁日贝卡地方住宿。旭日东升时从洁日启程，中午饭时辰到达牛拉康神殿下面的一个村落，当天在该地过夜。是夜（押送者们）牵来马匹，将我驮至牛曲宗，在那里停留一个半月。其后，在搬迁住处时，房东喇嘛尚隆巴得到消息说，山下牵来马匹，这位旅客（指绛求坚赞）将被带走。这时由于善行的作用，我所有的梦兆都是返回的征兆，我对喇嘛尚隆巴说："倘若解押我去屠杀，我走；倘若搬移住处于它地，我不能前往。"他说："不是那么回事，是搬迁住处。""那么，我不走。"两个狱卒离开我走了。是夜冰雹大降，山洪骤然爆发，冲毁了牛地约五座桥梁，许多人畜丧生，两个狱卒不得不通宵达旦分别抓住崖上的树枝。香地的河水亦暴涨，倘若那夜上路定会被河水吞没而身亡，托庇三宝和空行母才未出发。三四天后，有人牵马来迎接，我说："现在可以动身启程了。"其后，风旗亦恢复原状了，于是上路，是夜通宵赶路。在香地以西一个地方消磨白昼，夜幕降临又通宵兼程，拂晓时到达郭直地方。在那里停留了一月。

牛地和郭直两处分别向萨迦发出通知书，萨迦又通知雅隆说，我已蒙难。萨迦派遣贝崩乔道向我们的宝师、扎巴喜饶和止贡贡巴三人传话，并带来一个圆形的图案，说："一半（象征）绛求坚赞蒙难，故无话可言，此间这一半（象征）以宝师为首的人们，作何打算，请赐教。""若绛杰被害，就舍弃法衣奉陪，绝不求和。"宝师强硬地回答说。

（事情的真相是）蔡巴贿赂本钦三升金子，贿赂阿山嘎延两升[124]，要求在押走我之前戕害我。由于阿山嘎延不愿违背"劄撒"，再加乃东尚未失守（和京俄态度坚强），此三项原因，使我未遭杀戮。

不久，衮波坚赞和贝仁二人赶着驮载衣物用具的骡子来迎接我，当我听见他们向萨迦喇嘛致敬并邀请他从中调停时，心想，现在我的计谋取决于他们，若我跟随喇嘛做侍从，则我的结局恰好是实现他们的主张。但是，倘若喇嘛不带着我而自己前往，在前藏召集全体叔侄开会，他的任何意见都得不到落实，无论怎样我都无能为力，我还是前往邦琼为好。

其后，本钦杰尚巴（即杰瓦尚波，下同）驾到答地，本伊·衮波坚赞同我们的衮波坚赞、贝仁和楚诚僧格等前来，相逢在答地。我分析梦兆，发现不能去前藏，遂留住贝仁充当我的仆役，同答仓·多杰一道去上部地区。在热渥齐以西的一个坝子用饭时，答仓·多杰说道："此刻他们会有怎样的谋划呢？"我说："假若昨天带我去充当喇嘛的侍从，乃是他们敌人的上策，是我的下策；假若昨天从答地派我（回去），则是敌人的中上谋略，我的中下计策；而现在是我的上策。我并不感激他们的谋略。"我说这些话的见证人扎温现在尚在世。

其后，在嵇塞巴所管辖的邦琼地方之公馆停留数月。随后，本钦旺尊抵达达木地方。据说同本钦杰尚巴交接完职务之后到达通门地方。我长期坐牢，使追随我的人失望，虽然住地名曰邦琼（按：意为“小小证明人”），却未曾相遇知音，连信函亦无法传递。虽然帕竹差来几个侍奉茶水的仆人，但我未能见面。我连片刻享受茶水和衣食的安乐都没有。我什么功德都不具备，现在除了死亡以外任何苦楚都经受了，所以我说道：“把我交给本钦吧！请为我在本钦面前念经超度，把我的尸体交给他。以我们宝师为首的亲眷和仆役们全都经历了除此之外的事。”

其后，长官多尔杰通过启索捎信给扎温说：“这么做是否过分了？”我说：“不过分。”于是长官多尔杰前往通门地方，晚上他返回时说：“本钦说，如果萨迦喇嘛有明确指示，则我们好办，但是喇嘛犹豫不决，因而棘手难办。现在若分别得到玛基巴[125]和喇嘛年梅巴担保的印章，我则可派判案人到博东地方。”我遂令一人骑马速往，得到了负责担保的印章。十一月十五日,我到达纳塘,十六日到达博东。喇嘛[126]之仲勒[127]却声称：“喇嘛已从前藏驾到上部地方（指后藏）。”于是我派贝仁前往香地献茶，我本人亦前往答那地方献茶，拜见喇嘛于答那日库地方。其后，前往博东承侍。在喇嘛未驾到博东埃尔地方前的一个夜晚，喇嘛杰炯、钦波贝杰瓦、答仓·多杰、长官衮波坚赞和我等人齐聚一堂，喇嘛赐给我们许多教诫，他说，办事要克制。我说：“在宗教方面，我皈依喇嘛当巴，在世俗事务方面，若未嘱托仲巴（谓为‘阁下’），我唯有一死。给我这个清白人戴黑帽，我无法默然忍受，请辨别是非黑白。”仲巴略有不悦之情。

其后，我被遣返归来时，叩首禀请说：“时至今日，请仲勒（仲巴之尊称）不要撒手。”又说：“喇嘛衮邦巴、拉康拉章方面和本钦等人何时需要我，我便前往萨迦，在萨迦大会众中唠叨几句，此事是不需要中间人和协商的。”

从博东埃尔上路，经过十一天我到达斯玛地方，沿途受到忠于我的人们热忱地呈献茶、糌粑和酥油，殷情招待。但是，喇嘛衮邦巴、拉康巴[128]、夏尔巴[129]和康萨瓦[130]方面的人连（价值）一根帽带的盘缠亦未给，本钦杰尚巴亦曾许诺赏赐一套衣服和有鞍具的马匹，却未得到，总之，我看透了他们的肺腑，深感厌恶。

阳土鼠年（1348年）新年时，我到达斯玛，并前往竹古岗拜会大阿阇黎。拉萨和绥普等地有关人士向我合乎礼制地呈茶。其后，一路前行到达崩塘地方，依仗本钦旺尊的人以前向我致敬，今日却不敬礼了，聚集撒巴挑衅。我遂训示后生们，令其责打其下属。在那儿进餐后，准备上马之际，同诺卡茨元的友人霍尔·霍卡拔希等十位骑士相遇，互换哈达。其后，在颇章董的府邸，诺尔崩拿来一瓶酒，惠赠给我一件新衣服，给予金字使一件哔叽衣服。以往连诺尔崩亦向我叩首，这天他却不敬礼，仅脱帽请安。他对本钦旺尊说："大权在手要克制啊！请勿呵斥（绛求）。"

其后，我分别在卡秋和扎地住宿一夜。迎接我的人们此时到达扎地。从桑耶地方起，沿途各地我受到人们欢迎，殷勤呈茶。在沙热林卡乘船渡河时，在茨隆董地方受到文地所有男女僧俗人民的欢迎，他们呈献洗尘、磕头和巡礼，人们高兴得哭泣起来。蒙古众人惊讶地用蒙古语议论说："本钦旺尊说此人（指绛求坚赞）是卑劣之徒，是不真实的，这么多人流泪是不容易的。"此话是崩巴热夏听到后告诉我的。

在雅隆人们欢迎我的情境亦是与此相同。是日在乃东官寨的正厅向我呈茶洗尘。随后我在厨房楼上用晚餐。当达仓·多杰主仆、旬努尚波以及我的老资格各类俗官云聚在屋顶时，我想起了前些日子贝仁被派往嵇塞地方做我的侍者之情况，那时他说："若主仆自此处获释，出家为僧最佳。"于是我想，现在乃东的长老一定在谈论此事，遂说道："依照出家人的规矩，你们是否舍得抛弃亲友、土地和财产等等，倘若舍得，我亦敢抛弃那些，我们主仆就出家。”旬努尚波说：“三年回击敌人，报仇雪耻，然后遁入空门。”我断然说：“三年过后我们不可能克制，这场官司未见分晓之前，你们俗官和撒巴谁都不准提及出家和叫苦抱怨。”

绛求坚赞同本钦旺尊争端的由来

其后，我应邀前往邓萨替寺和蚌兹地方，把从绒地和邢巴雅松地方得到的氆氇和其他所有的物资献给邓萨替寺，补助其亏损。我将充都以上直至文地、雅隆地方所得的礼物全都打成包，因为迄今我仍在判案人掌握之中，所以无论何时萨迦来人传讯，我便可答应说：“走吧，我正整治行装。”待行装和驮畜备办完毕，我方全体亲爱者会劝阻我说：“现在萨迦纵然来人延请，还是不去为好，请勿动身。”我就说：“有喇嘛当巴做中间人，我无论如何要前往，在萨迦分辨是非曲直。”但是喇嘛叔侄和与他们作对的人意见不一，没有来人传讯我前往萨迦，却次第派人下来挑衅。

我们内部的贪婪者们亦在痴心妄想：如果绛求坚赞交权，在显位厚禄、管家和侍从等所有职务中我可以担任这项或那项；外部的敌人亦在梦想，万户长绛求坚赞若交权，其他任何人都好商量，可以蚕食吞并之。为了使我无法履行职务，他们散布谣言说，如果万户长绛求坚赞有胆量，现在就应当出家，从而导致我们内部出现许多错觉。有些坏人介入喇嘛宝师[131]和我师徒二人之间，多次搞了不应该干的事和挑拨离间。我们替雪有头脑的禅师和所有的人以为我留恋乃东的快活和吃喝，其实乃东有什么吃喝和玩乐？这快活是你们管家、执事和全体仆从所有，我虽身居高位，每餐仅吃两个多荞麦团子，有你们管家和执事人等在场，才吃五个多一点荞麦团子，我没有食欲，不能敞开肚子吃，衣服亦仅能蔽体，从不背一身衣饰而行（即不崇尚奢华），与宾客、你们老少撒巴们聚会时才共同饮茶，从没有不延请位高的贵宾和全体资历深的撒巴而私自在膳房或小卧室饮用。假若我单独出家，生活岂不优裕？若要真正出家，则须步行至遥远处——此政权耳闻不到的地方。若此，我的体力不支。生活在此政权之际，若有安乐和圆满，是来自你们自受果报，而不是我的恩泽。不论是行者或居者若出现痛苦、不幸和死亡等事件，我都密切地关注。我忍辱负重，戴上脚枷，抱病诉讼，此政权才得以扬眉吐气，众人却不知是我的宏恩浩德。虽然我的壮士多如尘土，帕木竹巴的弟子数量广大，政权蜚声遐迩，尽管雅隆和文地针锋相对地取名，叫我为聋子（藏文“文”地和“聋子”两字同音同形），尽管我仅掌管文地的一半、雅隆的一半，但是我做到了无酒色的过失，坚持了僧人的节操。由于雅隆诸位善知识对座首职位意见纷纭，所以我豁出命来担任了座首职务。我用所得的礼物来维持政权。由于我不轻浮，所以政权才得到治理和有起色。如果我放荡不持重，要娶妻子，以后就会有三妻四妾，乃至同无数妇人姘居。如果按此行事，此政权的管家、尊卑俗官、司膳官、侍寝官和官寨内所有的人都蓄养几个妇人而不顾及官寨内外的治理，则乃东将成为一座颓败破旧的客店。

（当年）我住在此豁卡时，有管理房屋的干巴修补漏雨洞隙，每当一百位或两百位金字使来到之际，我呈献马匹，和蔼迎送，呈茶敬酒，忍受脖子上套绳索的屈辱，要剥大氅的让人脱掉，要脱帽的让人脱掉，金字使们咆哮呵斥时，我忍受着，由于忍受责骂和痛苦，所以安乐接踵而来，由于忍受贫贱遭遇，所以才聪睿起来。

当替雪师徒内部出现不愉快的事件时，我所亲近的大阿阇黎索洛瓦[132]和贡巴衮仁不知如何调解，从而召唤我至聂塘，调整狗之间的骨头。后来在法主喇嘛当巴的座前领受了教诫，喇嘛宝师和我们师徒各方认识自己（的错误）。京俄的某些侍者的恶行溢于言表，尽管我不是不能处罚他们的，邓萨替寺的近住弟子们也说应该加以鞭挞，但我闭眼不视，掩耳不闻。对外敌应果敢、威猛沉着，对自己人应比羊毛柔软，心胸广阔，宽宏大量。现在我们内部不崩溃的道理即在于此。

对应予尊敬的金字使，萨迦喇嘛和决事会议成员、萨迦的司法官应当彼此友好相处的地方首领，我均加以尊重和遵循其旨意，对我所管辖的诸第司（谓地方首领）我亦善加护佑，使之于十三项事不后悔。尤其是本钦旺尊在当初充任萨迦的侍者时同我友谊真挚，在他倒霉之时，我尊重他，先后加以帮助。他曾经说过："在卫藏地区没有比万户长绛杰瓦(即绛求坚赞）更好的人了。"他在多隆巴地方兴修神殿时，我资助青稞数千克，连本钦旺尊的狗我亦敬若神灵。后来他恩将仇报，竭尽能事在朝廷加害我。由于我了解他的蕴底，所以本钦旺尊在担任萨迦本钦之时，诬蔑我帕木竹巴的本钦[133]是晦日[134]，我们的人为爱护他着想说："我们不欲帕竹本钦成为令人厌恶的晦日，请勿出此言为好。"相传在朝廷太保对本钦旺尊说，在恶兆丛生之时，你回萨迦时，最好捣毁多隆巴神殿。我评论说："本钦旺尊在我困苦之际你这么干，令人羞愧。现在他当了本钦，一旦到达此地将捣毁神殿。"我们的人说："他将捣毁神殿，是不愿听从（您的忠告）的。"

旺尊回上部来时，在多麦地方，喇嘛扎底瓦扶他上马，馈赠驮畜和糌粑等物品，说："请照顾帕木竹巴宝师兄弟。"旺尊答应照办。但是，他抵达达木地方就翻脸。拔希·衮波坚赞、扎旺、众百户长和什户长们前去请示本钦，什户长僧格贝却挨了皮掌子，牵连得罪。旺尊多次诬称绛杰我是坏人和痞子。其后，他恨我离开博东，抵达萨迦亦不同我会谈，并且策划了许多加害于我的阴谋，多次派人进京诬告我，纠集卫藏阿里三围和南北的蒙藏维持治安的执法军至多隆巴地方，穷兵黩武，以武力相威胁。我认为就目前发生的情况而言，着不着手和谈其结果毫无区别，遂在门嘎尔、扎西董修筑碉堡、挖掘水堑，防哨守卫，使之可以据守。

绛求坚赞反击旺尊、雅桑和蔡巴，高奏凯歌

阳土鼠年（1348年）八月初一日，旺尊的军队进犯门嘎尔。我对拉尊聪波瓦和绒地的军队说：“你们要么守卫厥谿卡，或者保卫帕巴纳地方的要塞。”他们说：“负责据守帕巴纳要塞。”次日，帐幕遍地胜似繁星。我派聪波拉尊主仆约一百人和官寨中旬努僧格以及贝尚的十二位同乡俗官带着约二十坛酒，约十腔肉的食品前往，当他们占据帕巴纳时，旺尊的军队来犯。相传他（即旺尊）已占领渥噶宗。晋地和门噶尔求援的人到达这里。其后，他们前去。我同来这里取铠甲的人一道饮茶，随后他们运送甲胄至晋地军营中，晋地将士身着铠甲向上部进发，同旺尊的军队遭遇于晋地的山口，我们数量不多的部队逼赶他们人数众多的部队，击毙蔡巴一些人，生擒二人。当天傍晚旬努僧格和贝尚前来报捷，说：“现在好办了。”我立即召集附近的部队，令其次日打尖时刻进抵南渥地方。我派遣旬努尚波带领五百俗人组成的步兵开赴前线。午饭时刻到达洪丁地方，在那里开饭，让马匹卧下，以熏烟和面粥祭祀神灵，依据占卜结果迟开晚饭，上马前进。本钦的执法军分营盘踞门嘎尔谷尾，我们的骑兵击其右翼，步兵攻其中军，我们获胜，击毙以温布俄珠坚赞为首的亲随多人，本钦本人亦行将被俘，因其是萨迦的本钦，故放其逃脱。我们经羊扎谷顶于初八日进抵塘波且。

以蔡巴和羊卓人为骨干的敌军反扑，由于三宝和空行母的加持，我

的人马击退执法军，缴获本钦的坐骑阿土（马名），打死和俘虏敌军多人，活捉羊卓衮嘎多吉。我军初八、初九和初十日滞留于塘波且，初十一日进军琼结，接受琼结人投降，平定之。我们占领杰青谿卡，派索南坚赞率兵一百镇守，拆除琼结谿卡，将木料运下来。初十四日和十五日进兵扎基，经晋地到洪丁的第二天，聪波拉尊和释迦崩前来，以旬努尚波为首的留守乃东的人们通过他俩捎来报告说，现在我们是否在已有的胜利上和谈，虽然蔡巴已发誓，但死而不僵。我对贝仁说："我在嵇塞地方时是怎么说的？""不是曾说要取得扎、兑三川吗？""是那样的。在我坐牢时就准备干此事。现在我们主仆同心协力，当然要收复扎基。现在就进军!"他说："雅堆人和远处的部队尚未前来，今夜就滞留在此，明日午夜发兵，您以为如何？"我说："可以。"是夜遂暂驻那里，次日子夜部队开动。由于沿途多断崖，道路崎岖，驮畜不能通过，次日卯时尚未到达腹心地带，太阳升起时始到达扎基山口，随后经扎基居囊，次第攻克四座房屋。蔡巴的撒巴和精兵顽抗于梅隆岗附近，拥挤于警戒线。我们的部队先后依次发起冲锋，坚赞尚波冲在前头，同我相遇，他虽负伤，但不重。其后，（我们）追击蔡巴的军队。我们的部队长途跋涉，没有打过尖和吃过饭，又饥又累，只能短距离追击。蔡巴的俗官和撒巴组成的部队逃之夭夭，缴获其三分之一的兵器。我和坚赞尚波二人一边杀敌，一边捉俘虏。随后，包围了警戒线，过了晚饭方返回营地。其后，我的部队在梅隆岗下方扎寨。次日，部队开往扎基谷尾，扎基驻有雄巴的军队，我军不加伤害地释放了以累京为首的人们，我命令雄巴军队缴械，虽然他们亦放下了武器，但听说长官通使隐藏了六副上等甲胄和六匹骏马，我虽不说，却佯装不知。其后，我前往羊卡地方，阿阇黎阿绰瓦驾到羊卡。蔡巴派人赠给大阿阇黎索洛瓦以金银厚礼，给侍者和仲科（俗官的称谓）以所欲的礼品，敦请之。大阿阇黎索洛瓦一行遂降临扎地谷尾，他们从中调解，我说："我已攻克扎兑雄三地，请今后不容争辩地将扎基和琼结等地作为我流过血的地方赏赐给我，本钦逮捕我时夺去的以薛禅皇帝的封诰为代表的封拜诏书、文件、加盖印章的三箱官契，文书员保管的皮褡裢等，应于十月十五日之前归还。倘若届时我未收到，我就不顾扎兑雄三地而签定条约，将扎地交给仲裁人大阿阇黎和阿阇黎阿绰手中。”说罢，从羊卡返回。

嗣后，本钦旺尊结集军队于彭域通门地方，企图袭击我们。这时，喇嘛当巴告诫说：“不可动武，赏给茶一百块、马一百匹、黄金一百两，掉转枪头吧。”说罢，赏赐衣服。旺尊说：“接受衣服，不取物资。”抖抖衣襟，没有敬礼就扬长而去。喇嘛又规劝蔡巴的长官衮嘎多吉[135]说：“请帮助息兵偃战。”他不但不听，反而煽动开战。喇嘛本欲前往朝廷，却无任何人过问筹办礼品、帐具和驮畜等方面的事宜，致使喇嘛改变主意。皇帝派遣前来迎请喇嘛的宣旨钦差诺卡策元病于达木，喇嘛前往探望，然而策元已溘然辞世。喇嘛为其举行荐亡佛事，佛事一结束他遂前往塔工地区。由于本钦不过问迎请喇嘛的事宜，喇嘛无法赴京，故本钦是有怠慢圣旨的罪责的。

嗣后，本钦前往止贡宝师处，宝师对本钦说：“您吃了败仗，不得不召集执法军再战，开战时，邓萨瓦（指邓萨替寺寺主）他会向我求援，那时我便从中斡旋。”其后，宝师将此言告于贡巴，贡巴亦欣然同意。以后，止贡多次对我们不友好。

十一月，敌军进犯门嘎尔，扎西董被围。然而桑结旬努坚定沉着，而且人品好，故在其指挥下，门嘎尔人、洛陈人、我们官寨的两名撒巴，加上十三名雅堆人，奋勇反击，扎西董才未失于敌人手中。而厥谿卡的人不中用，失陷了。嗣后，我军同敌人遭遇于门嘎尔，（最初）我安排聪波拉尊和衮嘎扎率领四百人防守，中间有段时间是六百人，最后是八百人守卫。那时没有加固碉堡，不像现在坚固，但是他们砍倒柳林，虽被包围，但堡寨内的人英勇顽强，从而未失于他人之手。

在喀脱地方，我安排衮仁和桑珠率部镇守，虽然其兵力足以防守。然而，本钦、蔡巴和雅桑策划后，在各处纵火，烧毁了豁卡、民房和神殿等无数建筑。由于属民的全部房屋被毁，我很气愤，决心要生擒本钦父子。这时，本钦的密友钦波释洛[136]、多郊都元帅、囊巴僧格贝和拉萨绛僧等人往返穿梭说合，我遂三次派人禀告大阿阇黎索洛瓦，恳请他不要前来调解。但他不听,大阿阇黎索洛瓦驾到文地。当他住在拉堆绛人[137]的新寓时，战争在竹卡地方整整打了一天。晚饭之前（索洛瓦）驾到了，本钦父子率领的其余执法军驻于杰塘地方，不敢增援竹卡，其原因即在此。当我军兵分两路正在受降之际，大阿阇黎已渡过河住在昌楚地方，我只得把以本钦父子为首的全部俘虏交给大阿阇黎。这时本钦极尽巧言佞口的能事，说什么你（指绛求坚赞）无疑是喇嘛八思巴的温布，我是你最早的门生。嗣后，交兵之后，在聂塘，他又极力诽谤说，我同反叛的底琼·索洛是一丘之貉。其后，本钦同蔡巴、雅桑一致商定，扬言牧草茂盛时就开战。因此我认为要尽早下手。一进入土牛年（1349年）四月我军遂光复直地，攻陷伦波孜，摧毁扎西岗，接受雅桑寺和直拉山以下地方的投降，并平定之。接着前进至琼结，攻克杰钦地方，受降并安定之。全体部队于五月初四日返回乃东。

再者，蔡巴馈赠大阿阇黎索洛瓦以金、银和其他厚礼，说："扎基应置于仲裁人手中。"索洛瓦正窥伺该地，故我忠告说，"请勿降临扎基，安心地住下，左右逢源。"多郊都元帅前来，我铺设坐褥于乃东孜四柱厦楼上，他入座后说："现在若一定要和谈，是时候了，若根本不谈，则请给予明确的答复。"对他的试探，我说道："这个譬喻虽不好，但寓义却深刻：娼妓寻汉子，背着空罐或空筐从胥吏和男子人群旁边走过，边走边唱小曲卖弄风骚，胥吏抓住她带进屋子，她嘴上说不乐意，事实上却遂心。我亦牦纛在手，虎视眈眈窥视着扎兑雄三地，期望谈判。我在乃东吞咽茶渣，岂能长年累月地谈判。我讲这个譬喻，您可能认为我同妇人有瓜葛。我从生下到今天，若同妇人有瓜葛，请三宝和空行母作证，我可发誓。蔡巴您若欲和谈，作为我流血的代价和你火烧万户的赔款，应彻底放弃扎基、琼结和古秦如等地，派遣一位公子作人质，以平我愤恨之心。若我不安宁，蔡巴你也休想安宁。”多郊都元帅说：“扎基、琼结乃系薛禅皇帝在封诰中划给（蔡巴）万户的属民，不能瓜分，而你所指定实物赔偿要求，蔡巴不得不完成。”我说：“蔡巴你违背薛禅皇帝的圣谕，抢劫薛禅皇帝在封诰中赐予帕竹的以直拉为代表的地方，捣毁万户，戕害我根据圣谕所委任的首领。长官衮多（指蔡巴·贡噶多吉）拿出十一升沙金，是何等的慷慨，此事并非门朗巴和他父子一手造成的，我愤恨不已。我一未杀害蔡巴嘎德，二未奸污他父子的妻室，蔡巴为何要做隶属于旭烈兀的雅桑人和塘波且人的后台？蔡巴你香臭不分，砸石头时把手放在两个石头之间，乃是自讨苦吃。如果不把扎基、琼结割让给我，就请地上天下的三宝和空行母作证，我发誓不谈判。再有一件事，蔡巴您若期望快活，就须让我安乐，您若欲安乐，就须让我舒心，就应泄我愤恨之心。不满足我的要求是无法谈判的。蔡巴你是罪人，而我是有功劳的人；您是长毛的绵羊，我是无毛的鱼儿。在蔡巴你夸海口时曾说过：‘万户长绛杰虽富裕，然而在他拿得出一钱金子的场合，蔡巴我拿得出一升金子，在我的俗官拿得出六七十砣银子的场所，他的俗官连瓦砾都拿不出。’总之，吹嘘说蔡巴和帕竹有天壤之别，不可同日而语，这就刺激了我，所以要索取一子为人质的道理即在此。”都元帅仔细权衡了此事后，将上述话语转告了蔡巴决事会议，于是举行和谈，出现了长期安定的局面。扎基、琼结和古地等地方是我以生命换来的，在雅拉香波雪山(在今琼结县境）未融化之前，在青色的雅鲁藏布江未干涸之前，不得转让给任何人，而应世世代代据而有之。

这次行军未通过扎兑雄三地。嗣后，进军文地，平定其内部。

土牛年（1349年）六月平定热木藏协地方。随后经过扎地，整顿秋砣地方的田赋和进项。其后进军同俄多接壤的地方，亲临各地后遂返回。

为了回敬本钦旺尊对雅隆动武，我依照他先前的侈谈，就在他担任本钦职务并住在饶仲地方时，挥兵攻陷多隆巴地方。当时大阿阇黎设帐住于格日草原，他派遣阿阇黎绛恩来调解，我将多隆巴神殿及其里面的器具奉献给大阿阇黎。我以为本钦会有所收敛，这次要谈判了。然而他心术不正，变本加厉，不肯谈判。其后，他积极备战，修建了隆巴等宗(谓为碉堡)。所以我在阳铁虎年（1350年）二月攻占了贡噶地方，发兵直至饶尊。此时多康人囊巴·扎巴贝和亚泽的金字使出面调解，本钦未给予我所需要的劄付和印章，部队后撤。

虽然本钦宣称四月十五日将去迎请以喇嘛衮邦巴为首的萨迦决事会议诸成员前来调解，然而三月间，囊巴·扎旺率领本钦的人马进攻贡噶，杀害以长官释迦为首的多人，许多人跳河自杀身亡，以白玛杰波为首的多人被俘。由于本钦本人违反协议，我们遂攻陷饶仲地方，驱逐囊巴·扎旺率领的本钦之人马至藏拉雅朵地方，我们的骑兵攻占了直至喀日的藏拉雅朵和拉珠等地方。

其后，我亲自前往贡塘地方接受蔡巴的投降，索取其独子为人质。他说愿赠我两千两金子（免取质子），我不许，仍取其独子为人质。

其后，贡巴衮仁经甲玛前来，同我相会于南杰噶波（房名），他的举止同先前南辕北辙，很虚伪。当时有老少众人在场，我让资历深者留在身旁提醒我，我说道：“我本不欲做此事。俗话说，鹿躺卧着角不安宁。是他们不让我安宁，本钦旺尊让我跪在白石子上，本钦杰尚殴打一百三十五记皮掌子，铐以一百斤重和八十斤重的脚枷，口中塞入牛眼大的木栓，用绳索左一道右一道地捆绑。他们两位本钦以武力进攻和掠夺我的寺属和非寺属百姓，屡次阴谋杀害我。为了寻求谈判我才这么做的(按：以武力还击)。你若做此事，因为止贡您以前有过污点，所以才担心执法军前来。”他说：“蒙古法律苛严。”我说：“假若蒙古法律不严峻，丹玛你和勒竹巴与我二人有何差别？蒙古法律严峻难道不好吗？由于蒙哥皇帝的恩泽和法令，才有你们止贡人的名号和教法，仰仗薛禅皇帝的恩泽和法令才有萨迦派和蔡巴的权势和教法，仰赖旭烈兀的恩泽，才有帕木竹巴的政权和安定。”衮仁点头说：“彼此要友好。”“我未造反却捏造说我造反，多次向朝廷诬奏，若朝廷来人审视伪真，我将达木、达陇以内的民户拨出来，让我制定法律使其幸福，作为我归顺皇帝的礼品。我若向止贡您借贷两百来头牛马，你们就会像今天打发走明天又赖在门口的收债人般前来。您要负责（他人）不抢夺我归顺皇帝的礼物之属民。”贡巴衮仁脸色变了，说：“彼此要继续关照。”复次，我说道：“蔡巴的独生子已派来做人质，蔡巴的领地划拨过来，从多热、孜卡到娘波、塔波、文地和魏喀等地归属于我。”他说：“请吧！请吧！”我说：“我前来此处意义很大，驱除了黑暗，认识了道路，您若沮丧，而我成就了大事。”他泪水夺眶而出。我又说：“目前，至少旬努僧格去世后其子侄们尚忠于我，我应扶持之。万户长在其健在时同我友谊深厚。在他在世时，嘉玛村庄、寺庙和决事会议以及宣慰使司把杰地这处地方赐给他作汤沐邑，他死后亦作为祭奠产业赏给，由万户长的后人继续使用，不可加以欺凌。此事由您负责。”他说：“杰拉康寺系丹玛香拉倡建，应归我所有。”“若此，止贡替寺是朵丹·木雅贡仁兴建的，是否要交给西夏人？我们彼此的地区内尚有噶当派修建的许多寺院、神殿和谿卡，是否都要交给噶当派？自己不要重复嘀咕他人诡辩之辞。”然而他听不进去，深感失望。其后，我返回时，途经嘉玛而回。当我同我们的长老、决事会议成员会晤时，我说：“止贡人背后不存好心。”他们说：“两座寺庙切不可相互仇恨，分道扬镳。”我说：“最终会水落石出的。”

绛求坚赞追溯萨迦与帕竹、雅桑与帕竹的历史关系

铁虎年（1350年）初冬，萨迦喇嘛夏钦巴、衮邦巴、康萨瓦、大堪布纳塘巴[138]、大堪布索南尚波、大堪布布敦巴[139]、囊巴·索僧和长官帕氏等人前来磋商，下榻于饶尊地方。我呈献食物后，当众喇嘛和众大堪布齐聚时，我说道："我们帕木竹巴同萨迦昆氏的嫡传相遇最早，昆·禄旺波松瓦和善知识朗·康巴哥恰会见后结为师徒，二人之间情谊深厚。喇嘛萨钦和具德帕木竹巴相会，传授给三续[140]及全部密诀，最后彼此发愿不分离。一切智京俄大师拜见法主萨迦班智达叔侄，相互以众多精深经教和誓愿相联系，此后直至现今的宝师和绛求坚赞我承侍萨迦的历辈嫡系，情谊真诚。尤其是绛求坚赞我礼敬喇嘛达尼钦波的莲脚，蒙受他的恩养，当我从萨迦返回时，喇嘛达尼钦波拉住我的手，将我奉献给喇嘛克尊巴，教诫说：'你们宝师昆仲也要承侍南喀烈巴。自圣者康巴·多尔杰（即帕竹·多吉杰波）顶敬喇嘛萨钦之后，此宝师昆仲就与众不同了，因此（克尊巴）应管理和教诲此人。'达尼钦波又通过侍者南仁将类似的告诫郑重地转达于在朝廷的大喇嘛衮洛座前，所以迄今在喇嘛索南坚赞去世之前我们师徒关系密切，其道理即在此。

至于我们同止贡法座二者方面，德瓦协巴具德帕木竹巴本人[141]、三世怙主法主宝师[142]和一切智京俄大师三位阿阇黎的教法、誓言和缘起均是出自同一山门。京俄大师的叔伯杰瓦宝师昆仲在此寺弘传法嗣，杰

塞脱喀瓦顶礼京俄大师后在止贡寺弘传法嗣。京俄细瓦协巴[143]昆仲同此间止贡的喇嘛宝师法王[144]为首的大德们亦是以经教、誓言相联系，彼此互为左右眼、左右手，相辅相成犹如一个人的头部和身体。然而在止贡发生人们叫做‘二·八’仇隙事件，在我们这方面发生人们称之为‘拔毛’仇隙事件，从而削弱了双方的势力。后来止贡的下任京俄细瓦协巴和我们健在的京俄二人，由于双方个别僧人的行径，导致意见龃龉，使事业等遭受严重损失。对此，阿阇黎益喜贝和我二人同心同德地调和分歧。随后，在阿阇黎益喜贝圆寂之际，我们的京俄教诲我说：‘以前止贡所有贡巴逝世的吊祭仪式，设有我们嫡传前往的旧例，而且，阿阇黎益喜贝和我形同一人，不同于他人，你应当前往。’我说：‘就那么办吧。’遂前往止贡吊丧。晚饭时前往扎西雄地方拜会宝师[145]，茶、糖和葡萄等食品很丰盛，宝师说：‘阿阇黎绛杰瓦你这次光临拉玛达，应该前往的地方都去了。现在此处的正副贡巴如何委任，我听从阿阇黎绛杰瓦你的提示。’当时，我说道：‘若京俄恼怒衮仁，就任命衮仁为副贡巴，委任仁多为正贡巴。若此，衮仁将受到他的尊重。当初贡巴逝世时，在遗嘱中对仁多很器重，（委任仁多）亦是已故贡巴的心意和主张。’他说：‘这么办行！’翌日，迎请宝师和我们所有的居者和行者至大厦，仁多接管了贡巴的职务。是日，在扎西雄进餐时，延请我等行者和以贡巴仁多、衮仁为首的人，在宴会上委任仁多为正贡巴，衮仁为副贡巴，（宝师）馈赠我等行者和居者，进行了一番训示。我认为止贡派未发生内讧，喇嘛和行政长官同心同德，没有酿成纷乱，乃是我的功劳。现在，人们每当谈及有关止贡贡巴的事情时总是说，阿阇黎益喜贝于我恩德巨大。然而，在我没有职务时，他既没有授权给我，也没有馈赠我物品，无论衣、食、权力和计谋任何方面均未给予必要的扶持。他境遇好，我境遇坏，我们却相互加惠于对方政权以及利济止贡以北的任何藏人。物资方面也是需要什么就借贷，不偿还利息，此乃是他的信条。再者，他待我很好，我每次往斯日绒地方运送二三十驮糌粑和征派少量马匹、乌拉徭役通过他的辖区时，有我加盖印章的文书，他均未阻拦。由于我们二位长官情投意合，所以双方的人马亦是不分你我的，从而双方的俗官、撒巴、寺属和非寺属百姓在他生前都生活得安乐。

后来，贡巴仁多逝世，朝廷未颁布圣谕给贡巴衮仁，由卫藏诸宣慰使委任他为止贡万户长。那时候我也照应他，两三年之中他听从和谅解我们，我前往他的寓所时总是给我重叠铺垫两层软坐褥，而他本人仅铺设一层，两者之间相距一人宽，坐褥铺排得别有风格。我总是睡在他兄弟或叔侄的卧室。但是，后来从本钦杰尚关押我到我出狱的时期中，他佯装打在我肉上疼在他心上，是否真关心我，我们替雪的人是众所周知的。我出狱后，旺尊取得了本钦的权力。旺尊一伙自恃曾系止贡的属民，所以妄自尊大。尽管旺尊趾高气扬，而贡巴衮仁对他奴颜媚骨，点头哈腰。旺尊威严，令人生畏颤颤悠悠，惶恐不已，致使蒙古人和萨迦人失去威风，连宣慰使们也陷入这样的境地，只好对止贡巴说，随您的便吧！所以止贡如狮扑食攫取了前藏所有的第巴（即地方首领）、寺院和近邻，他疯狂了。”

嗣后，皇帝颁布敕令，派杰元[146]整顿西藏。其时王子[147]滞留于多康地方，未前来。院更[148]刚抵达此地时，止贡因鱼肉噶当派两支系区域内的属民而感内疚，惊恐不安。这时，院更自荐，做了喇嘛当巴衮嘎扎巴的亲随。院更同贡巴狼狈为奸，结拜为父子，赌咒发誓。杰元善于笼络人心，一旦有人前来追随他，遂以饮食使之餍足[149]。为召我至达木，贡巴衮仁征派马匹和力役，同旬杰都元帅来这里（即乃东）。贡巴做我归顺的担保人，我熟悉先前在阿里向堪布因归顺投降而被杀，还被诬奏的掌故，所以我说：“我不跨过雅恰藏布江[150]，不迈出乃东、贡噶的门槛。”我方的人们曾做出决定（不让我外出），旬杰都元帅召集我们的众长老说：“我和止贡贡巴做您的担保人，不会有差池，母亲不会以毒药喂养儿子。”说罢，用力拍胸口三下。这使我们众长老产生错觉，说：“现在您似乎可以前往了，有旬杰都元帅和贡巴担保。”对此，我也相信了。当扎巴喜饶、旬努尚波、长官达瓦、衮波坚赞、衮仁、扎旺和衮噶扎等人齐聚于乃东孜官寨厨房的楼上时，我说道：“你们仅知道我这个人不是千百个母亲生育的，除此之外一概不了解。从今天起旬努尚波把钥匙移交给扎巴喜饶，扎巴喜饶担任长官和管事，旬努尚波担任外臣带兵官，你们俗官要分别接受保卫纳木、门喀尔、门嘎尔、扎西董、充都扎喀等地的任务。作为我的随从达瓦和其他的青年十余人已足够了，我们现在出发，纵然被杀亦不后悔。”众人低垂着头，说：“现在如何是好？”我说：“现在想不前往的办法，在于起誓，若誓词不协调，我们就设法让他们离开。”众人说：“就这么办好。”旬杰都元帅和贡巴衮仁的誓词是：“决不从内外各方面骚扰和离间帕木竹巴，阿阇黎绛求坚赞你这次前往会见院巴，往返途中将安然无恙，若不将你平安地交给乃东，我们遭惩罚！”此处之“外”者为何，萨迦和蔡巴之谓矣，“内”者为何，谓喇嘛宝师和我们师徒之内部矣。我说：“贡巴您亦应明白此事，不可对喇嘛宝师和我们师徒偏私不公。”贡巴发誓说：“对待里外众人我不偏不倚。不管怎样，我保证此行不会有舛错。”我研究了誓文，说：“啊！贡巴你离间喇嘛宝师和我们师徒，难道不羞愧吗？你不会遭到我的报复吗？”说罢，抖动衣襟，站起来扬长而去。虽然旬杰都元帅、索南旬努都元帅，达鲁花赤衮波郊和院巴的一位巡使等人挽住我，但我因为过度的自负和愤怒，气得翻肠倒肚，昏厥在德央正厅约一顿饭之久，坚赞尚波和旬努僧格搂抱住我。然而光愤恨也无益，我就勉强支撑着走到门楼休憩。

次日，太阳升起后，贡巴招呼以阿阇黎扎巴喜饶、旬努尚波为首的人到德央仓库的楼上。其后，说道：“我衮嘎仁钦以前从未在邓萨替寺座主宝师昆仲之间使坏和进行挑拨，现在也不会，倘若以前捣过鬼，搬弄过是非，我向两座寺庙的护法神和止贡寺的阿启答巴曲神发誓，让我立刻就死亡。我未干过这类勾当，却有人诬蔑我干过，让这样的人天诛地灭！”我们的长老们阴沉着脸来到我跟前，重述了贡巴衮仁的话，我亦合掌祈愿说：“请神按照贡巴衮仁的话给予惩罚吧！”

下午，贡巴前往文地。次日，邓萨替寺的人召请我到塔尔玛柳林，赠送了以九两金子为代表的九种礼品和以一升碎银为代表的厚礼，仁钦贝奉献了一副闪闪发光的甲胄，我说：“随你的便吧。”他感到快慰。

绛求坚赞派人进京请得圣谕、银印章和宣政院的劄付

此后，在院巴[151]到达贡塘之时，在那里都元帅和贡巴二人拜见院巴，陈述了事情的经过之后，贡巴前往北方迎接（镇西武靖王）王子昆仲，都元帅陪同院巴前来此处（指乃东），我亦前往桑耶宗噶地方迎接，迎请院巴至此地。然而，王子差来多吉贝思玛和香波南喀贝，私下捎来密信说：“不要归顺院巴。”但是，院巴带着圣谕、分院的印章和设立法庭（的敕令），所以我恭听宣读圣谕，归顺院巴。院巴说：“您本人若能前往朝廷叩拜皇帝，是最好的了，您若不能前往，则应派嫡传或其他干练之士，一切奏请将会实现。”此话由旬杰翻译过来。都元帅说：“请派衮波坚赞那样的人。”我说：“他去过多次，我现在不会启齿让他前去，您同他商量，大概会去的。”都元帅同拔希商量，拔希不愿去，说：“懒散的俗谚说，山羊承侍它的是草原。”其后，我说道：“释迦崩、多尔仁

和桑珠等我的俗官谁愿去？”然而，他们有的患病，有的借故推托。我对衮嘎扎说，你应前往。他说，蒙古村落需要他，他不能从大都返回，实际上是不肯去。我问坚赞尚波，是否前去。他说：“尚未出天花，您要我去，我便去。”由于他未免天花，不能派遣。嗣后，在中间膳房的楼上，旺秋为我按摩脚，他说：“众位长官不肯前去，请写好详细的奏章交给我。我想要当座首，才可成行。”次日，众位俗官齐聚时，我说道：“若你们不肯去，康地青年旺秋将前去。当他回来时，你们能否让他以座首地位？”众人说：“请他占有座首席位。”我对喜饶多吉说：“你陪同旺秋前去!”喜饶多吉亦允诺前往。于是我差遣以喜饶多吉和旺秋为首的人们赴京。作为其伙伴又派遣了院巴的下属荣江达鲁花赤、玉加铁木耳谢辛。

那时正值乱世，走过贡塘地方后就没有向导了，虽然困难艰辛无数，但是他们甘愿吃苦，肩负重任，置生命于不顾，为了长官我和帕竹政权而前进。我对他们说过：“所要奏请者乃是大司徒的名号和印章、万户所需的圆形银印章，减免万户一半人户（的差税），百姓未得到休生养息之前请派众达尔嘎[152]来藏。”旬杰都元帅说：“司徒的印章和万户的关防两项请求是不会都实现的，只能实现其中的一项请求。”我说：“那么，就奏请万户的关防吧。”说罢，遂遣送之。因路途之中艰辛、疾病、物资匮乏等什么情况都会出现，我慷慨解囊赠以物资、盘缠和用具。他们抵达多麦地区的多绛地方时，遇见赍送喇嘛[153]的金册、金字圆符、印匣等而被派往亚泽的拔希公确。拔希公确恋眷旧情和珍惜其兄长拔希楚尚往昔住在我们地方（的历史），遂陪伴他们返回朝廷。

（喜饶多吉和旺秋）参加了宣政院克本的宴会，向诸位官员的首领——丞相禀报，丞相启奏皇帝陛下。于是（喜饶多吉和旺秋）在到达大都的第二天就晋见皇帝陛下。朝见情况很好。皇帝降旨：按照钦差的规格办理诸项事宜。按照圣旨，赐给了万户所需之圆形银印两枚，除开万户属民承担驿站塘讯的差徭之需外，一切差税减半，还赐给宣政院的劄付、大量物品和金质腰带，着王子（镇西武靖搠思班）骑乘自己的马匹进京，着院巴骑乘驿站的马匹进京。由于这项圣旨，多康以上地方消除了（镇西武靖）王和院巴的骚扰危害。拔希从卫藏前往（大都）时，未从他们获得恩赏和照应，其原因即在于此。众人应崇敬喜饶多吉、旺秋和公确郊三人及其后裔，我们居于高位的后人也应护佑他们。

蔡巴、帕竹关于扎基、琼结等地的争端

院更操纵蔡巴，声称我无论如何应交出扎基和琼结地方。我不交出扎基、琼结的原因是，蔡巴耀武扬威地从我手中抢走以薛禅皇帝的封诰为代表的官契文书，使用许多升沙金和碎银，扬言要（雇人）杀害我，以武力进攻我负责管理的寺属和非寺属百姓，抢劫财物，因而我收复了扎基和琼结——我的命根子，这是对抢夺我的封诰的报复。我说道：“在我的寺属和非寺属百姓未复苏之前，作为其补偿，我不交出。”我的长老们说：“名义上交出，实际上不交。”其含义是派人通知蔡巴，表面上交还给蔡巴一个月，事实上，蔡巴他以前发过誓，签订过条约，不再提出异议，我准备以此办法作为解决争端的基础。表面上（把上述二地）交给长官绛氏[154]，并从蔡巴诸大德、钦波、宝师司徒父子和（蔡巴）决事会议等处取得严肃的字据，今后置扎基、琼结于严格的甘结约束之下，使蔡巴不再争议。我要求恢复往昔旭烈兀的领地，出示以薛禅皇帝的封诰为代表的各种诏书、文件和封地文书等，故（院更）说：“有理。”于是将塘波且和东西居地划归我们，将昆恰塘和竹查划归我们，由我们经

营答谢尔和各个千户。邓萨替寺的人盘剥各千户，于是止贡伺机夺取了东岱，我们安插在拉江地方进行管理的哥答黎和其他的人被止贡人逐出。虽然院巴说过应交出贡噶地方，但是，我决定不交出。

止贡、帕竹争夺多热和文地谷顶等地

院巴前往羊卓嘎扎地方后，贡巴担任了（镇西武靖王）王子昆仲的家臣，他抵达贡塘地方，对我传话说："请再三前来归顺吧!"虽然以前我亦没有反叛过，但是皇帝有旨，所以我说："我已归顺过一次院巴，我才不做反复归顺的事。"故未前往。

贡巴向王子启请说："此贡噶桩房是我们止贡派建筑的，请接收过来交给我们。"王子说："我将全部接收过来交给（你们）。"止贡人充当王子的亲随和亲兵，放火烧毁了藏拉雅朵地方的房屋约二十八座，抢劫所有的山川，加害众多的人畜。

其后，院巴从羊卓到达饶尊地方，王子亦由塘甲地方前往名叫"悦"的寓所。其间由米钦丁居、旬杰都元帅和贡巴等人担任联络人。王子昆仲、丁居和贡巴等人密谋从院更手中夺取宣政院（分院）的印章和诏书，戕杀颂白王呼宾，将蒙古都元帅的虎钮印章授给丁居，委任他为蒙古都元帅，废黜本钦旺秋贝，将本钦的虎钮印章交给长官杰尚。然后，（他们）将兵临贡噶，建立军事据点于扎兑雄三地。我获悉此阴谋后，对院巴说："切不可前去江北（谓为雅鲁藏布江北岸），对方有如此的密谋。"但他听不进去，说："要前往江北，需要护卫。"我遂派遣释迦崩和衮嘎崩率领俗人组成的步兵约三百名前往。他却说："作为我的护卫人员，衮嘎扎和楚尚带领三十名士卒就足够了。”我阻止不住，遂安排已过江的十二名身着甲胄的士兵在筏子上守护牛皮船，埋伏以衮嘎扎和楚尚为首的十八名甲胄之士于塘甲的走廊做院巴的保镖。次日，王子进攻院巴，俘虏颂白王呼（宾），多吉贝思玛侥幸逃出，衮嘎扎和十八名甲胄士卒立即奋起反击，颂白王呼（宾）始得以生还，击杀王子的亲随约五名，重创多人。我方的热琪塔被俘，押往“悦”寓所，我手下的人喊话说：“(王子）要交回热琪塔就释放，若不释放就进攻悦寓所。”于是对方交出了热琪塔，于是罢兵。其后王子从悦寓所逃逸。（我们）打算火攻堆隆普地方，旬杰都元帅惋惜堆隆普，因他是朝廷的命官，遂前往拉萨（避之)。

其后，我前往贡噶拜会院巴，我说道：“在（敌人）大伤元气之此刻应追击。”但院巴过度胆怯而畏缩，吓得语无伦次，不敢追击，说最好我来担任院巴的护卫，否则就派遣旬努尚波带领三百甲胄之士做警卫，我只好同意。他说，他的后卫应派遣衮嘎扎和楚尚充任，我遂调遣贡噶的众撒巴等人担任其后卫。这时院巴已到达绥普地方，王子不敢停留在拉萨，遂逃往果拉山，又不敢滞留于彭域，准备经当拉山而遁逃时，经旬杰都元帅阻拦，遂同院巴会谈。当时，王子已同止贡联姻，从而王子壮了胆，遂返回彭域谷尾。止贡给予（王子）援军后，王子进驻拉秋寺，贡巴驻于巴朗僧格岗。他们抢劫洛陈以上、仲木以下的洛绛基和巴朗等地方。我派遣旬努尚波所部担任院更的保卫人员驻在贡塘，其时，止贡所有骑兵分兵活动，夸口吹牛说：“帕竹将会像以卵击石一样（自取灭亡)，是一升青稞多还是一克青稞多？一般青草可以拔除，活麻则不行，用对待他人的办法来对付我是不行的，消灭帕木竹巴由我负责。”对此，以旬努尚波为首的人们气愤得心如火烧，他们从贡塘返回这里（即乃东）时说：“若不轮番进攻止贡人就不吃糌粑。”我说道：“两座古刹不要相互仇恨、对立。”他说：“仲勒未想到此人（指贡巴）是放肆不克制的。”

我说："我知道此事已将近三年了，今天你们也知道了。"其后，止贡人在文地、魏喀、多热和孜卡以上所有的地方改变策略，当我们的人出现的时候就翻脸，当着噶当派两个支系、达陇派和蔡巴等人的面就哗众取宠，失言甚多，令人厌恶。

特别是止贡把多热地方永远赠送给本钦旺尊。当我们把旺尊押出门时，我说道："止贡人争夺多热，这是内部问题，故不应插手。"他将多热交给了止贡，进行了结算。其时，若从贡噶得到贝仁的印章，我将使（多热人）顺从我，然而不仅不宜索取贝仁的印章，而且凡是从贡噶来人（多热人）均以饮食引诱之。因此我给贝仁捎去信函说："你在贡噶管理二百五十户撒巴，多热人打我们的人和狗，阻断交通，占据嵇拉木山巅，派人送远信和疾声呼喊（策反），进行非法活动，你们是豆渣脑筋吗？"贝仁遂从贡噶发动俗人组成的步兵一百五十名攻克嵇拉木，活捉（盘踞嵇拉木的）人。此时王子驻在觉木隆地方，贡巴驻在孜喀。王子不敢滞留于觉木隆，逃至楚地谷尾。其后，我亦前往贡噶，派遣多尔仁、桑珠、衮嘎扎和楚尚等人带领俗人组成的步兵约一千人，攻克多热。我说道："止贡您是岩石，我是鸡蛋，现在请来吧!"

嗣后，大阿阇黎索洛和本钦旺秋贝师徒侄在觉木隆，他们前往孜喀，赠给止贡贡巴以衣服、金佛像、经卷、坐骑、茶和一升碎银为主的各种礼品，说："目前你们两座寺院不要再相互仇恨，最好不要开战。"于是首先休战三天，续之停战五天。（大阿阇黎）差来衮勤说："您也不要动武和制造战乱。"大阿阇黎给旬努尚波下达命令说："请从仓库里取出赐给止贡的以一升碎银和坐骑为代表的各种礼物，交给阿阇黎绛杰瓦。"连大阿阇黎索洛瓦也如此欺负人。

这时，止贡梅竹地方的千余名军队前来进犯，纵火烧毁了文地谷顶的森林。我们的部队追击至扎玛塘地方，竖起风旗，将扎玛塘地方的全部室内用具集中于仓库，喇嘛禄隆巴和司库居竹波等人加盖印章（于封条)，其后我返回。

我在充都扎喀地方时，止贡堪布的侍者仁钦贝从止贡前来做客，我说道：“你们抢占多热时是何等威风！”他说：“现在（你们）在文地的扎玛塘竖起风旗使贡巴懊恼不已，目前止贡替寺所属的全体僧俗人民全都像土石山崖动摇了，因此止贡法主说，你前去对方，请表表贡巴的劳苦，请求宽恕，接受（对方）提出的任何条件。”我回答说：“在寄给以堪布为首的止贡决事会议成员们的信中，我已答复了。在信中我说，止贡巴您忘却了止贡法主是具德帕木竹巴的门徒，只记住法主的弟子是京俄大师，却未记住京俄大师的弟子是杰塞脱喀巴，他的弟子是谁？徒孙是谁？弟子的徒孙是何许人？此三人乃是京俄细瓦协巴昆仲俩和今日尚健在的京俄法王，他们以上教法传承是一脉相承，请您转告贡巴衮仁说：‘你管理止贡以北藏民百姓，呆在自己的地方。’是他人不让我生存我才不得不这么干的，我是被迫应战。你们止贡人口出狂言，要我截断河水，让你们捉鱼。你们对薛禅皇帝揭开箭袋，我为薛禅皇帝提防揭开箭袋的人。我尊崇萨迦派为师长，止贡你却视为仇敌，我说您同我教派相异，您却听不进，反而扰乱达陇人、藏北的军站和彭域等地的百姓，侵占我所管辖的拉江、绛扎地方，驱逐忠实于我的旬努僧格之喽啰，军站之众截断商旅们的道路，扣留我从学地购买十只牛皮船的铁矿石。止贡管家楚仁前往娘波[155]，娘波和塔波之诸军遂从魏喀进犯邢巴雅松地方。此外，止贡以北的藏博之军进犯文地谷顶，副贡巴释迦尚波担任带兵官之后，扬言要经多热进攻贡噶，如此等等，穷兵黩武至极，制造惊天动地的紧张气氛，致使京俄不能容忍，从邓萨替寺派遣老妪曲贝和巴绷巴请求息兵偃战，却未能拜见止贡宝师。贡巴集结军队于脱丁地方，开赴嘉玛地方，我前往嘉玛地方恳求勿动干戈，但贡巴不接受请求，反而同止贡的军队一起经过几天行军抵达文地谷顶。当止贡赛脱巴和加玉瓦的侍者一道前来时，我托他们带去先前已捎去的诸项答复：‘若你们止贡的军队驻扎山那边，我们之间就有可能进行调解和谈判，现在既已进至这边，则不可能调解和谈判了，我不可能派人至军前投降，犒赏你的军队。贡巴衮仁您曾说过，我们彼此之间不需要两个长官，若我战而胜之，则帕木竹巴依附于我；若帕木竹巴您取胜，止贡我归顺您。就按照此言，三位喇嘛在天之灵作证，除针锋相对之外，我不知道怎么办更妥当。’由于捎去此回复，止贡的军队窜犯文地谷顶，双方遭遇于扎哥地方，我们获胜，击毙和活捉以管家楚仁为首的人颇多，我们本可以或杀或擒贡巴衮仁他本人，但网开一面放走了他。因为该地地势险峻，以止贡堪布为首的僧兵均可活捉，但考虑到情谊，也放走了。”

嗣后，释迦尚波驻在孜喀，他集结彭域人和孜喀的军队，蠢蠢欲动。我遂派贝仁率部攻陷孜喀，关押多人，前后总共监禁三百六十三人。此时，止贡宝师的侍者、扎西雄地方的阿阇黎楚僧和堪布的侍者阿阇黎仁钦贝等人前来，请求释放被关押的人，要求谈判。我说道："若要求谈判，那么，那雪人的首领——长官仁钦卧本系贡巴的心腹，他应该前来。"仁钦卧来了。我们给以长老喜饶贝、脱洛和多热人楚杰为首的在孜喀被俘的人和关押在此的以旬努仁钦、乍玛瓦、纳梅和仁钦杰波为首的亲随等所有在押的人穿上牧马人的服装，交还给他们手中，让其写字据和具结。

不久贡巴衮仁去世，据说释迦尚波将被提升为贡巴，我说道："从贡巴释仁以来，往昔没有已婚俗人充任止贡贡巴的先例，故是不妥的，淫棍若欲陪伴妇人，就滚到娘波嘉达地方去充当十名妇人的主子。要提拔一位没有妻室的人担任贡巴才恰当。"止贡说，他（指绛求坚赞）是个脾气暴躁的家伙，于是提拔释迦尚波为贡巴。

从此处遣返的囚徒和对方北边的藏族部落的全体俗官举行会议说，双方凡有理智的人应会谈协商。于是我前往魏喀会谈。长官衮氏和长官仁钦卧来魏喀呈茶致敬。我经魏喀普徐地方前往梅卓，沿途未侵扰和损害止贡的属民。我虽一直走到嘉玛，但（对方）却前往后藏去了。

王子（即镇西武靖王搠思班）、本钦绛巴和衮释[156]三人预先盟誓，决定王子、绛巴和雅桑等进兵羊卓，攻打我们，贡巴释迦征集止贡以北的藏兵和娘波、塔波的兵力侵犯魏喀。其后，他们为进攻院巴的法庭而攻击藏北，弑杀颂北王呼宾，软禁院巴，并解押至吾宇地方。此时，他们惧怕内地通晓法律的人们直接了当地揭露其全部过失，于是本钦绛巴突然隐退，把本钦职务交给杰尚。

本钦招呼以王子为首的人前往娘堆（即今江孜地区），王子、本钦及当地的头目们商议后，从纳噶孜经嘎扎而来。我获悉这一消息后派人通知羊卓格如的百姓说，（敌人）正前来窜犯，（你们）能擒就擒，能杀就杀。格如的属民遂伏击于途中，击毙（王子的）亲随约五人，俘虏约五人，他们将楚塞的首级带来，从而敌人不敢来犯了。

此时，止贡集结军队，据悉他们要进犯下部的嵇雪。虽然我曾对蔡巴说过不要投降（止贡），但是蔡堪布和多尔郊都元帅以及伦珠等人却前往杰萨岗地方投降了。我说：“蔡巴您若幅员广袤，就这么办吧。”我们的部队为了迎击止贡，决定前往。在止贡的军队攻陷阿渥砣时，我提军前往。我布阵完毕就前往卡答拉山山顶，这时你们俗官不同我商量，发现雅桑南面逃窜的牧户后说：“首先夺取对面的牧户，用牲畜羊只充军粮，捉住留有发辫的牧户，令其在后面呐喊。若贻误战机将（给我们）构成巨大压力。”这时，除释迦崩在我身边，俗官和我们的士卒均猛扑南边的牧户，从而同太岁（一类土地神名）相逢，吃了败仗这是不是不听从我，不请示我的恶果，你们全体人是清楚的。

止贡获悉我们败北，遂鼓起士气，前来进攻觉木隆。我派遣拔希楚尚所部防守。但是，由于房屋等不牢实，未能固守，以拔希楚尚为首的心腹们奋战突围，以曲贝为首的投降者或被打死或被活捉。自此嵇雪人们按照止贡的条件投降和满足其贪遏，提供茶、粮食和前辈喇嘛们全部期供的物资。这是毁坏现今嵇雪所有寺庙的根源。

绛求坚赞粉碎止贡、囊巴和雅桑的合围，夺取文地、魏喀和嵇雪等地

其后，在阴水蛇年（1353年）七月，经喇嘛衮邦巴训示后，囊扎被派往止贡，止贡遂提起精神。止贡、囊扎和雅桑三方密谋后，雅桑兵犯雅堆，囊扎经桑耶谷顶，止贡经文地谷顶，到达文地时正值仲秋。我说道："要巩固我们的政权。"遂令旬努尚波率领雅堆部队驻守哲木，以我为首的嫡系部队、雅达宇斯、充波洛陈等地的部队防守充都扎喀的山上山下，我令纳协和文地的诸路军队防守各山头。止贡扎营于泽日，三次向我方阵地发起三次冲锋，我方损失轻微，对方伤亡惨重，遂明白敌不过我们，雅桑亦打不赢哲木的守军，只得收兵，止贡亦明白其必须后撤的处境，遂放火烧毁了以昂杰神殿为主的房屋，烧得寺属和非寺属百姓的房屋连鼻孔大小也未剩下。对此，我派人送远信说："在文地放火就是在你的博巴雅细地方纵火，你不要吝惜文地、魏喀、多热和孜喀等地，要将上述地方作为赔偿划给我。"他（指囊扎）若滞留两天，我们是能攻克那三座军营的，但黎明时他便逃之夭夭，随后，在多地和桑耶放火。当时，我警告说："那是吐蕃赞普兴建的寺庙，护法神威猛，而且属萨迦经管。"然而，止贡和囊扎二者却肆无忌惮。我虽使用了上述手段（制止），但是，萨迦派依然对我愤怒不止。

不能将魏喀交给止贡的渊源是：若娘波和塔波等地（的人）同反叛的叶聂沆瀣一气，出现令人投河跳火的紧急事件，请想想难道不会遇到麻烦吗？若交出文地的噶茨，此娘波渡口等地能听从我吗？我虽交出多热，他也不能执掌。我知道若让旺尊和扎旺一群人以此为暂住之地，则他们对贡嘎和藏拉雅朵地方是不怀好意的，若同止贡双方共同占有魏喀、达孜，能治理吗？请扎巴尚波和住在达孜的人想想！企图片面谈判的背地策划，却招呼匆张扬出去。后来囊巴·扎旺安家落户于拉萨贡塘后说："要掌握准巴日和甲喀日山。"因此，我们占领了甲喀日山。

其后，蔡巴同囊巴磋商后，占据了准巴日山。嗣后，蔡巴又同囊巴商议，占据了宇孜扎。这两座堡寨是为威慑我们而修建的。因此，蔡巴在上述二地毁灭了自己，这是众所周知的。由于从宇孜扎下至绥普地方的舍地、秋徐（今曲水县）等地屡遭强梁抢劫，我遂征集上下部地方的嫡系部队前往攻克宇孜扎。其时卦师们提出了各种疑问，没有必要集中部队在此。这天，官寨内的人惶惶不可终日，都逃跑了，然而我将他们召集过来，对甲喀日山的人加以训示。部队返回桑达，当前锋抵达加萨郊地方时，有消息传来说以崩扎卧为首的聂地军队进抵伦波孜。我军立即绕过卓拉山而行，战于伦波孜山下，我们获胜，使敌军伤亡甚重，将崩扎卧率领的八百五十名聂地军队逼进伦波孜。次日，聂地军队出动多人同我们交手，我军击毙多人，缴获全部武器，俘虏其亲随多人，以崩扎卧为首的龟缩在伦波孜的敌人全部投降。其后，聂地寺庙的堪布、阿阇黎和属民中的大长老全来投降和恳请，我们交接了阿渥砣、谢喀尔等地的谿卡。我委任以拔希旺秋为首的人为庄园头目，遣往谢喀尔，委任以厥巴·扎巴尚波为首的人为庄园头目，派往阿渥砣。

经喇嘛当巴说合，绛求坚赞同本钦会见于贡噶

此时，喇嘛当巴捎来教诫的命令说，他将调解本钦杰瓦尚波和我二人之间的矛盾，我遂寄去信函，说明我的要求和打算。在信函中我写道："您若辨别是非，我谈判；您若是非不辨，我不会谈。"喇嘛在说明其旨意的信中分辨了是非，并说作为喇嘛的侍从将带领本钦前来。于是我前往贡噶。此时有消息说，聂地人反叛，包围了谢喀尔。为了增援，我只得返回，故未能会见本钦，我派遣钦波仁尚巴代表我向本钦呈茶。随后本钦前往沙普地方。喇嘛住在本粗寺，我禀告说："由我承担费用和承侍。"喇嘛说，若本钦从达木进行恫吓，我（指绛求）从此地进行威胁，被囊巴窃据的两个碉堡会按我的期望解决，但是，如喇嘛和本钦二人一道前往说服，谈判会在平静的气氛中进行。这是囊扎施其奸计欺骗喇嘛，以图固守二堡寨。

其后，喇嘛、本钦前往年波地方，在其逗留期间，温布衮确仁钦和旬杰都元帅之子坚赞抵达那里，给本钦带去司徒的印章，给旬杰都元帅带去尚木都元帅（似为三路都元帅之误写）的虎钮印章，温布衮确仁钦获得副使都元帅的封号。司徒的印章和都元帅的印章在年波寺启用。本钦和都元帅为宣达圣谕一直走到居巴拉康寺，在那里过新春。法主喇嘛亦前往止贡的卡瓦日地方进行开光，随后返回，驻锡于聂塘。本钦又前往拉萨，来到聂塘，在喇嘛的座前，请求说："阿阇黎绛杰瓦和我二人

无论如何应当会晤，这样，他才信任我。”喇嘛当巴遂写信给我说，应当会见。我遂来到贡塘，派遣钦波仁尚巴和拔希楚尚迎请喇嘛和本钦。喇嘛当巴师徒十三人乘坐牛皮船前来贡噶。本钦、钦波释洛和旬杰都元帅所部共约五百人在多热往宿一夜，我派贝仁和坚赞尚波去河对岸迎接本钦。法主说：“这次会面时你俩以相互敬礼致意为宜。”我回答说：“不要说敬礼，连帽也不脱，请根本勿提敬礼一事。他曾给我带脚枷和布穷、击以皮掌子和殴打我，对此，我愤恨在心，作为回敬，我不敬礼。”喇嘛说：“那么，就这样吧。”阿阇黎桑结坚赞说，以脱帽为佳。我说道：“对他而言是美事，对我则不好。”其后，我前往河边迎迓。钦波仁尚巴和阿阇黎二人说道：“在山川交界处脱帽致敬无论如何是妥当的。”由于说得认真，我担心不得不脱帽，故我未戴唐特帽，而戴绢帽，本钦从船内走出上岸，我立刻赠给他一方白库缎，他亦送来同样的绫罗。我脱帽问安，立即戴上。在山坡与河边的许多土著人和外地人，他们不一定看清我脱了帽。然后，我将本钦迎入室内，呈献丰盛的饮食直至中午，隆重地赠送礼品和钱财，我安排下面马厩的角楼做其住处。是夜，他们外地人很愚笨，把马拴在牛皮船上，马惊了，半夜之时，本钦和全体外地贵宾极为惊骇。

次日，在正厅里，我向以喇嘛法主为首的人呈献打尖食品、午餐、晚餐和夜餐点。所有居者和行者一致建议说，明日本钦和我应单独会谈。第二天打尖时刻，本钦和我在（他）卧室的耳房中打尖，我用琼结出产的碟子给法主座前奉献打尖食品。本钦讲了许多娓娓动听的话，合掌说：“以前我错了，您是没有过失的，我忏悔。”他多次惭愧地低下头。我说道：“我帕木竹巴从萨迦萨钦起承侍历辈萨迦宝贵世系，世世代代结为师徒，自善知识仁钦尊和长官潘根以来，我们世代是法主喇嘛叔侄的近住弟子，特别是我们，除本钦释迦尚波之外，在其余本钦任期内承侍萨迦是无与伦比的。长官潘根将本钦您奉献于喇嘛达钦巴的座前时，我和本钦卧赛僧格之胞弟长官塔尔巴的座次是在（达钦巴）的莲花宝座的东侧，您的俗名叫南杰嗣后，喇嘛达钦巴说，把您交给喇嘛克尊巴的老资格文书官。您出家后的法名叫杰瓦尚波。我俩是在曲赤塘多次听受《喜金刚续二品》的金刚师兄弟。后来，你前往大都担任喇嘛（此谓帝师）衮洛的文书官时，你在贡塘还赏识过我的馈礼。当我获悉你在朝廷被封为本钦时，感到由衷地高兴。其后，相传你作为本钦将要降临时，我又欢悦无比。然而，在达木地方，遭到你不近情理的斥责。后来，在你任职本钦时，虽然我的健康状况欠佳，也前往工塘地方迎迓，你说要尽量提醒你，我也作了详细的报告。在那些岁月里，我遵从你的命令，无论居家、外出或在路途上，我均以财物、饮食和身语意三门效力于法度和你。但是，在雅隆，在乃东，你却把我捆绑在树上[157]，抽打我无数次皮掌子，铐以一百斤重、八十斤重的脚枷和布穷刑具，我抗争地说：‘你竟如此无情。’你说道：‘你说得对，不是我要这么办的，是蔡巴迫使我干的。你太固执，不铐以脚枷，不打皮掌子，不加以严惩，就打不掉你的威风。这些都是你声称不移交领地、属民所致。现在请予饶恕。’我回答说：‘对你如此的行径，虽然我是想报仇雪恨的，然而，由于喇嘛当巴居间说合，连你的鼻子我亦未加害，亦未捆打你的任何人，未损伤你一钱一两物资，未对你颐指气使。’这次未向你敬礼脱帽，因我乃是在喇嘛达尼钦波座前的老资格弟子，年轻时就出家的僧人，是珍惜戒律的老资格僧人，由于未曾向你敬礼和脱帽，所以今后钦本索南贝等人前来亦不必敬礼，不必脱帽了。若向你敬礼、脱帽，本钦索南贝驾到，不敬礼、不脱帽，就是藐视本钦索南贝的能力。因此不向你敬礼、脱帽的原因即在此，望勿计较不悦。”他说道：“岂会那样。”

其后，本钦为我做了一次抛撒糌粑的法事，说：“其他的诸事是那么样的。今天贡噶的此次佛事是首次的献新，你将会长寿的，请向萨迦法会每年熬一次斋僧茶。”我说：“喇嘛和本钦这么强调，我将定期供应十五个茶砖，你定期熬茶或半月熬（一次）茶，听你自便。”他说：“知道了。您未允诺向萨迦首次献新，所以已将贡噶做了你们私有庄园了。”我回答说：“是的。羊卓入兵侵雅隆，先后侵扰我的领地，故我夺取了贡噶、魏砣、达孜、江萨和堆参等地，现在不可能交接，也不能当作首次献新交出上述地方。”他说：“是的，明白了。”我们同萨迦转手传石的关系拆散后，像我寄魂石一般的贡噶、达孜、江萨等地要世世代代占有的原因即在于此。

其后，喇嘛和本钦返回上部嵇雪。尔后，蔡巴建议说，如果我放弃甲喀日山，囊巴就交出两座堡寨。我交出了甲喀日山，但是两座堡寨更加顽固了，蔡巴的这一计划宣告破灭，（蔡巴便恼羞成怒）初十日拘留了一些从准巴日山前来的人。对此，准巴日人将巴朗和拉洛等地的牛羊赶入寨内，占据了堡寨，蔡巴围困准巴日，未能攻占。蔡巴派人来求援，我先后发兵援助。我接到本钦的信，打算前往，但身体欠安，未能成行，留了下来。钦波仁尚巴自愿前往，他刚出发，钦波司徒瓦前来召请我，（他们二人）相遇于巴朗，然后钦波司徒瓦前来此地。我病重，动弹不得，虽然钦波司徒瓦认为是装病，但是，他一降临后遂相信了，随后返回去了。

以钦波仁尚巴为首的部队围攻了一个月零二十余日，才攻克准巴日山，该地人归顺在仲木地方的喇嘛和本钦。我们遂捣毁了准巴日的碉堡，它从宇孜扎前方消失了。嵇雪地方略显太平。

囊扎兵犯通门，绛求坚赞派遣钦波仁尚巴带兵入后藏援助本钦杰尚

准巴日的军队溃败之际，囊巴衮嘎崩率领军队到达。囊巴扎旺进攻通门地方，温布昆仲不能突围。我严斥痛骂（囊扎），本钦亦丧魂落魄，手足无措。这时，以我们的钦波瓦为首的带兵官们询问说，对此现在应该怎么办？本钦说："香巴的嘴唇已伸到这里，倘若你们帮助实施法律，我打心里有勇气（解决这场乱子），若不给以帮助，我则无能为力了。"随后，我接到带兵官们的报告，请求给以训示如何对待本钦的意见。我捎去答复说，除帮助实施法律外别无良策，将此事禀告（本钦），请其裁决。不久，钦波瓦所部抵达雅隆，我立即说："钦波瓦所部应出发追击囊巴(扎旺）和协助实施法律。"于是征召部队，部队开动。我亦前往羌塘为部队短程送行，并给以训示。然而，本钦和香巴畏缩不前。派扎温来羌塘，给我捎信说，现在以勿动武为宜，请后撤部队。我让扎温迅速返回上部地方，带去回复说："现在所征集的部队已到达此地，不宜撤兵，已做出部队继续前进的决定。"我叮嘱以多尔仁为首的俗官、老少撒巴们说："今后你们要礼敬钦波瓦，要像敬重我一样尊敬他，服从他。"说罢，部队出发了。

本钦通过拔希衮确带来忠告说，我现在应当前往。我遂次第而行，同本钦相会于答地。他赐给以钦波瓦为首我的俗官、贵人们茶碗，高兴得连连美言称赞说，从未见过这样的军队，乐不可支。其后，我们的部

队进驻亨地，在亨地的谷顶安营扎寨。其时，本钦父子[158]从勒萨地方派遣哥答黎带领七个俗人来刺探，他们把马匹藏匿在一个低洼处，他(指哥答黎）只身一人潜入营房附近窥视，他因为认识我们的俗官和官寨内的达官们，所以，他返回勒萨向本钦父子报告说：“现在是他的精锐嫡系部队，这些人是同一宗族的，数量虽少，但锐不可挡，现在据房巷战也打不赢，因此，逃往上部地方是上策。”于是有人逃往上部地方，虽然我可逮捕以本钦父子为首的留在勒萨未逃跑的人，但因受哥答黎策划的影响，我让其遁逃，未加逮捕。我命令钦波瓦所部最好此刻追击，但本钦[159]说长道短，未能追击。其后，部队向上部地方进发，当进驻霞普地方时，本钦放松对部队的约束，士卒四处抢劫牛羊，致使部队溃散。俗官和带兵官们不得不骑马急驰召集散兵游勇，导致带兵官们的马匹疲乏，子夜时部队才集中于曲弥地方。

有消息说，本钦父子正在进攻答拉山，于是向上追击。刚安营于达尔隆地方，我军就从朗拉山向下发起攻势，我对蒙古军和香巴人们寄以极大期望，我令他们渡过夏曲河下游向西岸方向前进。我的部队和本钦本人向长桥运动。囊巴一伙拆毁了桥，我们的由俗人组成的步兵涉水渡河，二十余名俗人步兵一登上对岸就同囊巴一伙搏斗。我军虽然能够击毙哥答黎，能够逼赶囊巴，却因蒙古军和香巴人懒洋洋，提不起劲，不敢向上急驰，敌人全部逃之夭夭。不是本钦所部没有骁勇之人，不是我们未找到熟悉地形、道路的人出主意，那次我们虽然能够围歼囊巴所部，但香巴人懦弱无能。其后，商定进军至萨迦后再追击囊巴。然而，喇嘛年梅巴、象加白瓦和囊巴索僧等人前来，伶齿俐舌地请求本钦（勿进军萨迦），（对我们的决定）囊巴父子亦吓得丧魂落魄，不知所措。这时，经钦波瓦为首的人提议，我们在萨迦安营扎寨。我说道：“应以逮捕囊巴父子为宜。”但是，萨迦人说：“连本钦本人亦未责咎。”（他）被蒙骗了，自经过嘎热地方后，本钦就变了，雅堆人评论说，此本钦已不复是答竹卡地方的本钦了，此人乃是一堆狗屎了。

本钦接受囊巴有条件的投降后，首先返回。我的部队、长官帕巴和拔希桑结郊所部推迟三天出发，接受以格日格宁为首的三百人投降，才率部而回。在曲弥，本钦赐给钦波瓦一件衣服和一匹马，赐给其他的带兵官每人一两金子和一匹缎子。在泽勒萨、娘堆、秋谢古三地、巴南琼三地、秋果鲁卜和亨尼雅木等地有本钦父子俸禄田，出产青稞三万（克），然而，钦波瓦偏袒大阿阇黎（索洛瓦）和仁钦岗拉章，让大阿阇黎和仁钦岗拉章运走全部青稞，从宗喀地方却仅送来约五百克青稞，从而得到俗官们的巴结。

此时达鲁花赤贝崩抵达达木地方，喇嘛的僧官驻于桑耶寺。我请得（皇帝）赏赐、馈赠、供养喇嘛当巴的礼物，令其住持细脱拉章的圣谕。我们经驿站到达桑耶寺，在桑耶寺杰波神像下，喇嘛的僧官发誓不对我搞鬼，赠给我奖赏，我还延请他至雅隆，盛情款待。其后，他经扎兑地方前往后藏，我让他在豁卡兴修土木工程。

帝师之二子软禁本钦杰瓦尚波，绛求坚赞率部兵临曲弥营救

本钦杰尚巴亦前往后藏，当到达萨迦时被喇嘛帝师之二子[160]逮捕。善知识扎巴僧格前来向我求援。我同我们决事会议的成员磋商是否前往援助，他们异口同声地说："不能前往。"我思考时认识到，若本钦蒙难，虎钮印章落到敌人手中，则我和其他的众人将遭到祸殃和失败，仁

钦岗拉章、杜厥拉章的人们和喇嘛克尊巴的人将对我们失望。旬杰都元帅是宣慰使司的三路都元帅，且有虎钮印章，所以统领前藏千户、万户的部队和北方玛绛的兵力经北路前进。若本钦之子赍带虎钮印章来贡噶，我就前往（贡噶）故决定带领部队沿（雅鲁藏布江）南岸前进。部队出发，当到达贡噶之际，大阿阇黎索洛瓦居间说合，送来信说："本钦之子带着虎钮印章已抵达宗喀地方，你应率部速来。"对此，我很气愤，派人答复说："本钦之子及虎钮印章出现在你的地方，你的同知和钦波贝杰应征集兵员，营救本钦，我不来！"

不久，本钦之子带着虎钮印章到达仁蚌，送信给我说，我应前往仁蚌地方。当善知识扎巴僧格前来雅隆之时，我说道："我前来营救本钦是以皇帝的法律为准绳而来，本钦是会获释的。我要使以本钦之温布昆仲和众囊巴为首的俗官和士卒们不敢横行不法与抢劫掠夺。虽然我先后捎去了信，但是，本钦的温布们仍征集士卒抢劫贝翁、徐卓拉康、本松达瓦日、绰普和夏曲河流域诸地，此外，还放肆抢劫秋谢地方，无法无天，使各地遭到极大破坏[161]。因此，这乃是以为本钦不出狱为好的勾当。在我研究此事的意义时，拉康拉章和（本钦）绛巴捎来口信，我发誓说："你们各位温布就住在自己的地方吧！我把拉香、宇玉、新老毕日森、扎木切等地方赏给你们，衮确卧赛你是拉康拉章特别亲近的近住弟子，就委任为大侍者，……"所以，本钦不获释为好这句话的含义就在于此。众人也是这么议论的。

其后，在我前往仁蚌时，长官尊巴到绒让巴地方代表香巴呈茶。本钦之子携带着虎钮之印来到仁蚌。翌日，旬杰都元帅和玛绛的长老等人也抵达。当时，我说道："古香都元帅和你们宣慰使司全体官员请集中于徐卓，我们在那里协商。"

我明白长官帕巴是为喇嘛衮邦巴舅甥试探消息而来献茶的，香巴和多尔郊都元帅是为拉康拉章和绛巴窥视刺探而来献茶的，所以招呼多尔郊都元帅和长官帕巴至仁蚌旧厦房顶朝东的凉棚单独饮茶，我说道："假若喇嘛衮邦巴甥舅气魄和福德大，就干脆利落地把本钦杰尚巴交给我，他们甥舅可以向我发泄怒气和给我难看，此乃是他们甥舅的上策。若拉康拉章和本钦绛巴胆量大，福德大，喇嘛拉康巴携带着镇国公的印章同少量的军队，赶在我的前面降临曲弥，其侍者曲仁为首的人前往前藏喇嘛当巴之座前，再派本钦绛巴之公子带着司徒的印章前往香地区的杰康地方，本钦绛巴主仆同我军交战，我若围攻拉孜，则将攻陷拉孜，从而可以清除拉康巴和绛巴宅旁的荆棘和头顶上的石片，这乃是拉康巴和绛巴的上策。"说罢，让他二人分别派人带去回信。衮邦巴给长官帕氏捎来口信说："本钦的虎钮印章在你（指绛求坚赞）手中，按理应由你出任本钦，让权力转移到此处，派人将此事启奏皇帝。本钦现在不出狱，于众人有好处。"我对担任萨迦的本钦不感兴趣，语气坚决地说："干这样的事，在任何时间任何地点都不行。"我决定由长官帕氏把衮邦巴甥舅面谀之辞和诋毁之辞带至嘎瓦佟地方，并把拉康巴和绛巴的信也带到那里。

在阿阇黎扎巴坚赞向我敬礼时，因他系萨迦的善知识，并曾提拔和安慰过我，故我亦敬礼作答。以善知识扎巴僧格和长官珠氏为首的香巴的俗官们像我的俗官一样敬重我。对旬杰都元帅我敬如贵宾，依照礼仪给他铺垫两层软坐褥，安排于右席，斟给清茶——他不食珍馐而饮清茶。钦波格隆和钦波扎杰相遇，通过孝阿瓦·南克贝给我带口信说，现在也要在我座前敬礼，要像对待本钦一样尊敬我。钦波扎杰说，您想敬礼就敬礼，我才不敬礼呢！事实上，若钦波格隆向我敬礼，钦波扎杰也会敬礼的。对此，我带去答复说，这回不必敬礼和脱帽了。多尔郊都元帅说道："当然应该接受敬礼。"我说："不行，为什么呢？连仁钦岗拉章的侍者、俗官等坐于他俩下首的众人是否脱帽都不清楚，现在向我敬礼将成为怨恨的种子。"

我把本钦的虎钮印章藏在仁蚌。作为我的副官，我带着阿阇黎扎巴坚赞向上部地方进发。此时，所有后藏人都惧怕我的军队，逃逸了。当时，多哲都元帅担任加若仓地方的千户长，他向我说道："虽然你先后遣使带口信说：'全体百姓留居家舍，不要逃跑，耕耘播种！'但是百姓们不敢留在家中，逃逸了。"他还说："那么，你的士卒做犁田的犁手，把所有的牛羊饲养在行军的路旁，使他们后藏人从山凹里观看吧。"我说："就这么办吧。"由于行军未损害任何牲畜和耕牛，尔后赢得后藏人的信赖，逃跑的人都返回家，未耽误耕种。

在进驻徐卓的当天，纳塘巴的小近侍前来献茶。阿阇黎达仁和顿杰都元帅也抵达那里，钦波格隆巴二人也来了。（他们）仅脱帽致敬。古香都元帅和旬杰都元帅等宣慰使司的达官们全都齐聚于那里。这时，大阿阇黎索洛瓦亦带领百余名随从从答仓地方驾到，赐给我一糖包[162]茶和糖、一包茶叶。是夜，在徐卓丁（房名）的屋顶我设晚宴，长官、同知和阿阇黎仁尚等全体老少侍者均去到外面，没有其他任何人，（索洛瓦）欲同我师徒二人详谈，我对多郊都元帅说："请坐。"虽然在他（指索洛瓦）想象中连都元帅也不要在场，但是，我知道说话要有证明人，所以让都元帅就座。这时，他在上面说道："目前应设法营救本钦杰瓦尚波，惩处衮邦巴甥舅，接管拉孜、拉康巴和绛巴，他们是受蒙蔽的。"总之，说了一些包庇的言辞。我回答说："我们在答仓和宗喀兴修堡寨，这亦属错误之举，倘若兴建寺院，宗喀的名称请予更改。去年你从前藏前往萨迦时，我曾规劝你不要同拉康拉章、细脱拉章的人争座次。若徒步而行，按照教规前往则是恰当的。可是，你的脚劲小，无法步行。但是，你可带领十五至二十名骑士，其余的人步行，用五六十头犏牛做驮畜而前往，遂甚为壮观，你肯定会成为宗教界的权威人士。然而，你却严厉指责钦波仁尚巴，说我不训示你们主仆，亦无需你们教训我，此话的证明人有萨迦康萨洲的善知识曲扎和我们的老资格善知识们。"其后，我说："请想想，您固执己见，遇到了多么大的艰难曲折，嗣后，在前藏的僧俗官员们前往萨迦央求谈判时，我资助盘缠等所需物品后差遣前往。由于等待谈判的信息和我们全体人憎恨香巴，所以我前来夺取绒纳谷尾和进攻香巴，致使驻锡在塔波地方的喇嘛法主寄来信函说：'倘若进攻香巴，由于本钦杰尚和您之间有我和答仓·多尔杰二人做调解人，所以是根本不可取的。'因而我不得不从绒纳谷尾撤兵。这时，（喇嘛当巴）又寄来训示说：'应委任我的官吏拉木为纳尔谷尾的千户长，安插你的人是不行的。'对此，我回答说：'喇嘛衮嘎坚赞在朝廷担任帝师，帝师的两位公子和喇嘛衮邦巴甥舅，如哨兵似老虎[163]齐聚在此处之时，我若要报大喇嘛甥舅迫害之仇，使用武力我亦能取胜，如饭量大的人吃得很香一样。饭量小的吃得过度，肛门会崩裂。'当时虽已安排衮嘎扎为纳尔谷尾的千户长，但他外出，有军事任务和我需要他，故未委派。虽然哥答黎在任，但因他已为害匪浅，故不能留用。嗣后，我索取了人质，后撤。在哥木饶地方有衮邦巴的名叫察木之谿卡，存有青稞四五千克，我说道：'在要求衮邦巴谈判之际，留取怨恨是不可取的。'遂安排部队守卫，未加以侵害。这时，你的谿卡属民们挥霍粮食，抢劫基地和哥木饶地方，做为报复，拉孜脱启地方的诸谿卡被抢，我（向你）报告说：'你不是遭受千百倍巨大损失吗？'这刺激了你，使你瞪眼凝视房梁，我以为是桑耶的鬼神附体所致，遂从坐褥上跳至你的面前，大胆地陈述道：'您自认为是众人的主宰者，你当然是主子，在担任主子之际是应尽到职守的。若主人不悉心饲养马、狗和牲畜，是无裨益的，对我们全体人而言，若仅做禅师我的师长，你所知晓的佛法有一半则足够了。若想做萨迦派和全体众人的师长，则你掌握的佛法知识就太少了。'您说，若现在收到皇帝的邀请，我还要向你请求佛语教诫和灌顶教诫呢。我说：'若大量宣旨钦差滞留在西藏，是要承担卫藏地区寺属和非寺属百姓遭受破产之责任的，是不妥当的。故请多多追求佛法，请观想和关心灌顶教授、佛语密诀诸功德，现在还为时不晚。喇嘛法主遁世修行，他担心对众人虚伪造作会使人不悦。他头脑清醒，我们的师长您严重昏沉，叔侄相互攻讦是不好的。’我又说：‘您现在不喜欢金帽顶，效法喇嘛帝师的两位公子，往脸上抹灰，这不好。’”我说得十分热忱。由于先后多次劝说，致使他迄今耿耿于怀。我说上述话的证明人多郊都元帅现在尚健在。

绛求坚赞在徐卓定计救本钦，宣慰使司委任司徒为总管

在徐卓的堂屋中，中间安放神龛、供品和大阿阇黎（索洛瓦）的宝座与坐褥，柱子右侧的前面铺设我的坐褥，左方是旬杰都元帅和宣慰使们，右边墙前是阿阇黎达仁和在徐卓的萨迦老资格侍者们，呈献的食物很丰盛。我说道：“本钦杰瓦尚波是官秩一品的首领，有着与本钦释迦尚波相同的品衔，却被喇嘛帝师的两位儿子监禁，对此众人对我说，应前来营救，我遂来了。现在蒙古都元帅不在，旬杰都元帅你有三等虎钮印章——六棱宝印，它（的等级）同本钦的官印相似，故宣慰使司、玛绛的蒙古兵和全体前藏人在您后面做中军，我的士卒充当右翼做主力，香巴为您充当左翼，无论是平地作战或攻城拔寨，派遣我的战斗力强的俗官和撒巴负责之，我们主仆一百人前往仁蚌等候消息，韬略的优劣由宣慰使司和参加决事会议的带兵官们负责。”旬杰都元帅说：“您（指绛求坚赞）不前往是不行的。”云集在那里的达官显贵均说道：“这就是俗话所说一百只麝才相当于一头狮子的道理，您不前往，本钦就不会获释。

所有的人都惧怕您。另外，这些事都是他们精心安排才出现的，您应前往。”我回答说：“我若前往，拿着牛毛幢坐在中军时，你们就要坐在我的下首充当下属，岂不尴尬吗？”他们说：“不羞愧，就坐下首。”于是在本钦未出狱之前，众人均坐在我的下首，不得拂逆我。我和前藏诸人担任中军，香巴紧随我们之后，旬杰都元帅统率的蒙古军队担任右翼，古香巴和长官帕巴所部担任左翼，在此基础上，我的部队增援左翼。于是取得了众人的甘结。

这时，旬杰都元帅讨好说：“印章在我处，你们（征派）甘美食物和乌拉的字条不要盖章了。”我回答说：“我们主仆及左翼部队所需的可口食物和乌拉，用我的黑色私章则可以了，请安排你们右翼部队所需。”其后，我按世俗礼节，为旬杰都元帅短短送行，约三十名俗人军官前往，直至徐卓谷尾，在那里下马、问安，他亦下马，向我问安。然后，牵着马连三步路都未走就从我跟前骑马而去。对此，我恼怒地想到，这是为什么？众人一致委任我为长老，现在却又这般鄙夷我，口头上说尊为长老，事实上却是凌辱。

我在徐卓停留五天，又在嘎瓦佟的玛尔纳山凹里逗留三天。其间，喇嘛衮邦巴派遣赤尊带来一只完好无缺的龙纹银套瓷碗和一匹有孔雀图案的红花上品卡梯缎，说是施主延僧诵经向萨迦施舍病人用具祈求解脱时他份内所得。赤尊未施礼，向我呈献一牛皮糖包的茶和糖，实际上是试探。我让长官帕巴做证明人，同赤尊辩论皇帝的法律和政教事务，令其详尽透彻地了解。其后，我让赤尊骑乘三匹乌拉差马，打发他回去。不久，以纳塘寺堪布为首的后藏千户的大部分堪布和阿阇黎降临那里，纳塘寺堪布向我脱帽，致以问候，阿阇黎年扎向我磕了六个头，请求加持。其余千户的堪布和阿阇黎们亦磕了头，我亦敬礼作答。温布衮确仁钦昆仲首先离开嘎瓦佟西去，他们藐视我正在制定的法令，杀死充都人的牛羊，再次进攻白查地方。由于我曾从宽处理，所以他十分憎恨我。

其后，在充都人集会的大厦的空围墙内停留三天。古香巴延请我至霞鲁地方，宴会和礼物都很隆重。我亦拜会了霞鲁寺的大堪布宝师，他赏赐颇多，说："你无论如何要设法使本钦获释。我向霞鲁人收取了部分军粮。当我停留于霞鲁谷顶时，喇嘛结炯瓦和钦波贝杰瓦代表仁钦岗拉章前来向我献茶。多郊都元帅和我俩在牛毛毯上饮茶时，（结炯瓦）在外呼喊道："请出来呀！"都元帅遂起身出去。我说道："请你不要说用这样的礼仪和尊崇（对待我）是恰当的，让他随便一些吧。"当我往正厅去的时候，钦波贝杰瓦把唐特帽和包袱皮拴在一起，由一个晚辈拿着，光头前来向我请安，说："最好不要加害仁钦岗拉章所属的人。"说罢，捧着一把信递交给我。

绛求坚赞兵临曲弥，萨迦派夏钦巴等人前来谈判

其后，我到达曲弥。两天后，萨迦决事会议派遣喇嘛夏钦巴[164]和喇嘛年梅巴前来向我献茶。我走到门口迎接，向喇嘛夏钦巴敬礼，他却不回礼，而仅仅脱帽，我便敬一个礼完事。对他的不回礼，我很恼火。刚才我在室内给喇嘛夏钦巴预先铺设了两层软垫，给喇嘛年梅巴预先铺设了一层软垫。这时，我令人迅速入内，给喇嘛年梅巴增加一只软垫，使之等高。一入内，夏钦巴就代表萨迦呈献茶一块，发潮的融糖饼[165]和一些灰灰菜。这时，喇嘛夏钦巴开口说："相传你率领军队光临此地，所以萨迦决事会议派遣喇嘛年梅巴和我前来献茶，你最好从此地撤兵。

萨迦古刹系险要之地，是喇嘛（此谓帝师）的寺院。我们所谓东院，无论名和实目前均不复存在，当初东院亦有人担任过皇帝的帝师，住持过细脱拉章。在掌管萨迦之寺，使以萨迦古刹为代表的整个藏地获得安乐、幸福。王子仁钦和贡巴温布等人击退了罪恶的上部蒙古人[166]使萨迦古刹保存的完整无损。现在，我们东院人是无牙的狗咬的对象，无角的牛抵撞的对象，卑贱无权。然而，由于所处地位，尚如火星儿，由于职位关系，不得不前来。喇嘛当巴业已去塔工地区，其他的嫡系达钦[167]年幼不能自主。但是，经我次第禀请，本钦是会获释的。”

对此，我答复说：“薛禅皇帝和喇嘛八思巴结为施主和福田后，萨迦派虽充当赡部洲之主宰者，但势力覆盖面甚小，萨迦派仅占有赡部洲之中的藏地三区、藏地三区中萨迦派仅直接管辖卫藏和康区。其时，本钦释迦尚波守护萨迦的教法，兴建喇嘛的卧室和经堂，开拓萨迦派的势力范围。其后，住于细脱拉章的萨迦大寺喇嘛及其嫡传共同负全权之责，宛如吐蕃的赞普一般。在喇嘛法王八思巴宝师住持迦萨之时，本钦衮嘎尚波不能容人，放肆从身语意各方面激怒喇嘛。但是皇帝未从远方传旨斥责他，亦未听说处罚本钦。后来太子真金获悉后启奏皇帝陛下，于是达官尚木卡和加仁南喀答率领执法军前来，皇帝颁旨着执法军攻陷加若仓（在今江孜附近），杀本钦衮嘎尚波。本钦杰尚没有本钦衮嘎尚波所犯的罪过，帝师二子没有承袭喇嘛八思巴的职位，较之本钦衮嘎尚波，本钦杰瓦尚波权更重，是官秩一品的官吏，是永洛大夫尚木衮院使，若废黜，若杀头，皇帝才有权。对你们而言，除了进行宗教事务处，搞这种事有何种意义呢？你们全体萨迦人诋毁喇嘛克尊巴，导致萨迦派教法衰落，现在本钦若有个好歹，萨迦派的教法将消失得无踪无影。所以应当把本钦安然无恙地交给我，若交出，始有谈判的可能；否则，不谈判。”

当夜，萨迦寄来信说，本钦杰瓦尚波是那样对你使坏，现在你还要前来营救他，使人遗憾。我答复说：“本钦杰尚巴和本钦旺尊敌视我，迫害我，对他俩我要抓也能抓住，要杀也能杀掉，我考虑的是皇帝的法律和萨迦派的教法，故未触及其肤肌。你们本系喇嘛的温布，却受坏人唆使，逮捕一品官员是不对的。我和本钦杰尚可以和解。”喇嘛法主索南坚赞居间说合，捎来训示说：“你应使住在萨迦寺的喇嘛、善知识和全体有理智的人和睦相处。”我严峻地回复说：“如果有错，是你们的错，不是我投降本钦，而是本钦向我归顺。本钦向我投降和经过谈判，遂没有倒行逆施的事了。我前来此地，是宣慰使司的官员们，你们萨迦有头脑的人们和卫藏全体有理智的其他人先后捎信给我说应前往营救本钦，我才前来的，我来曲弥吉祥寺的目的不是来向你们萨迦输诚纳贡，不是来报告饥馑，不是来承侍供养，你们萨迦派的诸位喇嘛不要期望我敬礼，对喇嘛之二子，我能捕则捕，落到手上就杀。我是来营救本钦和帮助实施法律的，在格卜甲大平章和司徒达玛坚赞所迎请的圣谕中说：‘要打击犯法的顽固者、反叛者，甚至处死，其后向朕禀奏。’其抄件我们众人都有。遵照圣旨，可以处死、打击顽固的反叛者，然后派人禀报皇上。”

因为我态度强硬，所以喇嘛夏钦巴返回萨迦。当喇嘛衮邦巴、喇嘛帝师之二子和萨迦决事会议诸成员齐聚在萨迦大殿时转达了我的话，并说：“我未向他（谓为绛求坚赞）回礼，仅仅脱帽致意，他仅敬一个礼就收场，然后，如上所述，给我那些斥责。今后应还礼。若回了礼，我们这些萨迦派人遂不必担心由于夸海口而脑袋落地的传闻了。”

此时，在仁蚌，喇嘛衮邦巴研究了应对双方说的话后，前往喇嘛拉康巴（即帝师之二子）处，说道：“相传本钦绛巴已派人质去曲弥，是否属实?”嗣后，本钦绛巴前往拉康巴处，说：“若仲勒前往曲弥，（绛求坚赞）可能同我们谈判。”拉康巴因为喇嘛衮邦巴改变态度而产生误会，呵斥本钦绛巴说：“你们出卖我可不行呀!”听不进本钦绛巴的禀告。所以，对拉康巴或绛巴的计策我均没有定准。

萨迦派遣衮邦巴到曲弥谈判，绛求坚赞取得移交本钦的字据

衮邦巴改变态度，萨迦动摇了。衮邦巴对夏尔巴和萨迦决事会议成员说道：“关于我适于前往一事已向（拉章巴）昆仲禀告了。”因为我语气强硬，措辞很重，所以决事会议的人们说：“喇嘛衮邦巴前往是恰当的。”于是他答应前来，众人写了听从他作出的决定之保证书，（拉康巴）昆仲亦加盖了印章，遂决定了（衮邦巴前来谈判一事）。

我接到通知说，喇嘛衮邦巴将前来，我应派遣长官帕巴和我的人去迎迓。我遂派遣长官帕巴[168]和我的人员中他所喜爱的人去拉果地方迎接。衮邦巴给长官帕巴捎信说，我应回信和给予隆重礼数。对此，我说道：“我也不回礼，您也不必敬礼。”故拖延了一两天。

旬杰都元帅在右翼拉堆绛地区缺乏军粮，遂带着前藏军队和蒙古军队前来曲弥，我给所有的人以丰盛的款待。他说，在拉堆绛他的庄园需要粮食。我只好从香巴给我的供奉中拨给粮食。当衮邦巴驾到时，旬杰都元帅说道：“我们最好前去迎接衮邦巴。”我说道：“他们是为生计而来，我们不能去迎接。”于是未去远处迎迓。其后，当（我们一行人）走到门口时，衮邦巴对管理坐具的人首先发话说：“请铺展那个红色垫子！”说罢，脱帽脱衣，我因而不得不敬礼。对此，流言传说喇嘛衮邦巴向我敬了礼。我敬礼，请求加持，他亦一起敬礼。然后，他邀请我至室内，茶、糖、承侍和礼品都隆重、丰盛，本钦旺秋贝亦在场承侍。随后，

衮邦巴住在纳塘寺住持的叫做布卡的豁卡，他住在那里，我供养的食物很丰盛。半月后，衮邦巴出去消遣，没有释放本钦的表示。我想这是什么缘故？当时本钦的温布们横行不法，走到何处唯以抢劫为能事，我却以礼相待，对萨迦的老资格侍者们我起身迎送，必恭必敬，因而是同情我方的人蔑视本钦的感情流于言表，致使衮邦巴不表态释放本钦。

囊巴衮嘎崩带话来说，他要向我敬礼，因而要我回礼。我说："你也不必敬礼，我也不回礼。当初，多郊都元帅同我情谊深厚，且是有权势的人物中最早向我敬礼者，因其系长老，所以提拔之，我每次均还了礼。然而，现在我也不接受您的敬礼了。"

次日，本钦的诸温布被擒，解往仁蚌。第二天，我召集以阿阇黎扎巴坚赞为首的香巴众人、钦波格隆和钦波扎杰等人，在曲弥正厅的中心为我铺设了双重软垫，在侧边按照各人身份为他们铺设了坐褥和靠背，就座之后，我介绍了前来的情况，在徐卓地方收缴扎撒的情况。又说道："我对你们恭恭敬敬，点头弯腰，你们应该更加尊敬我才好，我们这次集会仅像贩运茶砖的商旅聚会，迄今本钦尚未出狱，乃是你们轻侮我所致。倘若你们的行径如此，则我没有必要讲坏话和承担责任，现在我就回去。或者，你们尊重我，不要欺负我。"他们遂说道："遵从命令，不违背(你的）吩咐。"说罢，我接收了他们的保证书。

次日，我邀请喇嘛衮邦巴进餐。在提请他周密权衡利弊得失时，他说道："最好差遣阿阇黎扎巴坚赞去上部拉孜地方交换其父。"其后，我让喇嘛衮邦巴寓居贝地。我来到正厅，召集以阿阇黎扎巴坚赞为首的香巴决事会议诸成员，让多郊都元帅亦在场。我说道："衮邦巴说，派遣阿阇黎扎巴坚赞到上部去，对换其父。你们能容忍吗？"众人均说："不能容忍，不但不能取得其父，而且又将儿子送去，这样的例子有的是。"我问道："决定了吗？"他们说："决定了。"我说："那么，甚好。关于此事，我有话要说。"遂召请长官帕巴，请他捎信说："阿阇黎扎巴坚赞先前系本钦杰瓦尚波之子，现在已彻头彻尾奉献给我，是我的儿子了。我是为营救本钦杰瓦尚波的，现在我不会派他去当人质的。故请交出本钦杰瓦尚波，请盖章负责。我以法律为准绳，奉陪到底，你走到哪里都不行，你前去，我就带领部队前来，请准备吧!”衮邦巴收到口信后说：“明天谈判。”是夜，我返回驻地。次日，通过长官帕巴谈判。衮邦巴说：“我前去，本钦可能迅速获释；我不去，而派人前往，本钦可能获释很慢，怎么办?”在我研究如何办才好时，认识到，衮邦巴长期停留，而本钦不能获释，他可以夸海口；若他前往，从而本钦迅速出狱，当然好；若他前去，本钦未能出狱，则一旦搞清是非黑白，他本人和拉康拉章就会倾刻分崩离析，整个萨迦派和后藏人都会倾心于我，故战之能胜。

在喇嘛衮邦巴前来曲弥时，我又收到萨迦寄来的密信说，若逮捕衮邦巴，则本钦将会获释前来。他们香地人亦说衮邦巴应遭逮捕。我说道：“这种事在我们的规矩中是没有的。若通过谈判得到本钦，于众人都好；若得不到，任何时候我都要设法使本钦获释，交给你们。”此时传说衮邦巴携带七骡驮金子来奉献，似乎属实。衮邦巴来后人们笑逐颜开，心安理得，私下议论说，现在我们的本钦大概不会获释了。对此，多郊都元帅说道：“此人（指绛求坚赞）是不会受贿的，应该信赖他，不要怀疑。我们蔡巴曾说过不派遣人质，作为代价，奉献两千两金子和他所喜爱的任何东西。但他不许，仍取独子为质。”我对此话感到欣慰。

当时，由于我让衮邦巴前去，善知识扎巴僧格和长官珠氏等人泪水纵横，说我肯定是接受了贿赂。对此，我召请阿阇黎扎巴坚赞和他们众人，我赌咒使之相信（我未受贿)。为此，我修改了要求衮邦巴加盖印章的给予长官帕巴的信函，然后衮邦巴加盖了印章。是夜，衮邦巴住宿禅院，长官帕巴前往短程送行，晚饭后返回原地，日落之际长官带着那封信来到我的驻地递交那封信，我阅读时，发现先前敦请的条款已被篡改，感到气愤，退回那封盖有印章的信，将条款交给帕巴，说道：“要在这上面盖章！现在就派人去盖章!”他说：“不行。”我说：“长官帕巴你将你全体人马从我的部队中拉出去，请准备在上部地方交兵决战。这般愚弄人，当初就不应开口。”长官帕氏忍受不了这些话，立即派两人骑乘最好的骏马追赶，在隆那的上部地方浙贡赶上喇嘛衮邦巴，衮邦巴在那里加盖印章于我所交给的信函上，将衮邦巴的讲话摘要整理成文。其后，他带信来说，经我们迅速迎请，本钦会前来的，请勿听他人挑拨之辞，我遂心安。又拖延了数天，我收到萨迦带来的口信说：“您若不率领部队从曲弥向上移动一些，似乎本钦不能前来。”于是部队开动，在尼查平坝停留五天。绰普寺是县德帕木竹巴的大弟子之寺庙，是继承帕竹法嗣传承的寺院，却遭本钦诸温布的洗劫，我认为应奉献酥油供灯和熬斋僧茶补益之。当我前往朝拜时，或许是绰普山神炫耀其神力，或许是遭逢佛像、佛经、佛塔被破坏的晦气，饭后身体疼痛三天，无法忍耐。

其后，以拔希楚尚为首的众香地人等前往卓地迎接本钦，我同喇嘛衮邦巴从羊阿山口前往夏曲河下游迎接本钦。次日，提早打尖，我率领约三千名甲胄之士骑马前去迎驾。原来古香巴下马向我问安，我脚踏马镫立于马背上答谢，我的全体士卒下马向古香巴敬礼。但是，那天旬杰都元帅却在马上挥动一只手向我请安，古香亦在马上合掌向我问候，这使我气愤，我的士兵亦未下马向他俩表示任何敬意。

本钦出狱，同绛求坚赞相会于律院

随后，向前走去。律院僧众列队欢迎本钦，准备奉茶。我在律院下方突出处下马，设置茶灶等候。喇嘛（衮邦巴）和本钦驾到，相互敬礼和问安。接着为喇嘛衮邦巴在中央铺设红色坐褥，其左侧的大氅上铺陈本钦的红色坐褥，喇嘛和本钦的左右两边坐着善知识、侍者和俗官们，对面中央铺展红垫褥，我就座于那里。俗人旬杰都元帅在我的右侧，其马熊皮垫褥的头部朝着我铺排，旬杰将它首尾调转，将马熊皮垫褥的尾部对着我，他就座于我右侧的首席，旁边坐着古香，从而使我坐在他俩的下首。对此，我很恼火，非常气愤。本钦起身给我斟一碗茶，在一个银质大碟子里装满了白糖和奶渣，在其顶上放了七砣冰糖，他用噶丹(一类壶名）斟茶，我起身接受。按规矩，我应端着碟子分别向喇嘛和本钦呈献一砣冰糖，然后我手拿两三砣，分发给在场每个人一砣。然而，由于愤恨，就不顾礼数，把碟子递给司膳官。（喇嘛和本钦）的西侧是钦波贝杰和囊巴索僧，东侧是阿阇黎达仁和顿杰都元帅。总而言之，萨迦全体显贵、大德都齐聚那里，众人咸目睹座次安排次序。在饮茶之间，我思忖到，从前藏上来，我们送来糌粑和青稞一万余克，茶叶约一百包，肉畜牛羊上千头，酥油和奶酪糕无数，金子约五百两，碎银约十五升，宽大晒垫[169]不计其数，迄今运输茶、糌粑、酥油、奶酪糕和宽大晒垫络绎不绝于途，道路为之壅塞，我们在仁蚌、徐卓和曲弥等地背负了那么多的艰难困苦之包袱。前些时候，我在徐卓对他们说，请出任（联军的）长官吧，他们说不能胜任长官，让我担任长官，我遂收了他们的扎伞，被拥于座首。如果说要羞愧，他们当时就应羞愧。现在，在这么多月份中，我背负着艰辛的包袱，支出财物，遭受吃亏，历尽艰辛，刚刚救出本钦，他们就做出过河拆桥的勾当，多麦地方的这个卑劣之徒就是这样做的[170]。古香因为年轻，慑服于旬杰的权势，我憎恨旬杰。其后，他出去了，喇嘛和本钦前往律院僧人斟茶处饮茶。我们鱼贯而还，在坝子的上部下马稍事休憩，然后返回营盘，我动手起草向他俩（指两位都元帅）索取的文书。

喇嘛和本钦驾到，我加以迎迓。在四方围墙院落上方铺设牛毛厚布和哗叽，喇嘛和本钦的坐褥在中央，其左右两侧是老资格的善知识们，再左右的是宣慰使司、侍者和俗官们，我坐在前面，呈献了丰盛的食品。进餐完毕，本钦住在我们的营地，我们二人搀扶喇嘛衮邦巴短程陪送至营盘的下方。我一返回就去牛毛毡帐幕中，呼唤多郊都元帅、长官帕氏、多仁和旺秋等四人前来，说："请在这个我要索取的文书上盖章吧！若不在文书上盖章，就抬着我到外面，待帕竹决事会议成立后我将追问此事。既然他们以藏族的规矩对待我，我亦就以藏族的习惯追问他们。"多郊都元帅说："哎哟哟，请勿这样说。"对此，我连多郊都元帅亦加以责打，怒不可遏。长官帕氏聪明，说："我去盖章。"我说："若不盖章就抓起来。"遂吩咐我的侍寝官、俗人马夫和撒巴约二百名说："一百人守在里面，不让两位都元帅逃跑，一百人留在外面，在外守卫，若两位都元帅跑出则逮捕之。"说罢，他们四个人带着文书走了。喇嘛衮邦巴让长官帕巴通知我说，要我前往其营寨旁边，我遂前往听受教诫。我返回时，他们（指两位都元帅）拿出文书，我说："应在这上面盖章。"旬杰拒绝盖章，旺秋警告说："您若不盖章就要挨揍。"他只得盖章。随后，两位都元帅分别返回自己的营地。喇嘛衮邦巴垂询长官帕巴说："今日为何向两位都元帅索取反省书？""为今日座次之事（绛求）动怒呵斥。"衮邦巴说："我心中亦认为那座次错乱了，他有理。"第二天，打尖进食之际，本钦用蒙语问旬杰都元帅说："昨天喧嚷之事系何缘故？"旬杰都元帅回答说："他说我俩挤了他的座首席位。"本钦说："此事他有理，座次弄错了。"说罢，本钦亦悔误。

本钦杰尚同司徒绛求坚赞在曲弥相互宴请，本钦将子嗣、财产和权势托付给绛求坚赞

次日，为喇嘛和本钦洗尘[171]我先去曲弥准备。在小憩进食之时，喇嘛、本钦、宣慰使、众大侍者和所有的人驾到曲弥。我呈献了丰富的打尖食品，以酥油和糌粑隆重款待本钦杰尚巴。其后，喇嘛和本钦二人、长官旺秋贝和众人起身，给我斟一茶碗茶，说："两位都元帅有的知道，有的事不清楚，即使冒犯了您，请看在我们的面上，对他俩不要生气斥责。"旬杰都元帅和古香亦向我磕头，头不断触地。这时，我说道："为了协助实施皇帝的大法度，为了承侍萨迦派，我才前来此处。这时才了解了你们的功过。在徐卓，当我说：'旬杰都元帅您和宣慰使担任主帅，需要战斗时，让我的士卒负责，我带领一百名兵力前往仁蚌。'当时，你俩说：'您不前往可不行，您应做主帅，做我们的长老。'我遂收了你俩的扎伞，若要惭愧，那时您俩就应感到惭愧。现在已迎来本钦，大功告成，你俩却蔑视我，坐在座首，贬低我，致使我生气。我本欲收缴您俩的虎钮印章，以黄蜡存封，派人进京参奏你俩鱼肉皇帝的寺属和非寺属百姓，请求调回你俩。"但是，以喇嘛和本钦为首的众人求情说："他俩不是故意冒犯您，请遵照您的训示办事。"

其后，喇嘛衮邦巴前来贝地，对我推心置腹地说："您只要用喜爱、提携仁钦岗拉章的一半心情关怀拉康拉章，那时您就已是本钦了，我们派人奏请皇帝有何困难。"此时，我回答说："虽然我无力帮助仁钦岗拉

章，但未曾加害。你们拉康拉章这样地侵扰和危害我第司[172]，较之本钦还是我目前的万户长职务好，我起誓，我根本不羡慕本钦职务。以往我们师徒有授受佛法的法缘关系，除了那时（表面上）是师徒关系之外，您亦未把我视为真正的弟子，我亦不把你奉为真正的师长。现在您负责把本钦平安地交到我手上，不胜感激，现今我尊您为根本师[173]，我将合乎法律地承侍您。喇嘛法主索南坚赞和喇嘛年梅钦波（即年梅巴，“钦波”系敬称）与众不同，是无与伦比的根本师。今后我的兄长将景仰和在修证时观想喇嘛宝师和您。”这话博得他的信赖，他说：“阿阇黎洛追坚赞和您应同心同德。”我回答说：“我也要紧紧追随法主索南坚赞和大阿阇黎衮仁他们叔侄三人同心同德的风范，尽力承侍。”

其后，我说道：“请长官帕巴做证明人，请其他人离开。”我说：“目前卫藏地区这样动乱，我承担全部责任，萨迦派诸人亦不是清白无辜的。现在不必追究责任，您带领少量侍从前往前藏，蔡巴承侍一年，我承侍一年，其后长官帕巴承侍一年，您亦会延年益寿，三年之后萨迦的混乱局面就会消失。”（衮邦巴）说：“已有人前往索取回复，故要斟酌情势而行。”不肯允诺。我说此番话的证明人，有目前尚健在的钦波帕巴贝。随后，他起身，在即将前往娘堆时，在扶梯上说道：“您要同大阿阇黎洛追坚赞同心同德。”我回答说：“遵命。”其后，商定大阿阇黎洛追坚赞带领少数侍从前来曲弥同我进行有成效的会谈。喇嘛当巴索南坚赞被迎至萨迦寺驻锡细脱拉章，主持宗教事务，以法律控制卫藏各地。我收取了大阿阇谢南巴不违背政教两方面的禁约之文书后，喇嘛（衮邦巴）前往娘堆。

本钦杰尚巴父子和我共三人在曲弥的贝地从早饭后详谈至打尖时刻。我说：“现在玉体安康，迎请到您，我就放心了。您同绛巴磋商后生擒恶棍喇嘛康萨瓦叔侄[174]应引渡给我。”他说：“他坠落河中，根本不存在了。”我反驳说：“明日本钦为我设宴，若不交出喇嘛康萨瓦叔侄，我不赴您的宴会。”他说：“关于喇嘛康萨瓦这件事，我没有责任。此事既涉及萨迦的众喇嘛，亦牵连王子和院巴，已经派人禀奏皇上了。如果有错，皇上会处罚的，所以我交不出喇嘛康萨瓦。”说罢，（以手）捂着头。此时，我对他不留情地说道：“万户长旬努僧格戕害同皇帝圣谕有关的人，（康萨）拉章支持邪恶之人，你不以法律制裁，铸成错误。后来你受坏人唆使诛杀嘉玛宝师，造成更大错误。当时喇嘛康萨已经捕获，现在若处决此人，你们萨迦的喇嘛和本钦就担心是以他为样子，开了不好的先例。另外，地方首领们亦有受到同样指控的危险，所以不肯交出喇嘛康萨瓦。我不赴你的宴会。”他说道：“交不出，如何是好呢？”说罢，他父子俩返回驻地。我亦迈步走上贝地的楼上，写字条让其交出喇嘛康萨瓦。

次日，（本钦）设宴于曲弥（一建筑）的走廊，在正门的右侧为我重叠铺设了两层软垫，在左侧为本钦旺秋贝重叠铺设了两层软垫，然而本钦旺秋贝未来，本钦（杰尚）他本人在前面重叠铺设了两个软垫，本钦的随从中有三个温布被捕未在场，以阿阇黎扎巴坚赞为首的囊巴、俗官、撒巴和士兵们全都出席；我们方面以多郊都元帅、长官帕巴贝和阿阇黎尊珠贝为首的全体俗官、撒巴都在场，地方的显贵以钦波格隆和钦波扎杰为首的秋谢古尔三地的豪绅均莅临；萨迦方面的有钦波贝杰瓦和各拉章的人士；前藏方面的有蔡巴等，各方面的人士云集。本钦本人起身捧着茶碗酒壶献礼后，说道：“我的祖宗善知识仁钦尊顶礼喇嘛法主（此指萨班）、喇嘛法王八思巴宝师和卓衮恰那昆仲叔侄之莲脚，为了汉藏人众承受肉体和生命上的痛苦，效力于薛禅皇帝施主与福田，长官班干巴和杰瓦尚波我亦顶礼萨迦历代嫡传，先后效劳和承侍。然而，今岁之际，喇嘛（此谓帝师衮嘎坚赞）的两位公子受坏人影响，逮捕了我，准备杀害。但是，大阿阇黎绛求坚赞您率领部队为了皇帝的法令和萨迦派的政教事务，拯救杰瓦尚波我于水火之中，我的生命完好无损都是您这个人的恩泽。从今天起，自善知识仁钦尊、长官班干巴至院使杰瓦尚波我，凡生育的子嗣、积攒的财产、建筑的房屋、护佑的晚辈，以及拉香吾宇、新老毕日森和扎木切等谿卡，凡是由我负责管理的全归阿阇黎绛求坚赞您支配。”说罢，拉着阿阇黎扎巴坚赞的手，将他奉献给我，让他搂住我的脚。全体俗官、撒巴和士兵向我叩首和巡礼。此事的证明人是云集在那里的全体显贵们。我们应护佑院使杰瓦尚波所奉献之子阿阇黎第司[175]扎巴坚赞及其侍从等人，其原因就在于此。其后，我从仁蚌地方取来本钦的虎钮印章，交还给他手上。

绛求坚赞委派多吉坚赞为曲弥和仁蚌的司库，筹划建筑仁蚌堡寨控制后藏

在曲弥停留期间，我把所得的贝壳、卡特丝缎、丝线和绵缎等制成软垫，把所得的炊具和坐具储存起来。我还收到肥绵羊六千五百只、大牲畜七百头、犏母牛二十头、牛犊一百七十头、黄牛八十头、驴一百二十头、丝绒毛布三捆、银瓶三只、大氅一件、金花革一张、连轴铜钱花缎一匹、有圆座子的有柄银碗一套、供神木碗十只、时兴高脚盘子两百个、长短毛氆氇四捆、后藏出产的大量金红色氆氇、有飘带的帽子三百顶、大小牛毛毯无计其数、一定数量的虎豹皮。在途中收到的（贡品）有：我的餐具一套，碎银两升再加半升和四分之一升，夹衣二十件，茶壶、供杯、围腰、腰带、帷幕和华盖等不计其数，归来时满载而回，没有空着的包装容器。我把带上去的多余的用具和在后藏收到的全部东西

贮存在曲弥地方。

其后，我反复忠告多吉坚赞半个多月，约有二十天，我强调说，应无醇酒妇人之过失，不可贪污中饱攒私房，应心灵纯洁，编纂史籍，过问全部收支帐目；曲弥的这些寺属和非寺属百姓是大阿阇黎衮仁之父亲的俸禄，应胜于我们的雅达宇斯（庄园名）加倍爱惜；关于仁钦岗拉章、杜厥拉章、喇嘛年梅巴、本钦旺秋贝、顿杰都元帅、香巴和霞鲁阿阇黎达仁等方面均不得冒犯。我留下忠实可靠的撒巴五百人，又根据他们的请求，留下撒巴们的世俗侍者和他们从百姓中挑选的人，共留置约八百人在曲弥地方。

在同以纳塘寺大堪布为首的后藏显贵们会谈时，我说道："多吉坚赞此人是我的属民。无酒色之过失，不贪污中饱，心灵纯洁，不嫉妒他人的功绩，如果说有不足之处，就是年轻而且将同我过早地分手三年左右，这是不足之处。"遂委任他为曲弥地方（的长官）。委任之时，曲弥（一建筑）正厅的中央是喇嘛叔侄的坐位，其上铺设了一层哔叽软垫和两层卡特丝缎软垫，共为三层。坐褥上铺设靠背，并覆盖一个包袱布，在前面柱前为我铺展了一只哔叽软垫，上罩红色栽绒垫子和垫褥罩布等，还敷设了包袱布。我说道："我曾是曲弥寺的近住大弟子，所以这是我的坐褥，你是我的司库，掌管钥匙的人，请在前面铺设一张软垫就座。今后二位钦波，另外，或者是萨迦的大侍者和显贵等无论任何人前来，要一如既往地很好加以礼敬和迎送。"遂留下多吉坚赞在曲弥。

随后，我动身返回，在长桥举行答谢宴会，酬谢本钦及其随员，赠给礼品。是夜，河水暴涨，遂用牛皮船摆渡驮畜，骑马的人涉浅滩渡河。其后，在渡河之处住下。大阿阇黎索洛瓦设帐于嘎瓦佟草原上，延请本钦和我等本地的和外地的所有宾贵，设宴隆重款待，赐给丰厚的礼品。在众人分手之时，索洛瓦仅把副使都元帅的虎钮印章授给温布衮确仁钦，未宣读扎伞，未举行仪式。其原因据说是，由于他执掌本钦之职，其昆仲、堂房和亲友向一法庭施加影响，以及在律例上不允许他担任本钦职务，于是未举行仪式。

这时，衮波贝都元帅抵达达木地方。我说道："请本钦您将这枚虎钮印章交给衮波贝都元帅。先前本钦您把绛巴的新老毕日森（庄园名）划给温布衮确卧赛，令其负责管理的金字文书已交给阿阇黎扎巴坚赞，由您来保管这个文书吧。它是薛禅皇帝赐给的礼品，胜过所有万户的虎钮印章。"我说这番话的证明人有大阿阇黎师徒和钦波贝杰瓦等众人。因此，答仓宗不得侵犯本钦的诸项遗产。

本钦一获释，大阿阇黎的神态就略异于往常，我认为他有心事。当我设法单独询问他时，他说："这次曲弥会议，你未通知我参加，如果他的美德感染了我，我将会获得不少学识。"我解释说："诚然如此。如果仅仅是主仆三四十人，使用我的炉灶承侍则足够了。但是，我们和您的随从却要来五六百人，于是需要我从前藏运输物资，那时就不怎么新鲜了，而且主人和客人会蒙受流言诽谤。"

其后，我将曲弥与仁蚌合并，由多吉坚赞管理，（本钦杰瓦尚波）说："该地的盈缺应计入宗喀地方（在今吉隆县境）。"我说道："曲弥万户系喇嘛克尊钦波之父（即达尼钦波）的汤沐邑，正如札撒规定的那样，划作衮嘎仁钦[176]的份地，在他未接手之前，我安插了多吉坚赞（管理），请您在会见（萨迦）昆仲时转达此事。"我又说："绒地、仁蚌和答绛等地暂时由我们管辖，在后藏未安定前由我们管理。"总之，把昨天在徐卓说的那番话重复了一次。他问："那么，加若仓此千户是否要并入宗喀？"我回答说："此事专看喇嘛克尊钦波的意见。前几天正领主（即直接占有农奴的领主）已陈述了此事的来龙去脉，（加若仓千户）同答绛木毗连，绛木人会责怪的。故请勿考虑这类事，请做公众的主宰者吧。"我的这番话颇不合他的心意。

本钦推迟行期，我先启程，委托拔希楚尚照料承侍（本钦）。在仁蚌我做了关于房屋建筑方面的训示。然后对扎西岗温泉的土木工程做了训示。在贡噶等待本钦。本钦驾到仁蚌后说：“为何在此区区之地搞这么样的土木工程，阿阇黎（指绛求坚赞）是怎么考虑的？”当他询问拔希楚尚时，拔希楚尚说：“不清楚此事。”其后，本钦驾到贡噶，拔希楚尚将事情的原委告诉了我，我说：“它将牵制曲弥、霞鲁和古尔木等三地，牵制拉堆南北地区。”次日，我将此用意告诉本钦，他说：“是那样的。”

我邀请（喇嘛）至雅隆，喇嘛叔侄却前往桑耶地区梅雅佟地方之河滨，在那里会晤本钦后前来雅隆，我设宴盛情款待。其后，（喇嘛）说：“请本钦无论如何要会见三位温布。”我收到全体后藏人，特别是香地（在今南木林县境）众人的请求，要求处决三位温布。本钦泪水涔涔，不忍处决。我说道：“喇嘛当巴再三说过，请当喇嘛、本钦聚汇于桑耶寺时把三位温布押来。”于是在桑耶寺我把三位温布交给本钦。本钦却拉住三位温布的手，把他们奉献给我。自那天后衮确仁钦亦向我敬礼，请求加持了。本钦说：“衮确仁钦此人为害甚微，自幼住在我身旁，受我抚育，现在请赏给我做侍从，其余两个您带去做侍者，请给以指点和教诲，这些年轻人若顿悟一部佛典的疏释，将判若两人。”我说道：“他们在桂波拉山邓萨替寺接受剃度出家后再入泽塘寺学习《因明入门》。”他们不愿学习，扬言要自杀，遂在邓萨替寺当了僧人。本钦把三位温布献给我后，由我照管，并将我忠告之事付诸行动（即出家为僧），故未在背地里说我是他们的主子，其原因就在这里。

贡塘巴[177]迎请本钦。本钦为了安定达木地方以内的玛绛、拉萨贡塘地区的局势而前往。他无论莅临达木或拉萨贡塘，均是重述在曲弥所讲的话，说：“对于我而言，再没有比阿阇黎绛杰瓦恩德更大的人了，我已把以扎巴坚赞为首的子侄、人马、田产以及我所喜爱的一切奉献给他，凡是我负责管理的就是他负责管理的。”因此，迄今玛绛地方所有蒙藏人等都谙悉我，并有所谈论。

这时，多吉坚赞派人前来报告说，曲弥人危害香地人。在拉萨，本钦当着拔希楚尚和旬努僧格的面说："阿阇黎，您的恩德未远播，曲弥人干出这种勾当。"说罢，他感到极度失望。此外，我次第收到后藏各地的呈文，因此遂派遣拔希旺秋前往处罚违法乱纪之人。我给萨迦寄去忠告，得到的却是指责。按照喇嘛叔侄和本钦等聚会于桑耶寺时我的请求应从本钦绛巴的地盘内搜寻喇嘛康萨瓦，为此我给在曲弥的旺秋带去口信叫他不要返回。本钦（杰尚）把万户长衮确崩带至雅隆做其侍从，我让钦波帕巴贝做证明人，给以详细的训示。赤尊的报告亦说，事情顺利，胜利在望，需要这里（指乃东孜官寨）做后盾。我决定那么办，遂派遣赤尊前去。后来我收到他的口信说事已成功。于是派遣钦波帕巴贝所部、驻扎在曲弥的我们的旺秋所部、曲弥地方部队、驻扎在仁蚌的我们的人马以及我们在后藏的其他部队开往绛巴的地域。他们克敌致胜，攻城拔寨，堪称以谋略取胜的典范。然而，由于曲弥和仁蚌两位前线指挥官年轻的弱点、骄傲的过失、所依靠之卑劣的人之行径，导致出现了些微的失误，但是，胜利掩盖了失误，没有丢丑。这次本来未计划从珀东（在日喀则西北）进军热萨克岗，却由于一些人莽撞，没有攻克应该占领的丹噶宗，进驻不应前去的热萨克岗，无谓地摧毁了觉摩囊[178]和一些寺庙，从而遭到流言恶语的攻击。虽然在我寄去的信中指出要撤军，但部队却有听不进去的过失，那时前往的人们应省悟。

当本钦住在拉萨贡塘时，钦波释洛和旬杰都元帅等人多次向本钦指出（住在该地的）危险，使他心情错乱，其原因是钦波释洛迷上了贡巴的妹妹。止贡如狮张牙舞爪欲攫取噶当派两支派、达陇派的地盘和玛绛地方，并夸口打算夺取嘉玛地方。本钦却宽恕之。夏季休憩于叶尔巴地方，定居于拉萨贡塘。是年秋末，大阿阇黎洛追坚赞师徒拜会喇嘛当巴时，长官帕巴充任侍者。（喇嘛当巴）从娘堆经纳噶孜前来，我亦前往干巴昌徐地方接驾。（喇嘛当巴）歇脚在饶尊地方，我在贡噶呈献打尖食品。是夜，他住宿于吉那地方，我遂前往吉邢谒见。其后先回乃东，复前往布纳俄设帐迎接，喇嘛当巴亦前往那里，我谒见喇嘛当巴叔侄。

绛求坚赞在桑耶寺法主索南坚赞座前同本钦杰尚辩论喇嘛康萨瓦的问题

不久，喇嘛当巴前往桑耶寺，细脱巴[179]前来乃东，又被迎至邓萨替寺。他在替雪接受隆重的献礼和承侍后前往桑耶寺。我亦前往桑耶寺。为了迎接大阿阇黎，本钦杰尚巴、钦波释洛和旬杰都元帅等人前来桑耶寺，多郊都元帅亦聚集在那里。此时，法主喇嘛当巴、大阿阇黎洛追坚赞和大阿阇黎衮嘎仁钦等叔侄三人写了一份和合不分的札撒，叔侄三人盖印，本钦和在场的人亦盖印。在桑耶寺门楼的卧室中，法主喇嘛当巴、大阿阇黎洛追坚赞和大阿阇黎衮嘎仁钦等叔侄三人坐在中央，本钦和我坐在前面的中央，每人分别有一张软垫，本钦的右面是钦波释洛和旬杰都元帅，我的左面是多郊都元帅和长官帕巴，喇嘛当巴叔侄的左边坐着以堪布缀日巴和堪布索南贝为首的善知识们，各类侍从人员均在场，法主赐予定时的食品和打尖食物。在全体侍从人员离座时，法主喇嘛说道："其他的问题就那样办，喇嘛康萨瓦叔侄的前途是个大问题，要商议一个具体的处理方案为宜。"话音刚完，本钦便站起来，说道："在喇嘛的面前给我铺红垫褥！给他铺红垫褥！也给其余的人分别铺设一个牛毛毡毯！"说罢，走了过来。我思忖到，今天此人大概要抬杠，我若回答他，因为我有恩德，遂成矜夸，还是离开了事。本钦说道："阿阇黎（指绛求坚赞）亦请坐。”本钦对在场的所有人说道：“仲巴说的不对，他不是叫做喇嘛康萨瓦的那个人，是烟花浪子像涅古瓦一样，是强盗像德烈坚赞一样，哪里有喇嘛之实，他是满腹怨恨的康区人，给反叛的盗匪递送大量情报，我手头有足够的证据。此人曾多次勾结王子（搠思班）和院巴，取得札撒，派富人郭玛瓦进京禀奏皇上。如果要处罚此人，更应惩罚富人郭玛瓦，如果要审讯和追查，朝廷会派人来。杰瓦尚波我一不钻入地下，二不飞逃上天，我从拇指大小就进出皇宫，面见皇帝的龙颜，到一品官的法院盖印，我通晓法律，对此，你们诸位有权势的请勿以身试法！”我问道：“本钦的话讲完了吗？”他说：“讲完毕了。”我说道：“没有任何人指责你本钦杰瓦尚波不懂得法律，而是您曲解法律。倘若噶当派歪曲教义，是因为可赚得大量的肉类和酥油而大享口福，然而你歪曲我们的法律是不应当的。”我指着自己的鼻子说：“大丈夫绛杰在雅隆被你逮捕，既不是逃跑后被擒住的，亦不是败北后被俘的。我以为你拥有本钦释迦尚波的权力，所以跪在你面前抱着你的脚说，老哥任你处置吧！你是那样逮捕我的，是那样迫害我的，我预料到你要我在你准备好的各种文件上盖章，遂从你的茶房讨取一盆火焚毁了印章，刚烧毁了，你便带来一件信函要我盖章拿走，我已将印章烧毁，你却说快盖章，我回答说，印章已烧毁，没有了，就用我的整个肉体权当印章加盖吧。使你束手无策，未能得逞。喇嘛康萨瓦缺乏我的花招和智慧，你把所想的一切写成文字，叫他——康萨瓦盖了章，然后你就可以把他杀了！”他仅回答说：“是准备索取你盖章的信函。”“在司徒达玛坚赞、多吉江副使和阿山薄卡策元所迎请的圣谕明文规定：以阿里领主和象堪布为首的人若四十天之内归顺，则赦免不咎，赏给适当的名号和职位。在夏卡加木地方宣读圣谕，宣读圣谕十八天后，象堪布父子就投降本钦你，但三天之后，象堪布父子为首的人们遭杀戮，色烈宗被毁。你却派人禀奏皇上说：‘击毙以象堪布为首的人，攻克色烈宗，请赏赐和晋升司徒达玛坚赞。本钦杰瓦尚波忠于皇帝，作战有功，请予赏赐和提拔。’杀害遵照圣旨归顺的人，是不是篡改皇帝的圣旨？是不是歪曲法律？无论是皇室官吏或宣旨钦差任何人前来，我不从乃东、贡噶远程迎接，脚踏门槛，其原因就在此。我遵守皇帝的法律，征收以干梅朵地区为代表的领地内巨细差税，诚实地完成法律规定的义务，是不是硬要给我这个清白的人戴上冤屈的黑帽子呢？是否硬要派人进京诬奏我造反？当然不只是你，就是在朝廷，皇帝也不能保护有孕的妃子而任她被诛；太师燕铁木耳杀尽恩人的子嗣及九族；像权臣一样的太师脱脱被嘎玛夏娃拧死，大都被那些极善于钻法律空子的人搞得不安宁。喇嘛康萨瓦不是我把他乔装打扮成喇嘛从乃东送去（萨迦）的，而是接到皇帝的第四等封诰和大喇嘛衮洛的命令，称他是扎钦叔侄的后人而被委任为康萨洲的住持的，他登上萨迦的宝座，就座于喇嘛们的座次之中，你们众本钦向他敬礼，请求加持，因而我亦向他磕头，请求加持。现在不必赘述，若喇嘛康萨瓦尚在，则交出他本人；若已死亡，则交出尸体；若被弑身亡，则拿出首级来。交不出活人，不能出示死亡的尸体，拿不出被屠杀的首级，这是不合逻辑的。”法主亦说：“这话是对的，否则是不合理的。”我说：“本钦您就同司徒绛巴同甘共苦，与绛巴沆瀣一气吧！背草不嫌镰刀重。我不双管齐下一道打击，单独打击绛巴。俗话说责打汉人，他就会说藏话。”说罢，叩首法主座前，起身向神殿的一隅走去。多郊都元帅尾随我而来。我说道：“本钦刚才之言是不妥的，我俩究竟谁对？”他说：“二位均有理。您对绛巴不要绝望，对康萨瓦一伙也不要灰心。”

其后，本钦托人带来一封信说：“刚才我神志昏昧，请息怒，现在有何训示？”我捎信说：“以喇嘛当巴为首的所有师徒、本地人和外地人请前来我的住处格结（房名）打尖。”我邀请以喇嘛当巴叔侄为首的本钦等全体达官进餐，在大帐飨以丰盛的打尖食品。此时，嘉玛万户长衮确尚波把虎钮印章交给本钦，说了许多不能胜任的原因。对此，喇嘛和本钦既不说你（指衮确尚波）担任此职务，亦不说您有理，更不说要处罚止贡，（气氛沉闷）众人都好似河水被堵塞似的[180]。散席后，我脱口而说："要么，请本钦惩处和训示止贡，使嘉玛人能完成法定的工作；要么，本钦您来管理嘉玛的村落和寺庙，使止贡不能干涉。否则，将嘉玛的村落和寺庙交给我，让我面对止贡这个对手。"

不久之后，喇嘛叔侄离去，以本钦为首的人们恢复疲劳后前来（我的住处），经商议后，我派遣钦波释洛、旬杰都元帅和囊巴仁杰等人同止贡磋商。大阿阇黎洛追坚赞亦经桑耶谷顶前往贡塘，我亦前往乃乌，迎请大阿阇黎师徒少数人至乃乌。嗣后，本钦亦驾到。贡巴释迦尚波托人面交一份呈给本钦的信说："帕木竹巴占据不属于他的蔡巴之扎基、琼结，我们止贡的文噶茨、魏喀、多热和孜喀，此外还有羊卓和雅桑等的大批属民，请给予处罚。"对此，我说道："用不着很多，我亦造一份呈文。"我又说："我们和止贡两方，如果止贡有理，请宣慰使做止贡的靠山，敦请蒙藏的诸军消灭我；倘若我有理，你们诸位宣慰使，前藏地方的千户、万户和玛绛蒙古军就帮助我，消灭止贡。怎么办？请予以回复。"说罢，将那份呈文派人带往拉萨。当钦波释洛和旬杰都元帅等众人会聚时，那份呈文亦到达（拉萨）。旬杰都元帅说道："对那牛犊（谓止贡）的答复需要这个，那恶鬼（谓止贡）做出了这般的事来，现在如何办？"其后，我同本钦举行了富有成果的讨论：倘若整治此止贡，噶当派两支系、蔡巴、达陇巴和北方的玛绛等所有人不会感觉疼痛，所以教训止贡时，要把他打得规规矩矩。（我们）决定本钦停留于嘉玛，我住在墨竹，（对止贡）进行教训。本钦、钦波释洛和旬杰都元帅启程后，胆怯畏缩，借口对彭域和拉萨贡塘（人）气愤，徘徊辗转。

这时，相传宣政院长官伊劳将驾到，本钦前往达木迎驾，亦通知我前往迎接。

宣政院长官伊劳在布瓦佟宣旨，授给绛求坚赞大司徒封号和印章

阴火鸡年（1357年）新春时，我拜托喇嘛年梅巴为头领，在贡噶过新年。新年刚结束，我遂前往乃乌接驾。宣政院长官伊劳亦在贡塘过年。我从乃乌派遣拔希楚尚前往迎接，我本人亦前往布瓦佟迎迓。按照世俗礼节在河畔下马前往对岸，伊劳骑马从河中过来，他立于马镫上说："司徒止步，辛苦了！"一过河他就下马，互赠哈达，他以蒙古的风俗习惯拥抱我[181]，说："皇帝降旨，赏给你大司徒的封号和印章，（封诰和印信）由温布杰仁赍着，本来他要同我一起前来，但是他同迎请大阿阇黎索洛瓦的宣旨钦差鲁杰道使衮二人滞留在地方上。"说罢，送给我大司徒封号和印信，我在那里设宴款待他。其后，宣政院长官前往拉萨，同本钦一起前往萨迦迎请大阿阇黎拉康巴[182]。喇嘛当巴对我说："请前往桑耶寺举行隆重的开光典礼吧!"我遂前往。开光仪式刚结束就传来皇帝的圣谕：不勉强迎请（索南洛追）[183]至大都，就在萨迦古刹承袭喇嘛八思巴的名号[184]。遵照敕令按照先前次第的恳请，（喇嘛当巴）准备前往萨迦。

绛求坚赞占领孜喀、玉木宗和关于嘉玛的问题

先前，众人说过："我们寺庙之间的冲突请喇嘛、本钦调解。"他们说："可以。"遂居间说合。然而，关于文地魏喀拉山的交接是不能接受的。其原因是：止贡扬言要征集魏喀拉、娘波[185]、嘉措雅松和塔工以下地区的军队驻扎于邢巴雅松地方，抢劫邓萨替寺，灭绝我绛杰及子嗣，由他来掌管乃东官寨。我有他们往昔以此为题目所写的材料。所以，我若交出魏喀，则止贡和叶聂等反叛者同流合污，你们萨迦派遂不可能管教约束和负责实施皇帝的法律，不交出的原因正在于此。倘若交出文地，我将面临放弃直至娘波竹萨的我之领地，所以不能交出文地。现在双方死了这么多的人，仇恨这样深，（我）不信任止贡。所以交接文地和魏喀是不现实的。止贡向（萨迦）说，我不争夺孜喀，租借多热地方。孜喀就在止贡手中，说得如此走了嘴。事实上，止贡不欲谈判，于是未谈判成。

其后，当我要收复孜喀时，在法主喇嘛驻锡（于此）期间使用武力是不行的，所以在法主喇嘛未前往萨迦之前不开战。当法主喇嘛前往萨迦的时候，我短程送行至塘佳地方，然后派遣拔希楚尚陪伴至查热谷顶，沿途供应膳食。当法主喇嘛抵达如仓之际，我在贡塘让贝仁起誓，我说："迅速派人召请拔希楚尚前来，目前要收复孜喀，要在江河未涨水之前进军后藏，应召集军队，多仁所部要速来。"说罢，我遂回去。在纳渥拉山

同多仁相遇，我说：“目前要收复孜喀，必须攻克色杰宗。要收复孜喀，就应在贡噶河涨水之前向后藏进发。我们从雅隆来的不要迟疑了。”我一到达雅隆，立刻结集军队于魏喀和文地谷顶。这时候传来捷报说，他们（指多仁所部）很中用，攻克了色杰宗。

此时，止贡大败嘉玛。故我们亦猛攻阿阇黎宗孜瓦和米伦，从而保住了嘉玛。其后，嘉玛宝师、万户长衮确尚波和嘉玛决事会议全体成员说要来献茶祝捷。他们到达乃东时，我说道：“关于嘉玛寺庙和村落等，目前这种管理方式是不行的，萨迦是众人之主，要么由萨迦掌管，或者，因为止贡人尖酸刻薄，交给止贡人，说由你随心支配，对此我并不生气；要么，嘉玛寺庙、村落及虎钮印章等交给我，我来管理。”以嘉玛宝师为首的人说：“由你们管理，多谢关照。”万户长衮确尚波略有不悦，说：“不论怎佯，回去商量后再奉告。”说罢，（他们）返回嘉玛。

加玉的千户长依附止贡，所以不交纳财产税和萨迦的巨细差税，不管任何官吏和宣旨钦差前来，不必迎送和承侍，反而可以享用（他们的）食物。万户长衮确尚波羡慕那样的境遇，遂当了墨竹工卡人的姑爷，同止贡人眉来眼去，俨然要等待云缝中的太阳。而止贡却担心（嘉玛）信托我们，威胁说：“嘉玛你若依附雅隆，您就错了。”云云。因而衮确尚波感到迷惑，不信赖我。此时，假若嘉玛信任我，我准备携带茶砖三十砣、青稞三千克、菜羊五百头和酥油、奶酪糕等前往。那次若前往嘉玛成行，因为（嘉玛）年景不好和止贡的骑兵素质差，我提出的任何计策是会实现的。然而，衮确尚波却拒绝了。（对争夺嘉玛）止贡亦下了赌注，扬言说：“一旦草场茂盛就开战，以雪孜喀之恨。”我们遂占领了玉木宗地方。

绛求坚赞筹办阿阇黎索洛进京的礼物

这时，我得到本钦从后藏带来的信：大阿阇黎（索南洛追）即将动身进京，请阿阇黎司徒您吩咐以卧赛坚赞都元帅为首的前藏诸千户、万户分摊前藏方面负担的驮马、甘美食品的馈礼。于是我便吩咐。不久，大阿阇黎和本钦驾到江塘地方，在那里我们向以大阿阇黎和宣政院长官为首的进京人员赠送了礼品、帐具、驮马和可口食品，其丰盛之程度，令人挑剔不出毛病，在布瓦佟我的帐幕，大阿阇黎说要同我交谈。于是我请大阿阇黎师徒和本钦等进餐，在大厚毡上给全体俗官呈献食物，大阿阇黎、本钦和我共三人在帐幕里用餐。在司膳官杰钦斟茶时，我进谏道："萨迦的这位宝嗣是众人之主，元帝亦与人为善，光临大都后请杜绝酒色之过失三年，行为举止要贤良方正，三年之后无论做什么事就容易了。"他说："遵命。"我说："现在请考虑速往。"他虽不悦，却说："你夺走我们拉康拉章的进项和食物，由于食不果腹，才不得不前来。"我答道："请反省这个认识。喇钦巴和衮邦巴，你们甥舅侵夺我的祖产，并屡将我的肉体、生命视作儿戏，我要报仇雪恨，因此，你一到达大都就请将此事报告于喇钦巴座前。再则，若你们叔侄危害我，我将在此地回敬。你虽耿耿于怀，但我会在这里承侍的。"本钦惭愧得眼光朝下瞟。自是，他殷情地承侍我，我亦盛情地备办赠礼，他交给鞍具[186]等用品后，我若欲出售糌粑亦拍卖给他。此外，其侍者、善知识和俗官若欲出售糌粑和青稞，我亦出价购买，使众人喜悦。

在朗塘和玉木宗绛求坚赞击退止贡的进攻，止贡被迫谈判

其后，我会见了本钦。我认为目前此人会干预（帕竹与止贡的争端），五天或七天中他若袖手旁观，大阿阇黎会出面调解的。但是，止贡正在举行军事演习，大阿阇黎不可能调解，所以我说道："目前应迅速动身。"然而，由于贝崩充任（索洛的）大侍者，蔡巴又把一位瑜伽母交给大阿阇黎，从而他的行期延误了一个月。这期间，止贡获得了训练军队的机会，在学地谷尾设立兵营。为了保卫朗塘地方，我派顿杰所部前往，又增派贡噶和乃乌的嫡系部队前往。但是格西旬哲说："我们能够守卫朗塘，用不着你们，（派来援军）是让朗塘人分享从贡噶、乃乌派来的撒巴们的食物。"

嗣后，顿杰所部据守玉木宗。以于巴班觉和鲁达为首的部队带着干粮据守朗塘。朗塘的围墙简陋，守卫队不会放哨瞭望，再加卧赛尚波通敌，遂被止贡的全部军队包围，朗塘失守。此事是由于格西旬哲目光短浅和骄傲所致。前往那儿的撒巴们都清楚。

我从雅隆派往玉木宗七十人支援顿杰，其中有作战能力的有六十人，我从贡噶、乃乌派去的有三十人，他们同顿杰本人的士卒防御敌人。止贡虽围困了一个半月，却未沦陷，内部仅出现缺粮之事。此时，我派部队前往嘉玛抵抗止贡军队的右路军，防守嘉玛勒，他们拆除了牛崖和熊山的房屋，构筑嘉玛勒的瞭望台和工事。衮确郊所部前往嘉玛，途中顺

便在扎噶波捕捉战机。然而，那次未得到。后来，我们在玉木宗的部队分兵活动，嘉玛的军队亦分兵活动。嗣后，有消息说，止贡把他的嫡系部队和藏北藏民中能够动弹的人都加以训练。又有消息说，嘉玛人上了当，通过贡噶瓦准备投降。于是我立即派兵三百进入嘉玛勒。其后，我说道："钦波仁尚巴应该前往。"这时，他说："请摆三粒棋子以示上中下三种韬略。"我回答说："对这类事摆棋子是无能为力的，它像小孩的衣服一样，临时比量决定。止贡人若知打得过我，纵然世尊佛陀和三世怙主法主帕木竹巴降临，止贡人亦不愿听从；若知敌不过，他的地区内就有人来斡旋。"你们长老是清楚此事的。

其后，我派人通知拔希楚尚率领的贡噶嫡系部队说："你们佯装帮助孜喀秋收，前往嘉玛，顺便在前去的路上攻克扎噶波，以阿阇黎伦波瓦为首的部队暂时留驻扎噶波帮助秋收。拔希楚尚率领的嫡系部队进驻嘉玛。由于以钦波瓦为首的全体部队认真练兵，积极备战，止贡（畏惧了）让喇嘛拉木瓦出面调解，我让阿阇黎多尚、管家长官衮氏和管家索多做调解人，双方聚集于充琼岗进行诉讼，他（指止贡）开头的话是："孜喀一事你应永远放在心上，亦应把多热、文地和魏喀之事放在心上，这次我抱你的脚，你知我知地了结。"我们的人对止贡的话感到满意，说："应同止贡和解了。"（止贡）同意交出孜喀，至于文地和魏喀，说要回去禀报后再议。我说："若不交出文地、魏喀和多热，就不会见贡巴，采取相应措施，以宝师（指止贡宗教首领）为首的人们驾到文地后再议此事。"以宝师为首的人们莅临文地后，进行了关于上述三地的谈判，由于我们坚持上述三地，所以迄今保住了。你们有些长老说，要在三个地方分别建筑瞭望台。若在魏喀修筑哨所，则应拆除答孜的，岂能甘心舍弃吗？不要在文地修建哨卡。若在多热修筑哨卡，则官司将在贡噶的喀咱地方扩大，我们的后代主仆应该懂得上述三地不得交给任何人。

衮邦巴在萨迦被弑

拉康巴从达木启程时，我委托埃山旬杰负责护送至索地[187]。本钦中邪狂走，经北道而去，当抵达吾玉地方时，本钦绛巴管理不了萨迦大殿，对我们说："老哥，由你来管理吧。"他通过曲弥巴[188]驾到曲弥，把萨迦大殿（的管理权）交给曲弥巴。曲弥巴遂派人前来报告。在我的答复未抵达（曲弥）前，在曲弥由我们供给他费用，但他未停留下来，把司徒的印章和长官南喀等奉献给阿阇黎衮仁巴，将他们留在曲弥，在阿阇黎强巴的带领下前来雅隆归顺。

此时，传来喇嘛衮邦巴被弑于萨迦的噩耗。我对本钦绛巴说："您若牵连此事，我就不会见。"他说："没有瓜葛。会见后我有证据要说。""这不行，若无牵连，就应立字据。"嗣后，他具了结，我才会见他。大阿阇黎细脱巴[189]派人通知我说："已派仁钦至本钦绛巴那里，本钦是祸根，我赠送五百两金子给您，把本钦的首级带上来。"我派人禀告说，（本钦）现在已到了乃东的门口，可不敢这么干，若他是证据确凿的牵连者，我已串通他手下一个能使事情成功的人来进行。您若悬赏一百钱金子就能活捉（本钦绛巴），若未擒住，您通过法律追讨，毫无损失。

绛求坚赞前往萨迦平息萨迦内讧和办理本钦杰尚的葬礼

我收到本钦的口信说，为了平息这些口角，我应前往曲弥。当我准备前往之际，相传以法主喇嘛当巴为首的萨迦决事会议成员签发札撒说："您（指绛求坚赞）是光临萨迦喇嘛达尼钦波座前的萨迦派的老资格弟子，您拥有势力、能力和兵力，忠于皇帝的法律和萨迦派的政教事务，为了安定局势，您无论如何应当前来。"于是我启程前往。我刚到达绒地，就派人带话给本钦说："我已抵达绒地，请您也驾到充都地方。"当时，本钦被迎至拉孜商议事情，（突然）身亡。相传是本钦旺尊父子和堪布南耶的过错，又传说是酗酒所致。我刚到达仁蚌，以阿阇黎扎巴坚赞为首的香巴的俗官们就前来，我说道："沉浸在本钦逝世的悲痛中无济于事，应有节制地哀悼，应勉力办理丧事。"说罢，变卖了我携带的零碎金子[190]和物品，派遣钦波仁尚巴前往萨迦协助办理葬礼。葬礼办得很好。他返回时恰好我到达曲弥，我亦得到了葬礼完毕后的丰厚馈礼。

我请求以喇嘛当巴为首的萨迦决事会议所有成员前来曲弥。当卫藏所有达官、大德云集于曲弥时，有消息说，迎请大阿阇黎索洛瓦的宣旨钦差鲁杰道使衮和杰仁温布赍着给我的大司徒之印章前来。我遂前往缀地谷尾接驾。阳土狗年（1358年）新春之时授给我印信，举行仪式，开启印章。细脱拉章应交给我的水晶印章和珀东巴应交给我的东西亦聚集在法主座前。我收取萨迦以上所有达官、大德的详细之札撒，他们一致说，（我的恩德）荫被所有人，众人均已感觉到了，甚佳。其后，为了恳请大阿阇黎重申札撒（内容）和平息诸项口角，以法主为首的人、呈上的宣旨钦差和在场的全体达官说，我最好前往萨迦。于是我前往萨迦。以大阿阇黎衮仁巴、大阿阇黎康萨瓦、宣旨钦差和钦波瓦为首的所有本地人均派人来迎接我。法主说："我等显贵们无论如何应前往珀东地方。"于是前往珀东，食物、侍奉和赏赐都甚丰厚和隆重。法主住在后面有一日路程之地，我承侍大阿阇黎索洛瓦。次日星夜启程，走到觉地时天方亮。其后，在羊阿山口进餐，喇嘛年梅巴驾到那里，我及时呈献食物。其后，前来拉脱欢迎我的以大阿阇黎衮仁巴为首的众人亦同时驾到，萨迦的众喇嘛和应该前来欢迎的显贵们皆降临那里，我呈献茶叶和糖，斟茶之后他们离去。喇嘛恩嘎瓦亦前来曲赤噶琼（房名）的侧面。其后，萨迦派的喇嘛们列队于古热（房名）的后面给予隆重欢迎，萨迦决事会议的僧侣亦忠于我，列队热烈欢迎，人群宁静，阳光和煦。我的下榻处设在拉康拉章，在那里我给宣旨钦差和所有本地人和外地宾客呈献丰盛的打尖食品。随后人们返回自己的住处。大阿阇黎衮仁巴住在南面先前的卧室，我住在北面一间简陋的卧室。第二天夜晚法主亦到达仁钦岗拉康。第三天，法主前往噶普（房名）延请我用餐。我恳请法主亦住于细脱拉章，又央求大阿阇黎索洛瓦前往大都。我按照以往本钦和各拉章的惯例解囊赠送了以一升碎银为代表的礼物。（索洛瓦）允诺前往大都。同宣旨钦差交接文件完毕。

关于喇嘛康萨瓦的官司和以喇嘛衮邦巴为首的萨迦人各项口角，若按他们各自的意愿解决，岂能平息和结案。然而，我无私欲，出于公心，草拟奏折，派人禀奏皇上，等待其回复，如此等等，奠定了平息风波的基础。但是，大阿阇黎洛追坚赞声称要本钦绛巴的首级，我未办理，致使他不悦；本钦绛巴声称要我讨取关于大阿阇黎细脱巴[191]本不是萨迦嫡传的札撒，我未办理，要我夺取拉孜，我未办理，致使他不悦；阿阇黎索洛瓦认为大阿阇黎细脱巴、大阿阇黎衮仁巴和我三人是一伙，致使他不悦，不愿主持后藏和平会议。我觉察这些情况后，说道："若此，你们似乎各有千秋。"他们都理解我的话的含义。我又在三四天之中在萨迦大殿呈献茶、糖以上的食品直至每天打尖时辰，让他们在札撒上增加条款，我说："我不让你们认识各自直接、间接产生的功过得失，不照顾情况，你们不在此基础上达成协议，将遭格卜甲大平章和司徒达玛坚赞蒙古兵的杀戮，你们不要为所欲为。我虽住在乃东青色石房中，但我可派兵讨伐，我打得赢你们，我一定要重申札撒的内容，请做到无需我督促。"

复次，尚有一件事：喇嘛克尊钦波私人领有此曲弥万户，这在封诰中有明文规定。札撒上写着：（曲弥万户）系大阿阇黎衮仁巴的俸禄地，不得侵扰。请（萨迦）考虑一并掌管加若仓千户和答绛。在此我重申：在本钦杰瓦尚波在世时，本钦已把以阿阇黎扎巴坚赞为首的人马士卒、拉香吾宇、新老毕日森、孔查扎木切等豁卡完全彻底奉献给我，请不要侵扰。喇嘛帕巴衮洛此人，恩泽被于众人，亦是我的根本师。委任一个无所作为的萨迦公众代表做管家，管理杜厥拉章，使有权势的拉章蹂躏(杜厥拉章)，这是不行的。

在仁蚌，我建筑了我的一所精致的重要别墅，它取样于绒地（的建筑)。在贡噶我所进行的超群出众的土木工程是取样于藏拉雅朵、拉珠等地（的建筑)。对这些工程，你们萨迦决事会议的成员禀奏了皇上，纵然皇上颁发圣谕，指责这违背圣旨，我也不会移交（这些建筑)，因为我真诚地完成了应交纳的法定差徭，请记住!"我说这番话的证人喇嘛年梅巴、喇嘛恩嘎瓦、本钦旺秋贝、钦波贝杰和觉卧顿珠等萨迦的所有显贵尚健在。

拉康拉章集团阴谋煽动战乱，绛求坚赞管制萨迦大殿

此时，有两位对喇嘛衮邦巴感情深厚的善知识在辛康（房名，意为“木屋”）法主座前说道：“目前阿阇黎司徒（谓为绛求）势焰炽盛，阁下叔侄不得不盖印。然而，一旦他返回就会发生骚乱，萨迦人们都一致同意这种说法。”法主说：“我也在考虑此事。”在正殿中，法主给六七十名听法者赏茶时，顺便提到：“他（即绛求）一旦返回就会发生骚乱。”这话被心向我的人传到我耳中，对法主的这番谈话我反驳说：“真是在臀部抹奶酪呼唤狗，请勿出此言。”遂派遣钦波仁尚巴和拔希旺秋前去传话，法主回答说：“仲勒颇关注此事，我倒可以缄默不语，但是，众人都是一致那么说，他们声称未委任你家为总管王。现在阿阇黎司徒年事已高，应克制自己，在乃东饮茶作乐倒亦可以。”旺秋感到沮丧，同钦波瓦二人回来。我说道：“现在形势不好，从法主的语气看，这些人甚为放肆，目前肯定会发生战乱，我留下，你们全体回去，三分之一的人留在此保护我，三分之一的人轮换应战。”他们说：“仲勒应珍惜贵体，最好返回。现在留下以多瓦为首的众人，我们保证，无论任何人企图煽动战乱，请钦波瓦担任带兵官，我们众人承侍他，做士卒，战斗到底，决不后退。”这情况，你们长者是清楚的。

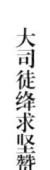

以喇嘛当巴为首的大阿阇黎谢南巴、皇上的宣旨钦差、萨迦决事会议成员和萨迦全体显贵聚集于萨迦大殿，以阿阇黎扎巴坚赞为首的香地

人把本钦的虎钮印章带来交给聚会的众人。喇嘛当巴遁世修行，掌管虎钮印章是不行的，其他任何人掌管亦不行，都说由我掌管为佳。但我刚得到虎钮印章，喇嘛[192]就声称："这乃是萨迦人的寄魂石，可厉害啦!"说罢，拿到仁钦岗拉章，所有无所作为的众人说，由我保管为妥。我说："倘若喇嘛当巴说由我掌管，我收藏；否则，不收藏。"对方获悉此语后说，若把虎钮印章托付给阿阇黎司徒便是把萨迦的魂魄出卖了。我将此语告诉于法主座前，从而澄清了是非。我打算连萨迦大殿亦交到法主手上之时，所有萨迦人异口同声说："由法主掌管不行，这应由你来掌管。"我收到这样的匿名帖约一百份。我除了向宝帐怙主（上乐金刚一护法神）和布扎护法神求援外，唯有叹息唏嘘。于是拜托多瓦和仁钦卧为长老，安置撒巴约一百三十名及其跟班共二百余人进行管理。总而言之，我很好地完成了应尽的下列责任：在萨迦法会上发放布施、供给法主喇嘛住持细脱拉章的费用、厨具、坐具等承侍工作。随后，归途中到达拉郭地方的那天，太阳穴疼痛症复发，钦波瓦亦染上疱疹病了。

绛求坚赞罢免多吉坚赞，委任钦波扎杰为曲弥长官

我到达曲弥，由于多吉坚赞遭人唾骂谴责，又背离我先前的训示，遂从多吉坚赞手中接管了曲弥，把曲弥交给钦波哲杰瓦[193]。我委托扎旺进行接收工作。后来，我到达雅隆后，不得不逮捕多吉坚赞，给予处罚。众所周知，后藏地方时局不安宁，实由他所致。

绛求坚赞在文地谷顶会晤贡巴

钦波瓦留在曲弥。我抱病从曲弥来到充都。在那里，我向大堪布宝师请求佛法时，大堪布宝师说："倘若卫藏地区目前有福德，则需贵体康泰十二年。"我回忆法主曾说过此话，感动得泪水盈眶。随后，我到达仁蚌，一抵达仁蚌我便打发全体人员东去，我同少数侍从留下治病和等待钦波瓦，他们说："这不行呀！最好在贡噶治疗。"于是我未停留，抵达贡噶，派遣全体人回雅隆。据说钦波瓦已痊愈，正蹒跚地到达仁蚌。我亦缓慢地到达雅隆。

当钦波瓦驾到雅隆时，有人说我应在文地谷顶会晤贡巴，我同意在文地谷顶会晤。他（指贡巴）托人带来口信说："若你交出文地、魏喀和多热等地，要我磕一百个头我也磕，若不交出上述三地，在（我）敬礼时，仅给我以脱帽的礼遇。"由于我未交出上述三地，在敬礼时贡巴仅给了我脱帽的礼节。我说："翻过那边山后就不希望您脱帽了。"他们主仆及随行人员向我献礼，设宴隆重款待我。我亦隆重设宴招待，赠给礼物。贡巴说："现在萨迦人所做之此事，我止贡人早已做了。"我答道："请勿出此言。那时（止贡）的喇嘛是京俄大师，贡巴是释仁，你们喇嘛和长官连拇指大小的印章都没有，亦未出任过皇帝的帝师，在拉堆岗噶地区南面十八沟以北的此地盘内，五年发展，八年安定，两年衰落，总共仅有十五年，而萨迦派担任皇帝的师长，主宰赡部洲业已一百余年，皇帝的敕令传到哪里，萨迦派的势力就达到哪里，被皇帝封拜管理直至海滨的村庄和寺庙，受用无尽。您可不要在他人面前说这类话。那时虽说您权势大，但大概也只是我所管辖的这么大。”

旺尊包围萨迦大殿，绛求坚赞派拔希楚尚、钦波仁尚巴带兵驰往拉堆，降服敌军

其后，绛巴呼吁援助的使者次第到达（萨迦），所以康萨瓦·绒巴扎杰等人伙同拉孜瓦、囊扎等人前来进攻昂仁，将桑桑以上的地方扫荡得精光，扬言（我）面临生死存亡之时。我派遣拔希楚尚为首的贡噶嫡系骑兵作前锋，驻扎于吉地的旬努仁钦所部亦前往。（拔希楚尚）同阿阇黎以施放水食子为譬喻先后从上部地区（指后藏）托人捎来口信说，(部队）现在前来正合适。于是钦波瓦率领的部队出发了。我说：“以札撒为准绳，若拉孜人无理，则惩处拉孜人；若绛巴无理就处罚绛巴。”说罢，遣之。当钦波瓦所部抵达尼查地方时，本钦旺尊父子率领的军队从拉孜（出发），包围了萨迦大殿。（萨迦）来人说需要援助，于是转令热萨克岗的部队改变目标开往萨迦，由于三宝和空行母的加持，萨迦之役以谋略取胜，活捉本钦旺尊，处决了一大批罪大恶极者，剜去了约四百六十四人的眼珠。

其后，全体萨迦人带信来说，部队应进军拉孜，收复拉孜。于是部队开往拉孜，加以包围。绛巴亦到达那里。绛巴同囊巴商谈后，企图对我的部队捣鬼，但未得逞，除了拔希楚尚率领的在里层围攻的嫡系骑兵遭受重创外，瞬间遂攻克拉孜。然而，最终要依靠谈判。由于喇嘛当巴的忠告，我遂罢兵息战。其后，喇嘛当巴驾到（仁蚌），大阿阇黎拉孜瓦

也降临仁蚌，我也到达仁蚌安排善后事宜。不久，作为法主的侍从阿阇黎坚赞巴驾到，大阿阇黎索洛瓦亦驾到吉喀尔（房名），全体叔侄会见，商讨后藏长治久安之计，起草文件，签名盖章。其后，全体叔侄降临仁蚌。我呈献食物，殷勤承侍，再次拟定札撒，加盖印章。我将拉孜置于中证人喇嘛当巴和大堪布布敦手中掌管，大阿阇黎细脱巴[194]住持拉康拉章讲经说法，不得亲近匪盗和流贼。我把皇帝的赏赐奉献给大阿阇黎索洛瓦，再次恳请他（赴京）。四月他启程后，我起草了关于他进京奏折。饶益众人安定局势的措施办理完毕后，我返回雅隆。

绛求坚赞经办迎请阿阇黎索洛瓦进京事宜

不久，有消息说院使达磨格底为迎请喇嘛（指索洛），骑乘许多驮畜和骆驼到达达木，作为其先遣使者阿阇黎楚扎和一个蒙古人来到雅隆，对我说："皇帝有旨，着您经办迎请喇嘛之事宜，皇帝还颁发有赏赐。"我遂派人前往献茶，告诉院使说我将前往拉萨磋商。然而，经旬杰都元帅和众宣慰使司禀请后，大院使前往后藏了，我便在贡噶度过阴土猪年（1359年）的新年，停留一天后遂前往仁蚌。阿阇黎洛追坚赞、强钦巴昆仲和大堪布多杰等人带着大批随行人员驾到纳噶孜，据说纳噶孜人承侍的食物很丰盛。我立刻派人通知贝仁本人从贡噶速来，（对洛追坚赞一行）应食物丰富，承侍隆重。他遂前来，于初五日到达仁蚌。初四日院巴到答地，初六日我亦到达答地，同院巴相会，我在我的驻地呈献打尖食品款待，以表薄意。他将圣谕和赏赐交给我。经商量后，由旬杰都元帅承侍阿阇黎洛追坚赞。初七日，我派人前往萨迦，将圣谕递送给喇嘛当巴。初八日，以院巴为首的宣旨钦差启程。阿阇黎洛追坚赞带领少数侍从前往库隆地方，通知我说有要事磋商，速往那里。我遂前往那里。他说要借贷，作为贷款，我给了他一升金子。作为他去前藏之前的招待，我赠送了三十两金子、一升银子、坐骑、全套马具以及备用马匹等九套九个一组的礼品，对在场的俗官们我也献了厚礼。我还让贝仁赠礼款待当地官员。就像先前我同喇嘛衮邦巴的约定一样，迄今我一贯对仲巴[195]不作恶，所以他对待我惺惺相惜，表现出崇高的品质。其后，院巴和我从徐卓前往充冲。大阿阇黎洛追坚赞经索地前往拉孜，他说需要我们的仁钦贝充当其助手，于是我派仁钦贝为喇钦巴[196]发丧、举行祭奠和火化，又派人从充都四处找寻喇嘛（当巴），但未找到。院使达磨格底把圣谕和赏赐物品迎请到萨迦。作为其侍从有旬杰都元帅和后来前来的扎西坚赞，他俩亦前往萨迦了。当我停留于宾松地方等待从达瓦日传来的消息时，喇嘛杰炯瓦、钦波贝杰和长官索南贝丹等人前来，我托人带给口信说，如知道喇嘛当巴的下落，我则接见；如不知道，则不接见。他们说不知道，我说那么不接见。（洛追坚赞）托人给喇嘛杰炯瓦和长官索南贝丹寄来一块茶和糖，一件大红大氅——相传是传给衮仁[197]的喇嘛八思巴的库缎衣物。

其后，我花了整整一天时间叙述事情的经过、我承侍萨迦的情况，特别是承侍仁钦岗拉章和杜厥拉章叔侄的情况，我热爱、景仰和捍卫的情况，仁钦岗拉章所属的谿卡、门生和牧场光彩夺目，为此我打击一切敌人，我是不是防护你们不受危害的恩人？总之，我鞠躬尽瘁地承侍仁钦岗拉章，你们却敢如此对待我，大阿阇黎索洛瓦也当了与我为敌之人的高参，就是那么回事，奋力地干吧！我派人将上述内容捎给喇嘛。大阿阇黎细脱巴（谓衮嘎仁钦）派仁钦来宾松试探。我带着仁钦前往曲弥。大阿阇黎将驾到曲弥地方，他通知我应派人至达隆地方迎接。我遂派人前去迎迓，但大阿阇黎却未前来。大堪布索南贝和长官扎氏到达曲弥。

大堪布索南贝、长官扎氏和拔希仁钦等作为我的伙伴同我一起回雅隆。我让大堪布住在乃东官寨的门楼，安排长官扎氏在我兄长之处，安排仁钦住喀答（房名，意为“后面的房子”），使之不受约束。当大堪布同他的弟子师徒聚会时，我说道：“大阿阇黎的一切长处，大堪布您都具备，而一切短处，仁钦您却俱全，所谓‘收藏’的含义就是如此。假若我不欺骗你们师徒，大阿阇黎亦应尊重以前会谈的决定。”说罢，又派人将此信儿带上去。

我在曲弥时派遣拔希喜多前往萨迦。他返回来时，我说（您）应留在萨迦大殿，拔希喜多脸色变了，找不到恰当的话来搪塞。钦波仁尚巴提醒我们主仆俩说，（帕竹）有人在萨迦。拔希方答应留在萨迦。钦波仁尚巴于我主仆俩恩德巨大的原由即在此。

钦波扎杰瓦在曲弥卸任，早先每块地方价值一两金子，他弄得连一两货财都没有了，所有的仓库一空，除了大阿阇黎的衣服外别无所有。我委任衮嘎仁钦为司库，安排了应安排的事宜才返回。

有喜讯传来说，喇嘛当巴住在塔波地方，我召请正在娘堆找寻法主的长官协氏，他前往塔波，在法主座前发誓，彻底地转呈了我的启请，遂出现了我们师徒中师长在山上夸功、劳弟子在平川夸苦劳的格局。不久，法主带来书信和良好的训诲，我感到欣慰。

院使达磨格底停留萨迦期间，大阿阇黎们有的以财物贿赂，有的以言辞取媚，夫人和姑母们使其心花怒放，致使达磨格底对我的错误看法有时溢于言表。听说他住在拉萨贡塘时，以身、语、意三门忠于皇帝，故未对他抱偏见。

相传大阿阇黎索洛瓦和仁钦岗拉章人[198]，将带着约八百名随行人员从南木前往堆隆，我派人去迎迓献茶。我带去口信说：“若来打仗，则人少了，若前来磋商，则多了。”他仿佛要我也前往拉萨接驾，我了解他的诸般行径，故未前去拉萨迎接。蔡巴由于全体长官和管家内部失和，所以双方前来此地，我打发他们快离开。大阿阇黎在拉萨未滞留太多的日子，就西去，在途中大阿阇黎会见了双方。其后，在彭域的宋秋藏脱地方，大阿阇黎会见止贡贡巴，赏给以衣服和一升碎银为代表的礼物，他窥视贡巴是否在包藏阴谋诡计的札撒上盖章，贡巴没有盖章，说："阿阇黎司徒同你师徒失和是根本不可取的。"进行了有益的规劝。我获悉贡巴所说的话后，说道："难为了贡巴。"其后，大阿阇黎和院使经嘉玛谷顶前往桑耶。在这之前，大阿阇黎和院使虽派人禀请于法主座前，然而他们在桑耶未得到任何回复——法主准备搬迁住处。

其后，通知我前往桑耶，我遂前往桑耶。大阿阇黎、院使和我共三人起草给法主的呈文，派遣长官协氏前往呈请，法主仍住于原处。我听说法主不愿来到魏喀，便邀请大阿阇黎、院使到雅隆，隆重地献礼、款待、叩首和巡礼，等等，我亲自担任侍从邀请（他俩）至邓萨替寺，再由邓萨替寺前往魏喀。当（他俩）驾到魏喀之际，法主派比丘达玛坚赞和长官索旺前来献茶，他二人带来（法主）详细的告诫。嗣后，法主前往佳德地方，通知说在那里会见。我派扎巴尚波承侍大阿阇黎、比丘达玛坚赞和院使，我本人返回雅隆，赶着驮马，带着赆仪前往扎噶波，召集前藏人同宣慰使司会合。经过三天辩论，我精神恍惚，吃了亏。除止贡的外，我把前藏人的驮马集中起，委托拔希楚尚管理。次日，我迎请大阿阇黎至座首，我欲把赆仪、帐具和驮马等交给以院使为首的宣旨钦差，这时因为大阿阇黎的帐幕已搬至彭域谷尾而延误很长时间。对此，我很生气。但是，由于钦波贝杰和仁钦岗拉章的老资格的侍者们齐聚在场，我将赆仪、帐具、驮马和途中用品等恭敬地交给以院使为首的宣旨钦差。院使说我应派人（进京），我遂派遣以喜饶扎西为首的使者禀奏皇帝父子殿前。皇帝关怀我，虽然他说（绛求坚赞）有野心，但（我）仍景仰皇帝的人品，仍寄以期望。鲁杰道使衮是个好人，我认为应裨益之。

阿阇黎索洛瓦进京时绛求坚赞郑重的警告

大阿阇黎说，无论如何要会见我，有话要说。我遂在玛尼渡口的此岸铺设牛毛毡毯迎请大阿阇黎，萨迦决事会议的成员们亦在场。长官扎巴尚波乘坐的牛皮船发生危险，预示今后将产生严重事件。我不留情地说道："您以前的舛错，目前的勾当，今后的行径，质而言之，对我不付诸行动的谎言，是前无古人的，是谁教唆的？"说得他们来客都乐了。随后，我说道："现在您若听从我陈述的忠告，就应只带领三十名随从前往宗喀求学、照料，勿介入上下部地方（谓前后藏）的瓜葛中。阿里的矛盾亦不要介入，其领主和孺子在我处，让其承侍喇嘛当巴和我师徒闭关，不宜对阿里用兵征讨。绛巴和拉孜瓦二人若背离札撒，我要处罚违犯之人，您应做到不说合和介入其中，此事由阿阇黎仁尚巴和钦波贝杰瓦负责执行。"说罢，把决议写成条文。

钦波仁尚巴率部进后藏平定绛巴和吉地的战乱，令萨迦内外和后藏人悔过

我返回来时，一到达雅隆就训练军队。后藏方面说应迅速进军。我

遂派遣以钦波仁尚巴为首的部队迅速西去。大阿阇黎索洛瓦在我练兵后经叶如[199]的北部到达吉地。我亦获悉钦波贝杰瓦前往（吉地）坚毅地呈述说："您这么做，就同您分道扬镳。"我们的带兵官们亦获悉上部后藏会议酝酿阴谋，（经过工作）把霞鲁瓦和香巴感召到我方，像将血醮上狗头，保持仁钦岗拉章的现状。我让（钦波仁尚巴）不在萨迦进行辩论以区分是非曲直，令拔希喜多留守萨迦大殿，所有部队开往喀卜索地。当他们前往拉孜时，拉孜首领派人献茶，赤尊前来归顺。曲仁和仁钦波地方的人们勾结绛巴，于是向仁钦波地方进军，攻克仁钦波，活捉男女亲随，关进监狱，然后返回。当抵达芒喀尔地方时，大阿阇黎不忍绛巴遭受损失，我说不要出面调解，但他不听，驾到那里，因为他曾愚弄我军，所以军官们不听他的，反而抓了绛巴的小长官南喀——大阿阇黎的侍从，关押在军营。（仁尚巴）向大阿阇黎大胆陈述，令他哑口无言。绛巴攻占了吉地，又进攻嘎尔巴地方。对此，钦波瓦所部返回来进攻吉地，绛巴遂交出了进攻嘎尔巴掳掠之物，（仁尚巴）勒令其具结不得再争夺吉地，对未载入决议中的违犯甘结之事亦要追究。其后，钦波瓦率部返回雅隆。（关于此次事件）萨迦派内外和后藏人有所悔恨醒悟。

绛求坚赞从萨迦收缴本钦的虎钮印章

我派人前往塔波禀告法主喇嘛当巴说，本钦的虎钮金章应交给囊钦巴他们师徒。于是我收到喇嘛当巴的信说："请将虎钮印章交给阿阇黎囊钦巴"。又收到喇嘛当巴的口信说，先前囊钦巴要交到喇嘛手中的拂巾，尚在阿阇黎囊钦巴手上，请收回。信函抵达后，我便派人送上去。

我说请派人迅速从萨迦取来虎钮印章，香巴却懒散，未派遣人。嗣后，在我为院使送行时，香巴派学阿瓦·南喀贝来扎噶波禀报，我捎去口信说：“您疲疲沓沓不去取虎钮印章，若虎钮印章落于他人之手，一定让风刮走香巴您。您若不去取虎钮印章就立字据，今后香巴您无论出现什么好歹，我们不是一个阵垒的，各不相干。”南喀贝亦懂得这话的分量，向囊钦巴转达了。南喀贝遂派人去取得了虎钮印章。而卑劣的人们挑唆囊钦巴说，决不可把虎钮印章带下去，否则就铸成错误，我们收藏为好。囊钦巴迷惑了，说：“不可将虎钮印章带下去。”南喀贝进谏说：“把虎钮印章带下去为好。”温布昆仲认为此人将使囊钦巴产生错觉，遂杀害了南喀贝。我获悉此消息后，知道囊钦巴本人会后悔的，遂派遣拔希衮确带去简明扼要的口信说，让长官嘉嘎尔等人将虎钮印章带来！（囊钦巴）说派遣小长官嘉嘎尔就不恰当，拔希雷厉风行顺利地将虎钮印章带来了。此事正值旬杰都元帅在乃东。大阿阇黎、上下部地方的人和绛巴等未发觉虎钮印章业已带来，他们支持温布昆仲，欲将阿阇黎囊钦巴昆仲铲草除根，夺走虎钮印章，将拉香、吾宇、拉堆绛之新老毕日以及扎木切等谿卡交给温布昆仲。在他们召集会议单方面商议时，大阿阇黎索洛瓦西去，以拔希衮确为首的在桑珠孜（即今日喀则）的人们截断道路，仅放大阿阇黎本人通行，缴获驮运物资的骆驼和马匹，击毙击伤一些人，查出骆驼运载的青稞、不怀好意的文件和大量魇胜用品，致使我的士卒愤恨不已，要求攻占宗喀。我目睹那些文件，恼怒地脱口而说要围困宗喀。宗喀系大阿阇黎昆仲居住之地，若攻占之，亦不甚好。这时，我让纳塘寺大堪布、大堪布布敦和我们这里的钦波仁尚巴前去召集会议，使之罢兵，大阿阇黎仅带领少数侍从如理修行。我们捣毁了宗喀答烈地方的哨所和工事，建立寺院，使之不亲近盗贼和有纠葛的人。至于骆驼和衣服，我退还了所缴获的对我们无关紧要的物资。

经止贡恳求和担保，绛求坚赞批准本钦旺尊前往文地谷顶

其后，我收到止贡全体师徒的呈请，要我前往扎噶波，说本钦旺尊父子的恳请情面大，我应感到羞愧。于是我前往扎噶波，会见了止贡喇嘛、长官和囊扎等人，囊扎恭敬地敬礼，发誓说："今后不作恶、变心和不存恶意，遵从命令。"我征询誓言九次，然后写成文字，由止贡宝师[198]和贡巴担保。年迈的本钦（旺尊）为了从喇嘛、长官他们判案人手中取保温布云丹、扎西贝和管家楚杰等人，也来了。我隆重地献礼、承侍后，让其前往文地谷顶。现在囊巴扎旺若安分守己，我们就要护佑，其原因就在此。

绛求坚赞委派长官帕巴为萨迦大殿的管理人和拉康拉章的大侍者

我们虽占据了萨迦大殿，但喇嘛当巴却未前去萨迦，我们没有必要承担毁坏萨迦寺的罪责，若要交出，唯有交给本钦绛巴。但是，我知道由他保管亦不行，于是我说："大阿阇黎洛追坚赞和本钦绛巴意见一致后联名盖章，请如此这般地管理萨迦大殿。"他二人联名盖章后，由萨迦

担保的公众代表做中证人，由大堪布索南贝和长官帕氏负责（大殿的）内部责任，从而使萨迦大殿未丧失于他人之手，使之不窝藏匪盗。大阿阇黎洛追坚赞本人又委任长官帕氏为拉康拉章的大侍者。我本人亦来到贡噶任命其为大侍者，派遣（长官帕巴）前往接替仁钦贝和拔希喜多。我提醒他要进行萨迦大殿和拉康拉章的交接工作，要负责遣返我们胥吏的工作，使之一个也不留在萨迦。说罢，打发钦波帕巴贝迅速西去，钦波帕巴贝一抵达就进行交接工作。不久，拔希喜多等人到达雅隆，隆重地向我奉献方物、叩首和巡礼，我亦给以训诲和表达心意的赏赐。

绛求坚赞在拉萨兴办佛事
报答皇帝优遇之恩

其后，大皇帝颁发水晶印章给我，此外尚有圣谕和厚赏，关怀备至。以后每年都有恩赐。作为祝愿皇帝父子长寿的佛事，官寨在拉萨释迦佛像前隆重地奉献酥油供灯和给佛像贴金的金汁，鼓励撒巴和士卒积聚资粮，奉献酥油供灯和贴金的金汁。当我前往拉萨修建佛事之时，有消息说以院使埃布为首的迎请（帝师的）宣旨钦差骑乘着骏马和骆驼浩浩荡荡抵达达木，我遂派遣香波郊前往献茶，他到达衮萨地方。院巴起草劄付，差来桑嘎使都元帅，通知我速往答地。我送走了桑嘎使都元帅。

京俄扎巴坚赞圆寂，扎巴喜饶继承京俄法位

这时，有消息传来，说京俄患病于邓萨替寺。其后，仁钦扎前来。我立即派遣他前往纳木召请阿阇黎扎谢。（仁钦扎返回）说：“为了尽早尽快修建佛事，（扎谢）正打算派马。”说罢，他首先前往邓萨替寺。阿阇黎扎谢亦来了，我立刻派他前往邓萨替寺。我本欲前往拉萨，却因时辰不吉，遂派遣拔希喜多带着属民和牛毛橐等前往。次日黄昏时我亦前往扎西雄地方。第二天，我前往邓萨替寺，在打尖的时辰拜见了京俄。其时，他的病情有所好转。派马之事已毕，拜见伊始，京俄便说：“您前来，承蒙惦记，这次我的病无关紧要，请前往拉萨点燃酥油供灯。这里留下阿阇黎扎谢就够了。尽管以前我们兄弟内部出现过各种龃龉和磨擦，但既不是你造成的，亦不是我招致的，而是中间一些坏人招致的。”又说：“在你健在之时我要走了，对此政权而言，有你身体安康则足够了，倘若我有个好歹，请照拂以扎巴喜饶为代表的遗留下的晚辈们，无论怎样，请帮助之。”他还谦逊地说他不富有。对此，我说道：“以前我们师徒之间产生过一些不愉快的事，您说既不归咎于我亦不怪罪于您，此语您以前就不只说过一次。尽管在您贴身的老少侍者的怂勇下，我有过各种失当之举和错误。但是您往昔未记仇，亦请现在不要记仇，有罪责的侍者有的已死亡，有的虽在却如行尸走肉。请勿认为缺乏财物，以我乃东、贡噶为首的上下谿卡、撒巴和士卒等的食物与财产均是属于宝

师您的。分派马匹尚不足，您还应兴建祈寿的佛事。至于佛事方面支出的各种财物，在今天贵体健康之时我就补偿。”他说：“我的身体不要紧，更重要的是您要前往奉献香火和拜会宣旨钦差。”于是作为祈寿佛事，我拿出清一色的甘茶（一种茶名），发放给每个人折合一钱金子的布施。其后，我返回乃东等待他玉体康复。当天午夜传来他饮食不进（即死亡）之噩耗。我立即派遣旺秋和在贡噶的拔希楚尚禀告院巴座前，派遣拔希喜饶多吉前往拉萨奉献香火，召回豁卡的代理人，派人通知贝仁从贡噶前来，并携带全部用具。我又训示乃东官寨，令其准备金子、茶叶、酥油和奶酪糕等用品。多仁和扎旺过去是京俄的侍者，所以我派遣他俩前去同京俄的侍从友人们商议，并将京俄的全部财物登记入册。我本人亦在黄昏时到达邓萨替寺主的卧室，带来五行算者卜算，殃榜不祥，说不宜悲痛，得号啕大哭，初八日之前不宜移动遗体。初八日发丧，应设立祈祷仪轨，十二日火化。于是在初八日发丧。我布施邓萨替寺僧众每人半钱金子。从乃东官寨带来二千三百钱金子，除去一百钱，全部用于布施。随后，我前往恩嘎（房名），发现京俄的财物仅有便于使用的五十钱零碎的金子，我未动用。初八日，建立祈祷仪轨，迎请遗骸至康萨（房名）之楼上，进行祈祷。十二日，在僧众之中发放酥油，火化遗体。其时，出现了花雨和许多奇异的征兆，火化后有五彩骨殖。十五日，送去念经的僧人。二十二日，葬礼完毕。乃东和贡噶慷慨地资助甘茶和雄朗茶[201]的混合茶叶七百包，先后出资黄金一千余两、牛马三百余头、大氅、长毛大氅、绸缎、氆氇、夏悠[202]等物资，开了布施寺庙周围属氏的先河——有金子者和无金子者均得到价值一钱金子的布施。我派人迎请喇嘛当巴，但他不愿出面，前往塔波去了，未能迎至座首。我派人从曲弥迎请大阿阇黎衮仁巴至座首，向他献礼、布施，让其主持葬礼直至完毕。

这时，院巴先后两次派来秘书，我托他们带去信函说明我未前去缘由，送走他们。丧事月祭的早晨，恳请阿阇黎扎谢上任就职，给以俸禄。打尖时刻，拥立扎谢登宝师之位，替雪众人向他叩首、巡礼。

在徐卓宴会上绛求坚赞劝请索洛瓦启程进京

其后，我前往乃东官寨。在乃东闭关一月，疗养身体，让众人负责在邓萨替寺找寻灵骨塔的地脉。

不久，院巴派遣都司和果隆巴·拔希楚尚前来，拔希首先到达雅隆，我派人迎请都司，都司抵达。院巴在起草的劄付中说："前几天由于贵兄喇嘛宝师圆寂葬礼未完毕，这期间我亦推迟行期。现在有圣旨和赏赐，着您经管迎请喇嘛的事宜。您应速来，您若不来，我等全体人员决定前往贵处。"事实上，以院使为首的宣旨钦差，以萨迦众喇嘛为首的萨迦决事会议、宣慰使和全体显贵达官都已决定前来雅隆。我虽沉浸在悲恸之中，身体又欠佳，但毅然决定西去。虽然我曾先后训示过全体老少撒巴，却发现了一些以前未觉察的问题，在兑地和贡噶加以训诲，因而后来所有的人都忠于我，未曾违犯训诲。在我西去的途中，在秋村卡和仁蚌以下的各地，我方的人先后来向我呈茶。

在我到达徐卓的那天，院使亦驾到，我以乳制品招待之。翌日，大阿阇黎索洛瓦亦驾到。在徐卓（一建筑）楼中央，大阿阇黎索洛瓦和院使的宝座、坐褥铺设的雷同，右侧是纳塘寺大堪布、大堪布布敦和喇嘛杰塞巴等人的坐褥，左侧是喇嘛年梅巴和喇嘛恩嘎瓦等人的坐褥，柱子的右侧是我的坐褥，左侧是本钦和宣慰使们的坐褥。院使的随从人员和其他贵宾们的坐席设在东边。这时候，院巴将皇帝和太子的圣谕递交给大阿阇黎（索洛瓦）。

我欲站起说话，但因体力不支，遂垫了一个衡特尔[204]，说道：“先前皇帝虽次第降旨，但是，在上既有大喇嘛，又有大阿阇黎曲季坚赞，我仍然受欺侮。现在，大喇嘛不接受启请，圆寂了；大阿阇黎曲季坚赞前往北方，不能在途中摄受（我的）启请。皇帝的圣谕很明确，对你说：速来就职帝师。遵循圣谕，您应前往，请准备向萨迦大寺作临别敬礼和启程。至于驮马、美味食品，赆仪、帐具等的筹办，不要推托给任何人，由我负责。您前往大都后，不要牵挂我。”

喇嘛年梅巴说道：“无论听您闲谈什么，只听见‘请勿惦记’一句话。”

我说道：“你们宣慰使司说：‘阿阇黎司徒权势大，妨碍我们的工作。’若此，则请把你们的虎钮印章献给院巴，我用黑色私章在索格[204]以下地区传递政府文件，一切事情均由我负责，而不要加罪。否则，你们宣慰使司应完成本职工作，承侍院巴，不要侵害寺属和非寺属百姓，……”我将前因后果向众人做了详细的介绍。

其后，大阿阇黎和院巴决定带领少数随员到上面的帐幕交谈，并决定次日宣读诰命，递交圣谕和赏赐。随后，由宣慰使司护送院巴回驻地，我亦陪送到门口。次日，我寻视宣读诰命的地点，委任负责人在那儿筑坛等。当我返回驻地时，大阿阇黎捎来话问，“您向大阿阇黎王[205]敬过礼吗？”我说：“他是萨迦令人尊敬的嫡传，以前敬过礼。”遂派人送去答复。他说：“我需要世俗礼数，才让你敬礼的，若继续敬礼方好。”我说：“以目前而论，我有权坐在他的座首，请勿再提对他还要叩首和脱帽一事。”次日，迎接诰命，在准备宣读诰命时，王也来了，（我同他）互赠哈达，我未脱帽。宣读圣谕之后，又宣读了王的诰命。宣读完毕，院巴上坛递交赏赐。我亦走过去接受了一碗茶和一碟红糖，奉献一只晶莹的壶作回敬，并叩首，（大阿阇黎）遂脱帽。我说：“现在请勿脱帽，您已任职喇嘛帝师了，现在若欲垂询赐教，请告之，我不生气。”对此，他极为高兴。从宣读封诰之日起喇嘛和院巴就说：“请您削发，竖起牛毛纛，设立世俗牧马人的门巴族式小亭。”我回答说：“在已故京俄的卧室中金佛像未竣工之前，我不削发。”我竖起牛毛纛，设立门式小亭。然后迎请他们入内，奉献以一升碎银为代表的呈请赠礼，又款待院使的随员，分别赠礼以表薄意，向王也赠送了以一匹马为代表的礼品。其后，前往上面的帐幕，经商议后决定：作为大喇嘛前往萨迦的侍者，院巴亦前往萨迦宣读诰命。然后，院巴前往法主座前——去年院使达磨格底前去的驿站，院巴派遣其两个随行首领承侍大喇嘛，宣慰使司负有责任承侍大喇嘛；拔希楚尚承侍至曲弥，在曲弥等待院巴。一旦院巴从萨迦返回，拔希楚尚继续承侍陪同至前藏；不从卫藏地区征集驮畜和美味食物，地方上不支派驮马和贶仪，喇嘛使用自己的牛马前往。喇嘛和院巴用了五天抵达萨迦。我推迟一天行期，派遣秘书迎请嘎热答师和印度的班智达。我忙碌地将诸事告一段落后遂前往加尚地方，在加尚给香巴的主仆们以训示和赏赐，然后住宿于仁蚌。钦波帕巴贝等人前来，在处理了诸事后迅速启程返回雅隆。

绛求坚赞为建造已故京俄的灵塔勘察地址

在邓萨替寺已故京俄的卧室中的金佛像之开光仪式于十一日完毕，十三日举行开光喜宴，布施茶等物品。这时候，歌手索南僧格对仁钦尚波说：“在举行开光之际，我无论如何要去邓萨替寺唱一支歌。”回答说：“你可以去邓萨替寺，至于唱不唱歌，要请得训示之后才行。”他来到邓萨替寺，在康萨楼上说："现在我要唱歌了。"我认为他为了歌伎舞者们做了大好事，遂让他唱一首简单的歌。

其后，我寻查灵塔的地穴，我说："我精通风水，灵骨塔就建在此。"说罢，我前往替雪。他们一些人进行挑剔，麇集在灵塔之间，又是散布匿名帖，又是捎口信，不亦乐乎，说我未把我们喇嘛的灵塔安排在前辈喇嘛们的灵塔处，似乎我对兄长的先前之过错耿耿于怀，（他们）不同意将灵塔建于（前辈喇嘛灵骨塔之）旁边，说把灵塔修建于讲经场法座的背后，将讲经场迁至喇叶竹松（房名）亦是可行的，或者把灵塔修建在会客室旁边亦行，或者修建在卓木热瓦亦可以。

以京俄为首的堪布和阿阇黎等前往扎西雄，我说："我亦去那里。"当聚会于扎西雄时，他们师徒亦喜欢那些（攻击我的）话，曲果瓦说："我等巡礼有个特点。"我问道："您怎样巡礼现存的灵塔？"他说："不巡礼。"我说："与此譬喻相同，不可在扶梯上跑。先辈师徒们在喇叶讲经说法，喇叶是具有加持力的，若在那里建灵塔，地脉将遭破坏，肯定导致此寺的僧众散失。过去塘波且[206]的赛康寺有僧人约五百名，堪布一死，近住弟子和扎巴们不顾及一切说，我们堪布的灵塔要建在我们的法座前面。于是修建了，据说自己败坏了自己地方的风水。由于地脉被毁，因此现今赛康寺的僧人不到十人。另外，各处地方首领中亦有人出现过类似的失误。因此，若掀倒厢房的这堵岩石，在这里建筑，仅能容纳灵骨塔，若此，是有不恰当的地方，若在东边修建佛塔，（将与灵塔）重复，且日月上亦有不妥之处。因为灵塔在喇叶讲经场的上首，以前止贡的扎巴们横蛮，贡巴释仁教唆堪舆家，为了抑制扎巴，在讲经场的上首修建了温宝师[207]的灵塔，据说从而鬼神加祸于僧众，扎巴的威风受挫。若拆除会客室旁边和卓木热瓦的小土屋，修建灵塔，亦会破坏地脉，使财运消失，现在住持法位的宝师有可能发生不能守戒的过失。所以，上述地方是不宜修建灵塔的。如果硬要凑合勉强修建，则请你们另寻喇嘛，另寻地方长官，我们昆仲不负责任。”又说：“你们声称没有一见就令人羡慕的首户，心感不安，你们要认谁做一见就令人羡慕的首户，就投奔谁，在令人一见就羡慕的进项者(的土地上)兴建灵塔和果芒登秋(一类灵塔名)是规矩。就这么办吧！”说罢，让阿阇黎尊珠贝向拔希喜多转达我捎去的口信。

其后，我前往贡噶迎接院巴，打发仁钦贝带着严辞返回，众人异口同声说遵从命令，并立了字据。仁钦扎（同我）争辩说：“囊梭的进项不够囊梭开支，应划拨上面（指邓萨替寺）的收入维持囊梭。”我表示赞许。其后，以堪布和阿阇黎为首的众人一致同意的报告到达贡噶，在报告中(他们)说要盛赞以果芒登秋塔为代表的仲勒在各方面的建树。

相传班敦巴是精通堪舆的数术士，我把他带到邓萨替寺。以宝师为首的众人齐聚后，众人说：“宝师[208]年迈，步履艰难，不宜察看地脉。”于是（他）未前去。我前去察看风水，说：“建筑灵塔的地穴在此，灵塔不能搬到别的地穴。此地脉向四方伸延约一托之远。”班敦巴亦说：“再没有比此处更好的风水了，此处好。若向南移动两托更好。”我说：“就这么办。”在堪舆时，我让以邓萨替寺囊巴为首的扎巴、囊巴众人刨开表土。这时候，在一棵树下仁钦扎同香灯师的一个卑贱撒巴斗殴起来，香灯师的那个撒巴抓住仁钦扎的头巾，据说撕烂了一些。此时，我若要拘捕香灯师的那个人，给以任何处罚是不费吹灰之力的，但来抓。当夜囊巴的侍者和撒巴们汇集在康萨替（房名），在仁钦扎闲谈之后，有的人在祈神，有的人在唱歌，京俄圆寂的痛苦全都只表现在我身上，我说道：“现在我要还击庙祝，你们肯相帮吗？”他们说：“帮助。”次日，我去小屋找寻那人，却未找到。囊巴的撒巴用雨点般的石头打香灯师的屋子。虽然我清楚其后果，但是，若逮捕并加以惩处，将成为修建灵塔的违缘，使京俄德瓦协巴失望。我佯装令其和解。因为我未将此事禀告(京俄)，所以在我和以钦波仁尚巴为首的人前往替寺后，京俄德瓦协巴向仁尚巴倾诉了肺腑之言，（仁尚巴）转告给我，我让钦波瓦在康萨楼上把我要禀告的诸事的来络去脉（向京俄）转达了。

我要说的话是，京俄德瓦协巴是恩人。其原因是，在京俄细瓦协巴圆寂之际，阿阇黎坚赞贝行为不轨，他十八岁就承袭宝师的法位，从而使法嗣未失于喇嘛德赛瓦，因而于后人恩德巨大。他担任座主五十一年，脱缁之时，一个月之中出现了降落花雨和虹光等奇异的征兆。我们的喇嘛是佛陀，为了满足其期望，应该修建灵塔、果芒和登秋塔。但是，由于你们的嘴脸，未能完成。当我跨入邓萨替寺担任管理工作时，懂得是额外的不合时宜的。在扎巴坚赞卧室中的金佛像和大殿内的泥塑佛像未完工之前，以喇嘛和院巴为首的体面的人们叫我削发，但我未剃。我外出时心情亦极为悲痛，以钦波瓦为首的外出的人们是了解这一情况的。尸骨未寒，你们侍者们却在管理处熬茶喝汤，啖肥肉，吃的食物比谁都好，难道不是吗？偷盗和隐瞒喇嘛的财物，做出了种种寡情薄义的事。此时，我先后收到匿名贴和控告报告。于是把你们全体人员集中到恩嘎，我说：“你们要东西就向我讨取，我可以给，你们不要盗窃喇嘛宝师的财物。你们之中一些人不要写匿名贴和告状，不要搜集流言恶语。”其后，你们去熬茶的人搞马术表演、赛马、射箭，穿戴俊俏，一点亦不悲痛，难道你们不惭愧吗？在京俄圆寂的二十六天中，我没有食欲，白天有外地人来拜会时，强作精神，饮用少量的茶和进行谈话，夜晚辗转失眠，祈祷喇嘛眼泪如水倾盆，悲痛欲绝，竟失去知觉。八个司膳官、侍寝官轮流守夜报时，照料我如看守小孩。后来是六个、四个轮流守夜。司膳官和侍寝官均知此事。卧室中的金佛像和泥塑佛像竣工后，以宝师、堪布和阿阇黎为首的僧人们举行开光仪式，从清净法界迎请我们的喇嘛宝师融合于金像和泥像作为我们爱戴和敬礼的对象，念诵吉祥的颂词，向护法神抛撒朵玛施食。在开光喜宴上我唱歌未出差错。我说，你们要留长发，怀着崇敬的心情深切地想念（已故京俄），在果芒塔未竣工之前请勿削发。所以它的名字叫做削发塔。

其后，我承侍院巴前往魏喀。一返回我就把撒巴们编造成册，以十个人为一组派去挖岩。当掘岩的人们顺利到达时，有消息传来说，大喇嘛将启程，由于我要前往拉萨筹办大喇嘛的赆仪和进行承侍，遂对以宝师为首的堪布、阿阇黎、扎巴、囊巴以及全体寺属百姓叮咛道：“众人要负责掘好岩，以便修建灵塔，我不贪图喇嘛惠赠给你们寺属百姓的一根牛毛马毛、一藏两酥油或奶酪糕、一叶茶叶、一星金子、毛布的一根纱线，只望你们负责完成掘岩任务。”

索洛瓦和院使伊劳前往大都时同绛求坚赞的一次交锋

我在拉萨江塘地方设帐，盛情地给喇嘛和院巴以赆仪、帐具、驮畜、食物和承侍。此事完毕后，我迎请喇嘛、院巴至大帐，大喇嘛坐在中央，院巴，茨院[209]的随行人员坐右侧，钦波贝杰和钦波温谢坐左侧，我因为是禀告人便坐在对面的中央。我说道：“现在请速启程，最好从索格前往巴尔塘邓的沟头，再前往黄霍尔，若新春时抵达大都则甚佳。到达大都后，请遵循大喇嘛叔侄的遗风，不宜主观、偏私和片面，要做公众的主子和喇嘛。”大喇嘛说道：“就那么办。”其后，大喇嘛顺便说道：“萨迦的本钦责任重大，您应把虎钮印章授予本钦贝崩，贝崩应把儿子奉献给您，立字据遵从命令，我做他的保证人。”我说道：“我收到你们喇嘛叔侄、萨迦决事会议和众宣慰使意见一致的札撒，应恪守不渝。然而，贝崩是不能充任本钦的。其原因是：其门第不是出自萨迦的侍者，原先担任过旺尊的司膳官，是个恋眷止贡派的人，其期望亦寄托于止贡。上部蒙古人的臣工不可充任东方皇帝的丞相，萨迦的侍者不能担任止贡的贡巴，贝崩不能充当萨迦的本钦。若让贝崩担任本钦，则请从我和贝崩二人中选择。”大喇嘛说：“拣选你。”于是决定不交接本钦的虎钮印章。关于此事的证明人有以院巴为首的众人。对（白兰）王、宣慰使司、从萨迦前来的达官和大德、前藏的身兼政教二权的喇本、地方首领等前往那里的人们，我供养了丰盛的食物、隆重的礼品和承侍，他们均感满意。

其后，（院巴）说，“大喇嘛不同法主会见是说不过去的。”我遂派人前往墨竹谷顶通告法主。江塘分手后，我前往扎噶波。贡塘巴（谓贡塘地方一首领）迎请喇嘛和院巴。我请（他俩）由上路莅临扎噶波。院巴前往仲鄂地方，大喇嘛前往洛地，我前往帕朗谷尾迎迓。在仁本谿卡我呈献打尖食品。当我进入室内请求教诫时，双方的长老齐聚，大喇嘛说：“现在我同您但愿能居家顺利，旅途平安。先前我亦有过年轻人的毛病，现今您要管理好地方，请照拂以法主喇嘛当巴、大阿阇黎衮仁巴、大阿阇黎（白兰王）和老少妃子为首的仁钦岗拉章和杜厥拉章的属下，请管理好地方。我将满足您的希望，并做到旅途平安。”我说道：“当初您从萨迦出发后，行为举止乖张。你的上述谈话太好了，太温和了，致使我产生您将折寿的念头。或者你们在后藏商讨了关于后藏的事情，决定在未出达木地方之前不违背阿阇黎司徒的旨意，一旦到达朝廷就对我使坏，加以各种损害，我以为你们大概商量过此事。”大喇嘛说：“不是那样，现在我不存歹意，对此若表里不一，请三宝和空行母作证。”我说：“要看您抵达帝都后的行为。”又说：“您若不食言，我是能管理好地方，为您举行福寿经忏，尽量承侍您。倘若您抵达朝廷后对我作恶，加以损害，我则进攻在此地的您的属下。”关于此事的证明人有阿阇黎仁尚、钦波贝杰、我们的多仁和旺秋等人。

我在扎噶波地方隆重献礼和供养后，喇嘛和院巴安营于彭域谷尾。法主前来塔杰（房名），喇嘛和院巴亦前来塔杰。我拜见了喇嘛叔侄，请得了灌顶和所欲之法,在上面帐幕中大喇嘛和我们师徒决定了居者和行者均能称职的事宜。此事的证明人有两位钦波。随后,大喇嘛和院巴上路了。

法主欲返回塔波，我邀请他至扎噶波（一建筑），请得灌顶后，我说："仲勒是宝师德瓦协巴的根本师，在办理葬事之时，我满以为您大概念应邀至座首的，然而，仲勒对迎请感到烦倦，（是我们）迎请不得法。目前正在修建供外人瞻仰的灵骨塔，可望在十月中竣工，为其开光和抛撒青稞，仲勒务请光临，请放在心上。"仲勒允诺了。法主逶迤前往索地，我亦返回雅隆。

绛求坚赞邀请喇嘛当巴为灵塔开光

我询问在开凿灵塔石岩的扎巴、囊巴为何用雨点般的石头打击阿阇黎尊珠贝的小屋，阿阇黎尊珠贝答道："以多仁为首的前来掘岩的人们从扎西雄返回去了，他们说，我们需得挖岩，是由加决瓦这个人造成的，司徒本人在训示中曾说此项工作需要什么，请我汇报，你们在日暮黄昏时请看热闹吧!"我听见此话，立即前往邓萨替寺，眼前浮现（处理此乱子）的前景与后果[210]，虽然我说过，把向阿阇黎的小屋像雨点似的扔石头的人查找出来处以充军，但是扎巴和囊巴们不重视我的决定，因而才出现上述乱子。其后，我令雅隆和文地的寺属百姓搬运供养灵塔之庙堂楼上的木料，楼上封顶，凉棚亦安装于楼顶，当凉棚的木工活完毕之时，魏砣答孜地方发生盗窃案件，为了惩处，全体撒巴和属民不得不前往，有消息传来说搭盖凉棚的木料紧缺，故我派人通知说：“搭盖凉棚的木料轻巧，以堪布、阿阇黎为首的邓萨替寺全体大小囊巴、扎巴和执事请协助运输。”相传日巴执事的辖区内有流言恶语说：“甲仓巴（骂人语，意为“粪土之人户”）你支派我们乌拉呀！为建造你过去、将来和现在之喇嘛的灵塔，乌拉支不完，要是建造我们喇嘛的灵塔，我们去年就完工了。”云云。我听见这些诽谤后，感到比丧失笞孜地方更愤恨。其后，在替寺除女墙和柽柳女墙外，全部工程竣工，届时举行开光仪式。法主说：“这些康区的扎巴不同于他人，若出现偷盗和骚乱是不行的，您应严格训诲众人。”

其后，我又前去邓萨替寺，召集以宝师为首的堪布、阿阇黎、大小囊巴、叔侄、扎巴和执事等人员于通门（房名），呈献两牛皮包的糖和茶后，说道：“我们的喇嘛宝师德瓦协巴的根本师是法主喇嘛此人，他是灵塔开光仪式的主持人，是东方皇帝迎而未去的喇嘛，我们迎请到了，这是我们的福德。以喇嘛叔侄、喇嘛杰塞巴等为首的善知识和从各地前来的达官、大德许多人云集在此，所以无论是债款的催收、新老诉讼、抢劫行者和居者、械斗，等等，众位部应允诺开光后冻结七天。”他们同意这么办。二十六日，以法主为首的众人驾到。二十七日，向多麦人们呈献肉食之打尖食品，郑重训诲他们。此外，我在杜岗（房名）召大小囊巴、山中修士、扎巴和执事们，座列显得拥挤窄狭，彼此恭敬一番后，我呈献饮食、茶和糖，秩序井然。二十九日，向多麦人呈献茶、糖，规劝他们说：“你们要拿出男子汉的气魄为我争光。”他们亦许诺那么办。二十九日和三十日，勾勒泥塑小佛像和坛城完毕。初一日是进入开光仪轨主体部分的日子，多麦人声称要观看坛城，拥挤起哄，守卫要隘的俗人们打伤一个扎底人的头颅，我派人护理之。多麦人扬言要向供养灵塔的经堂投击几个石头。

绛求坚赞派遣喜饶扎西进京请得圣谕、赏赐，委封释迦坚赞为万户长

我派遣喜饶扎西等人进京，在途中院使达磨格底给予他们以严重的危害，致使出现巨大的艰难困苦。在朝廷，院使达磨格底、仁钦坚赞和大喇嘛的属下年扎之流，向皇帝禀奏了各种不实之辞，说我们背叛，进攻萨迦，拆除萨迦大殿做马厩，夺取了秋玛院的法庭，等等。

不久，喜饶扎西一行抵达朝廷。经向喇嘛杰仁巴和班智达等人禀报后，他俩面奏皇帝陛下，谒见情况很好，我得到皇帝的圣谕、美好的赏赐和奖赏，等等。释迦仁钦被封为万户长，赐给封诰、虎钮印章和辖地的地名等，迎请得规定以贡噶、仁蚌为代表的我们在卫藏的豁卡和势力范围的美好封诰、有利于百姓的圣谕等。（喜饶扎西等人）完成上述事情后返回西藏。在旬杰都元帅和宣慰使司等长老齐聚雅隆之时，举行了宣读封诰的仪式，按照以前要在邓萨替寺挥动虎钮印章（意为开启印章时将印章挥动出示给众人观看）和宣读封诰的旧规，我让喜饶扎西前来邓萨替寺，众僧列队欢迎，隆重地献哈达，张华盖。初二日宣读封诰。是日，亦是向灵塔抛撒花朵的（仪轨）主体部分，所以我从他手中接过虎钮印章。

当天夜晚，多麦人拥挤起哄，扬言俗人守卫者打破了一个人的头，多麦人麇集在答玛岗。我派玛仓温布去传话时，他们说，要对俗人还手。

初三日，迎神就位。初四日，开光喜宴同期供一并举行，迎请以法主仲勒叔侄为首的宝师，此外从各地前来的喇嘛、善知识、达官和大德、

所有本地人和外地人，隆重地呈献定时食品、打尖食品、茶、糖和礼物，众人均感到满意。散席时候，多麦人们以屠刀斫俗人南喀坚赞，用密密麻麻的箭和石头袭供养灵塔的经堂、帐幕。对此，我不得不加以惩处，打算将被逮捕的全体多麦人在音乐声中抛入河中，然而法主和喇嘛杰塞巴却泪水淋淋，严厉数说了我，致使我对着在恩嘎的家乡来人发怵，对宝师说：“你……”因而邓萨替寺的人们指责我说，直呼宝师为“你”是不对的。我申辩说：“我是兄长，恩德又大，直呼你，于我无妨。而你们不奉为喇嘛，则不算人，这样严重地欺负（宝师）则是大过错。”我尊重法主和杰塞巴的指示，流放了多麦人中的罪魁祸首，开释其余的人。其后，我返回乃东，因为邓萨替寺的水质坏以及对本地和外地的贵宾谈话过多，所以身体疲倦，遂在贡噶的贝木切（房名）闭关。

绛求坚赞担任万户长四十年的总结和对今后诸事的嘱咐

在此以前，从先前狗年（即阳水狗年，1322年）九月我身居高位至今日阴铁牛年（1361年）十二月，已有四十个春秋。其间，我所亲身经历的、所亲眼目睹的和经验所证实的都是履步于苦乐之狭道而前进的。为了把我所经历的种种事情写成有次第而又粗陋的文字以备忘，以利于我的后人及其仆役人等——在世的和今后将陆续出生的——研究将要办理的诸事，我所写的文字似乎太冗长了。但是，为了后人易于理解遂写成这样。先前我领受此职务时，懂得应同所有的人和睦相处。但是，强权的邻居们加害我的肉体、生命和政权，从而自然地暴露了他们的用意。由于前世积了善业、三宝和空行母的加持、我的善心，所以倘若坏人加害好人，我就扶助好人惩罚坏人，故事事如愿以偿。达官显贵们不仅不护佑我，而且要手腕搞阴谋摧折我的势力，从而帮助了坏人，却也损害了他们的势力。无知和放肆者们不顾及自己的祖宗和政权，明知打不赢，却硬要同我拼命，我如不追击，他们将侵犯到我嘴边。当我惩罚他们之时，其政权、地盘、势力范围就顺便落入我手中，现在由我领有。我先后所进行的威武雄壮之诸事我都经过缜密思虑分析，我不人云亦云，生搬他人的经验，所以我未出过舛错和失误。我不进攻特殊的僧伽和奉安三宝灵验的佛像、佛塔、佛经的寺庙，不同具有威德的咒师结仇。地方首领纵然贤良，但子弟不成器，亦会田园荒芜，祖产被人吞并，对这种人要授以豁卡、土地，护佑之，对桀骜不驯的坏人我压抑之，所以我的福德增长。我这个人无论巨细之事均有主见不征询计谋于他人。后辈人应遵循旭烈兀的遗命，精心管理此史册上记载的豁卡、属民和土地，“勿让自己的羊群混杂于他人的羊群中，勿让他人的羊群混杂在自己的羊群中”，众人应领会旭烈兀的这番话的含义。

在将来，我们的后辈福德浅薄，眼光短浅，在这样的地方掌权，头脑简单会做出（上述）那样的坏事。再者，其他地方的首领由于生于凶日，且福德日诚，会请我做其主子，献首献身，若此，方能敌得过（即能控制之谓矣），这样，才能有众多的撒巴和益友。上述不切实际的计划，将使人产生迷惑，受制于人。蔡巴支援生于凶日的仁钦贝和坏蛋雅桑，致使（他们）丧失扎基和琼结。止贡支持戕害合法的万户长旬努僧格的凶手旬努坚赞和杀害尚木宝师的凶手扎衮巴·洛罗尔等人，致使（他们）丧失文地、魏喀、多热等地。后人们倘若仿效我，正如俗话所说，虎腾之地狐来跳，则要折断腰。应理会此譬喻的意义。不要接受他人的香甜食物，不跟踪他人的脚步，不要食他人的燕麦。

此外，朗氏嫡传们不得贪婪地瓜分以乃东和贡噶为代表的诸谿卡管理人的小谿卡。你们三类在家的长官[211]——俗官们不得借口马鞍坠落地，将马鞭竖立，购买谿卡的土地。居高位者亦不可将（土地）授于他人。若贪婪地瓜分小谿卡，则不可能维持经营诸大谿卡。

在我们此政权属下的随行人员中凡终生效力、忠于此政权、不投靠其他长官和政权者，我们的后人应世世代代扶助其子嗣。自我掌权以后，钦波仁钦尚波从是一个小沙弥时就为我们效力，鞠躬尽瘁，死而后已，做了我的右肩，所以其子侄晚辈应抚养于我们此政权中。

堪布楚达瓦是我受沙戒弥的亲教师。因为他的关系，旬努尚波从二十一二岁就在我身边做仆役，是司膳官和外管家中的杰出者，出任官寨中的小管家政绩中平，在担任大管家以后，雅隆的坏人们阿谀奉承，唯有他一人不存歹心，他人好，不贪污中饱，尽管遭我掴耳光和责打，却不灰心气馁。在本钦杰尚拘禁我时，以喇嘛宝师为首的邓萨替寺的侍者、俗官僧人执事等无论何人未派遣十个以上的援兵协助保卫乃东官寨，未曾安慰和鼓舞（保卫者们的）士气，止贡和任何深表同情我方的人未派遣十个以上的援兵进入官寨协助防守，未曾鼓舞他们的斗志，反而助长敌人的威风，仅仅向官寨内的人指出危险（即劝降之谓矣），没有任何裨益。然而，旬努尚波铭记我先前的训示，坚定沉着，没有把乃东丢失给敌人。我能脱险是依仗他，此政权之所以巍然屹立亦是他弘恩浩德的结果。迄今我仍继续依仗他，不论我是死是活，你们应在官寨中的职官中进行比较[212]，目前以旬努坚赞为首的昆仲、僧俗们值得信赖，官寨内秩序井然，其原因就在此。

贝仁满十三岁时就来我身旁，以脚支撑我的身体，在家或外出时无论我怎样掴耳光和责打，他均不灰心地效力。他任司膳官二十四年，又连年担任外管家。由于博得我的信任，所以虎年委派在贡噶，迄今他坚毅沉着，始终一个样，无人闲话。他重新修建贡噶（碉堡），里面贮满物资，仿佛要外溢出来了，人羡己乐。此人连一个词都不背离我的训示，故能条理井然地掌管仁蚌、后藏、乃乌和扎噶波等地。现在我们主仆俩已永别了。由于他是于我有深恩的仆人，所以我们的后人应护佑贝仁的亲属。

管家桑结旬努的家族先前世世代代是我们的资助人，我来乃东时把他从家乡召请来做了八年外管家。他贪杯醉酒，行为放肆，但从不隐瞒我，尊敬和爱慕我，被委为厥地谷顶的百户，后来被任命为谿卡的管理人。他把两个儿子中的多仁献给京俄，把坚赞尚波献给我。不久，桑结旬努被委任为门噶尔谿卡的管理人，他品质好，不畏惧执法军，出类拔萃。所以，我连坚赞尚波亦安置为主要侍寝官。其时坚赞尚波因年轻和来到我身边很晚，仅充任低级侍寝官，但我仍令其发誓效忠，先后给以训诲和责打，故在其兼任侍寝官和外管家二职时成绩中上。旬努尚波交出乃东管家职务后，坚赞尚波被委任为乃东的管家，委托其保管钥匙，虽然我仍要次第掴耳光，但他遵从我的训诲逐年成长，核算土木工程、耕耘的收支，入库的物资条目清楚，物资充盈几乎外溢，从而能满足去年和今年如此巨大的开支。质而言之，贝仁和坚赞尚波心目中唯有我，从未违背我的吩咐，忠于政权，勤奋精进，善于理财。因而我能享用吉祥萨迦寺以下、汉地以上地区的财富，其竣工的佛像和《甘珠尔》经以上的善业如舀海水和利用山石一样无穷尽。众人应知他俩胜过我亲生的儿子或侄子。您二人亦不要逾越我的夸奖，在未死亡之前应始终如一。

（坚赞尚波）为帕竹政教事务着想前往朝廷，请得圣谕和印章；在此地亦为政教事务着想，担任带兵将官，是巴渥巴图尔[213]，经营萨苏地区的上下谿卡，加固碉堡和哨所。属民的头领和征收赋税的仆役们要忠于囊巴，不应冷漠囊巴，不得自以为是。我们居尊荣之位的后辈子孙们应扶助充当骨干管理人员的后裔。

乃东和贡噶二地是此政权合二而一的心脏。此二地的两名管理人应仅仅是从祖先起即世世代代出生在此古刹屋檐下门槛旁的人，不三不四的人，出生在其他地域的人，充当过他人胥吏的人，纵然门第高贵，办事干练，亦不宜担任此二地的管理人。（这两名管家）从小就应充任司膳官和侍寝官，无论被长官责打和推拉均不灰心和怨恨。此二职位应委派能吃苦耐劳和心目中唯有此政权的人担任。

住在乃东官寨的办事员应为邓萨替寺着想。住在贡噶的办事员应为邓萨替寺和乃东着想，住在仁蚌、桑珠孜、乃乌、扎噶波和魏喀答孜等地的管家亦应具备住在乃东和贡噶的管家的品德。这些小豁卡的管理人若出现懦弱无能，遭人闲话谴责的过失，宜于克制缺点，交出权力。官寨亦应接管（其辞职）。忠心耿耿的管家，应委以其能胜任的工作，使之愉快安乐。

一般而言，（我们）同萨迦派不可分离，特别是和喇嘛克尊巴、仁钦岗拉章兄弟和章木且等部分人混同一体，故不能分离。

本钦绛巴此人，其血统是本钦云尊的后裔，从其父多吉衮波起就同我们乖桀。他是喇嘛帝师衮嘎坚赞同我们结恨的根源，是萨迦所有破败鬼的头子，是杀害喇嘛康萨瓦和喇嘛衮邦巴的教唆者。所以，应该懂得对他二人使坏的人我们是难以信任的。阿达父子们忠于我们，应扶助之。

此拉堆洛巴（即拉堆洛万户）、本钦旬努旺秋、本钦卧赛僧格、万户长衮确郊及其后裔是同我们有联系的人，应帮助这些人的全体后辈。

古香巴同我们的关系是：往昔卓衮恰那（八思巴之胞弟）同玛嵇喀卓崩婚媾，生喇嘛达尼钦波达磨帕拉[214]。母子二人同我们前辈京俄德瓦协巴昆仲和霞鲁巴的祖父关系密切，以后情谊深厚。古香·益喜衮嘎[215]此人心眼多，见风使舵，虽然他不听从我热忱的规劝，但考虑到以往的关系，我家虽未曾饶益过他，却不可做出损害之类的事情。

香巴的阿阇黎扎巴坚赞，本钦将此人彻底奉献给我了，此人品质好。但是，香巴的俗官、决事会议成员孤陋寡闻，心眼多，同我们若即若离，牵之不走，放之不稳。以前此人的地区多出错误，我担心此人的地区还会出乱子。

钦波帕巴贝，此人以前就忠诚我们，迄今纯粹是我们阵垒中的人。他的周围可能有少许各式各样的人，而我们有的人又得罪了他，因此应从各个方面对他施加有益的影响，我们不应同他结仇，我方所有的人不要迷惑于他人的挑拨。

纳噶孜巴，此人同本钦阿迦伦、多吉衮波都元帅父子以及我们关系密切。

褒嘎多吉都元帅尽管曾有过使我不得自由的缺点，但是，后来临终之际，让我负责管理（其领地和属民）。阿阇黎洛追坚赞，此人丝毫不拂逆我的旨意和训示，我们应加以扶助。

宝师扎巴益喜和阿阇黎阿咱热考虑到曾顶礼喇嘛八思巴的情谊，同格西都元帅、卧赛尚波、卧赛嘉措和卧赛坚赞等人，对我们情谊深厚。特别是卧赛嘉措和卧赛坚赞自幼时就受到我们照拂，他俩逝世时，我先后资助利益之，是我所恩养的人，其后裔不同于他人，应护佑之。

旬杰都元帅，此人以往担任根米[216]时，喇嘛仁钦扎巴同其正长官阿渥属于同一宗族。阿渥爱慕仁钦扎巴，倾心我们。受其影响，都元帅亦对我们热忱、友好。我对他以德报德，根本没有敷衍搪塞不报答之事。但是，后来我获得了尊荣的名号，他却仗势以前同我友好而狂妄，贪图非分，以后又桀骜不驯和多次惹恼我。然而，我未以力折服之，故他为我抓获追捕的人犯，不听信他们乱说。他们内部（指旬杰都元帅及其僚属）有一些善于应变——我是这样认为的。然而都元帅同我疏远了。喇嘛索洛瓦、贝崩和他们似乎商定一些事情，因此要根据他们的行为来适当联合他。

雅桑巴，此人是我们不共戴天的仇敌，应征服之。门鲁果丁以内的叶聂地方在今日我们武力强大之际尚未征服，俗话说：“若使僵硬紫胶变成铁，警惕焦糊臭味熏人昏。”

止贡巴，在我新得的封诰中说我们领有孜喀地方，（止贡）倘若不争夺文地、魏喀和多热三地，就让他维持原状，友好相处。

蔡巴，若不（同我们）争夺扎基和琼结地方，不怀恨我们，则尽量裨益之。

达陇巴，此人系德瓦协巴的大门生，法嗣继承者，信守誓约，对我们一贯坚定地爱慕、崇敬，因此应扶持所有属于达陇巴的人。

噶当派两支系，在蒙古（实际指元朝）法律未出现于西藏之前已（同我们）关系密切；蒙古法律出现以后同属一个第司，故应设法友好相处。

多班土满和玛绛等在我之时始有联系，假若彼等不做错事，应扶助之。

此外，对待宣慰使司和各地大小首领（的对策），应像裁剪小孩的衣服一样临时决定。

多康地区的达官、大德——属于四大家族的人们同我们关系密切，其由来叙述如下：

众生怙主宝师德瓦协巴（即帕竹·多吉杰波）之故乡系魏地。他在堪布云土巴座前受沙弥戒后前往堆隆嘉玛地方，认真钻研《般若波罗蜜多经》。其后，前往乃乌脱地方阿阇黎恰巴座前潜心研读般若和因明两类佛典。在绥普从嘉大持律师[217]受比丘戒后前往后藏。在萨迦寺萨钦巴座前请得三续和所有教授等。从此由于拜见卫藏地区的喇嘛、善知识和贤哲们，从而赢得智者和得道者们的欢心。多康地区（追随他的）六股实家族中的显贵、首领、叔侄和门生广大，他同众人无不关系密切。由于此原因，宝师敦楚前往止贡京俄大师座前。然而同岗木干发生口角，遂前往聂塘俄尔，适逢喇嘛法主叔侄前往藏拉雅朵地方巡视道场，遂拜见之，跟随喇嘛做侍从。当法主叔侄前往北方时，被（敦楚）迎至左砣地方，承侍直至他们前往北方。后来，由于薛禅皇帝和喇嘛八思巴掌管(西藏)，（敦楚）遂成为多康岗的主宰。他公正不偏私，遵循皇帝供施的旨意，做了公众的主子。在他的贡觉地方，连宣慰使司、万户长、千户长亦未封拜，他照拂林葱家族，林葱家族被委封为万户长和千户长。当瓦氏和述氏发生仇隙时，述格格顿因系止贡派的僧人，（林葱）心肠狠毒，惩处述氏家族，并加以彻底消灭，提拔瓦氏人管理该地。在元宪宗蒙哥之时嘎玛多叶被委封为洛万户的万户长。宝师敦楚派人诬奏说，此人是僧人茨结巴似的人[218]，不能信赖，诛灭此人后，您委派首领，我来管理。止贡对此产生错觉，没有支援嘎玛多叶，故长官嘎美叶[219]成了山口以下地方的鹿子，逃往朝廷。嘉热格西乃系尼曲巴[220]，是他使坏弑杀(嘎玛多叶）的。长官仁钦是见证人——一个不三不四的僧人。在逮捕绒拉坚赞时，他的同胞叫云钦阿格在宝师敦楚座前，由于通过他敦楚陈述，致使投降者强硬起来，对受降者说：“给您以洛万户。”然而长官仁钦严格限制嘛嘛，故未接收洛万户，仅接收萨梅惹三地，故迄今为古如所领有。我们门生的品质不同于他人。岗木干乃系京俄大师的老资格弟子。后辈岗木干是居尼宝师[221]的高足弟子。由于上辈岗木干为人小心翼翼，循规蹈矩，所以宝师敦楚遂加以蒙骗，甚至武力威胁，但不论怎样，均未得逞。迄今岗木同桂二地朝拜我们历代上师，师徒关系从未中断。所以岗木巴和贡如[222]此二人不同于我们其他门生，应像眼珠似的加以护佑。

咱尔寺、耶普、答纳和砣宗，这些本是我们拉思所修建的寺院，从那雪至多康，在这些地区内设有喇嘛、地方首领、达官不同我们关系密切，全是同我们关系深厚的人。就是在多麦，管理地方的贝使普巴亦是法主的门徒；管理地方的觉塞亦是京俄大师的门生；地方首领多吉旺秋亦是邓萨替寺已故座主的弟子；地方首领章木亦是我的弟子；连娘氏亦是我们的弟子。就是在丹斗（在今西宁东南，化隆回族自治县金源乡境内——译者注）及其以北居古梅尔、噶萨热、瓜州和西夏诸部，我们同弟子的联系亦十分广泛。在京俄宝师时期，在西夏地方的弟子有宰相称号亦大有人在。在杰瓦宝师时期，西夏的弟子获名号者亦不乏其人。现今乃乌脱地区的林堆地方尚有他们的传人，是我们的根本弟子。

在贡觉，法主玛尔巴是具德帕木帕巴的大弟子，宝师敦楚亦是我们此寺的门徒。除了边远的岗木巴和古如外，不得冷落其他的人。

本钦绛杰[223]真诚地关心属于此寺并向往此寺的门徒和事业者。林葱家族的本钦释迦坚赞思想纯洁，慈祥地护佑我们的弟子。堪布桑叶在扎西雄地方谒见前辈京俄细瓦协巴之后，请得全部经教，是一位虔诚的弟子。因此，在他未死之前，每年从南杰地方向赛脱巴赠送骏马和优质茶叶两种礼品。以本钦仁钦郊、本钦衮嘎和本钦曲仁为代表的（林葱家族）同我们是有联系的，所以邓萨替寺[224]有林葱家族十三位嫡传的供灯。故不得中断联系。

阿卓仓此家族从具德帕木竹巴圆寂后遂同我们有联系。

哲渥仓家族是从噶琼都元帅和坚赞都元帅时就郑重其事地供养此寺，故不应中断联系。

琼波家族的已故历代喇嘛顶礼京俄宝师，喇嘛琼干·扎巴坚赞亲自拜见京俄细瓦协巴，由于情谊深厚，故书信往返不曾中断，我们的事业者往返巡游各地都以琼波家族做歇脚处，获益不浅。琼波绛谢同我们关系密切。然而后来本钦旺尊召请琼波做援军前来门嘎尔，相传琼波的一两个人死在门嘎尔，作为报复，以岗木巴·达玛杰为首的我们在多麦的事业者遭到琼波的袭击，夺走了以答那（马名，意为“黑马”）为代表的一批犏牛、马匹和大量金银绸缎。若加以回敬，则上部地方的琼波·阿旺和约塘巴等人将受到影响，然而我考虑到，倘若进行不被人们理解的还击，自己会被人误解，子孙连绵长于流水，谋略应无疵瑕，于是等闲视之，未予回敬。经过年迈的喇嘛约塘巴调和，往返疏通，（我们同琼波）友谊未曾中断，迄今联系密切。

我们同佳木仓家族关系亦密切，不要中断。

拉珠、藏拉雅朵和绒隆巴等地新近划给我们的属民，应同雅隆、文地一样精心经营扶助。对此史册上出现的全体新旧属民，不得设立陋规加以鱼肉，以原有的各种敲榨（百姓）的规章征派的差徭应豁免一半。应珍惜扎兑雄三地。

今后，在替雪的京俄宝师的后人和依枕、眷恋、忠于此政权的人们应该这样做，这样记住，居住在普贤林——德瓦协巴的此寺之喇嘛要心胸广阔如天空，深沉如大海，要贤良方正，执持修证之幢，对所有人一视同仁，犹如太阳一般。冬夏之际向会众说法，宣说山林修习之法、精深之法类、发心、回向及布施，以满足弟子和施主之请。冬夏闭关，内外各方面应做的令人崇拜。不应接收驴子被水冲走的供养喇嘛、三宝之类的人奉献的田地。不可使百姓破产、私自占有属民和卖弄威风仗势欺压。遵守京俄教诫和充任其随从人员者应以三学（即戒、定、慧）为装点自己的饰品，应心地善良、举止温和，公允、不徇私情，牢记往昔美好的教言和风尚，发扬光大，使之不泯灭，应摈弃所有的陋规恶习。

兴建泽塘[225]经院的目的是这样的。人们轻蔑地说，以前三世佛——德瓦协巴是智者和得道者，你们后世的禅师们不把精通佛学提到首位，因此禅师乃是愚蠢的白痴，什么都不懂。由于出现既不谙悉佛法，又不通晓世俗事务的毛病，所以当释迦坚赞年届九岁时，我向他讲说《喜金刚二品》，年届十岁时讲解《因明注疏》，十一岁之时讲说《般若经》，因他年幼，十二岁之时休息，十三岁之时认真讲解《对法藏》，十五岁之时认真讲解戒律，十六岁之时令其讲经说法。我们的这个晚辈善巧地究读《四怛特罗》和《三藏》，遵守僧人的禁约，一旦成年就应竖起修习之幢。

你们泽当寺的僧人亦不得私自占有穷苦的百姓，不得仗势欺人。全体师徒不得违背乃东的长官和管家的旨意。

我们血统纯洁的后人都应安置在泽当寺，让其求学，学习释迦坚赞所掌握的诸种知识。有知识的人多了亦无患。若有人不学习知识游手好闲，则应逐出温布之列。

居此高位者（指担任帕竹地方政权行政首脑的第司）负责管理以乃东为代表的寺属和非寺属百姓、新老诸谿卡。此人年轻时就应出家，不同妇人厮混，戒行整洁，根本不饮酒，过午不食，研究从前的箴言和古老的史籍，听从知识渊博和有理智的长者们的意见，眼光不朝下瞅，不做放肆的举动，闲暇之际闭关诵读本尊礼赞应达到一定数次，向护法神不断献以供品和朵玛施食。此人不应亲近身旁的年轻人，不可白昼嬉戏和赌博，夜晚讲故事，行为放荡不羁。不可私自占有本政权属下的穷苦百姓，处事偏私不公，使士卒、人民失望。若出现失误，应听从有头脑的知识广博的人的提醒，这叫做迷途知返，做到大丈夫有所长进。

我们要动脑思考问题。若明知故犯，违反本文字的规定，不论是我们嫡传后嗣中任何人，均得从此尊位下台，让其主仆二人住在邓萨替寺内一间普通小土屋十二年，谁都不向他敬礼、给以尊敬，仅给予一般的礼数。今后嫡传中居此高位者不得违背此禁约，牢记训诫，不得轻狂。

替雪众人意见一致后方能委任（第司）。众人应崇敬他。居此高位者应搞清过去的失误，远离诸种坏事。他的司膳官、侍寝官以及官寨中任何人若给他斟酒或召进妇人，全体撒巴、俗官和士卒应集中起来，以石头活埋之。倘若不这么办，曲从私情，担心得罪亲爱者和好友，从而犹豫不决，迟宕处罚，这样，第司政权将会衰落。吉祥智慧怙主等护法神应予惩处。

至于我这个人，年届十四岁时就前往萨迦寺，虽同沉溺酒色的格西曲谢、居巴·多吉贝和藏巴·仁钦僧格之流的保姆——这些酒色之徒生活在一起，但是，在西去时，年迈的父尊说：“你前往萨迦，返回时要做到无酒色之过失，有个叫迷魂塘的地方，不要去那里。”我牢记父亲的嘱咐，十八岁返回这里时，做到了无醇酒妇人之过失。二十岁之前坚持念修，年届二十岁之时担任万户长，今日已六十岁了，这期间连做药引的酒都未尝沾口。我没有酒色的过失，倒不是以喇嘛宝师为首的替雪众人阻止的结果，而是鉴于多吉贝杜绝酒色，恪守僧人的行为准则，从而获得效益。嗣后，帕竹的万户长们由于享受醇酒、妇人，不得不受人欺凌，未见得益。目前，直至萨迦，达官、大德和地方首领均沉迷酒色，其权势衰落，无出头之日。杜绝酒色，坚持僧人操行的必要性即在于此。

现在，担任我的职务的人们应铭记我的作为，牢记我的经历。若论过失，我虽有过失，但我要改正，尽管有人功德超过我，然而我仍是人中之杰。

现在主仆之间差别甚微，仅是糌粑粗细之分。当初是没有管家享用长官青稞、糌粑的规矩。其原因是：在我身居此显赫之位时，敦巴旬努卧供职管家，当时没有食用主子糌粑的制度。旬努尚波你担任司膳官之际是清楚和了解这点的。但是，在委任旬努尚波你为管家时，茶房工役僧格多吉却徇情卖乖，在六柱房里给以主子的糌粑，以后愈演愈烈，在四柱厦楼上，僧格多吉当着我的面馈送糌粑，导致敦巴旬努卧和替雪的老资格撒巴们多次责难和抱怨。对此，后来我抓住僧格多吉一件小过错作为口实，铐以脚枷，用牛皮裹住手，致使你们俗官和老少撒巴们为僧格多吉求情，我说道："僧格多吉你巴结旬努尚波，擅自馈赠糌粑，这是为什么？"说罢，鞭挞之。而旬努尚波却未想到今后是不能享用主子的糌粑的。僧格多吉之后的茶房工役们对过去的事逐渐印象淡薄，馈赠主子的糌粑，从而在邓萨替寺侍者食用京俄的糌粑，严重地危害邓萨替寺。故去年晚些时候，我召集众人于德央正厅，宣布（奴仆）不得食用糌粑，乃东官寨的管家亦不得享用主子的糌粑，应弄清此事。

长官同管家分别居住在不同的卧室，若彼此偏私帮助各自的仆人，势必最终酿成大祸，故不应那般行事。

管家不可同官寨内的执事、官寨外的俗官特别要好、亲爱，要扶持公众。在官寨内充任管家者应是年轻的僧人，不沾染酒色，不贪污中饱，不扶植亲友、私仆和意气相投的人，不另外养家活口（意为轧姘头），自掌管钥匙之日起直至死亡，应在囊梭职务上度过一生。官吏和管家在不违背此政权禁约的前提下，所享受的待遇是：患病的祈寿佛事、赡养、死亡超度等费用，作为他分内所得慷慨地使用囊梭的财物。他若有亲属和后人，亦应在长官和第司管辖范围内委以美差，加以扶助。万一掌管钥匙的管家出现酒色之过错，就把那男女二人用铁链捆在一起，在桥头（指乃东官寨下面香曲河桥梁）示众七天，然后投入河中。

司膳官、侍寝官和文书员的品质至关重要，应无酒色的过错，戒行清静。他们若出现酒色之罪过，其惩处办法同上。在这些地区中上下谿卡的管家和掌管钥匙者，乃是寄以希望的心腹之人，他们应该眼光朝上，举止贤良。

当贵宾、名流和达官在大厅和小客厅时，侍坐旁边的长辈俗官和撒巴们不得嬉戏、发笑、斗嘴、在席间窃窃私语，行为不检点，不可吐痰、伸手伸脚、斜靠上身、对官宦们摆出欺侮的不雅观架势。你们有头脑的俗官和老少撒巴们应该帮助掌管钥匙的管家，司膳官和侍寝官们克服过失，悉心提醒他们。切不可对他们愚弄，恣意妄为和欺诳。官寨内的管家、司膳官、侍寝官、心腹人员和僧衣俗人不得在村落中世俗人户住宿过夜，倘若经过村庄需要住宿，应带领戒行整洁的副官前往。

忠于乃东、贡噶的撒巴们要内部和睦的无你我之分，甚为重要。在掌管上下两处囊梭钥匙的人户中，父母贤良、门第纯正的孩子是不可多得的。这些聪慧的子弟应无酒色的过失，学习好人好事。（帕竹官寨）自幼就加以抚养，待成年能够外出办事时，则应安排为居此高位者身边的司膳官、侍寝官，或者力所能及的工作，外出办事；不能外出办事的骄子，就安置在官寨内打扫卧室，或委以力所能及的工作，由管家加以管教。

主子连大小可容纳指头的金箱或能盛前臂的仓库都不要掌管，一切事务应信任管家才合宜。外管家对征收赋税和各种进项，应根据征收通知，遵循往昔的文件和官契进行管理。应当各别地减免的差税最好要由长官出面减免，减免之时管家要在场，以使管家清楚；管家不在时，亦宜一旦管家到达（官寨）就告诉他已对某部人给予了豁免。关于购买物件之事，管家在时，由管家购入为好；管家不在之时，长官虽然收到请示购买的报告，也要经周密研究后，仍由管家购入，以免重复。

复次，关于前辈喇嘛们的期供、三宝的供养、有利于本政权的工作、保持高尚的优良的传统、照管士卒和第司政务等各项管理要制度化。长官和管家应设法实现持续增长本政权所需之经常入库存封的各种物资。

倘若自己保持善良的举止、美好的心灵、高尚的情操，就不应怪罪时光，目前在他人年岁虽不吉利，但是在我们再没有比现今更美好、安乐、富裕的岁月了。他们其他的人不保持美好的心灵，行为歹毒伤天害理，目光朝下，开了各种腐朽之风，于是在他们便出现了如岩山崩垮之凶时。

我们所繁衍的传人，在家的俗人多了是无益的，每代人留一个在家俗人就相称了，妻室一个就足够了，不要纳妾。若无子嗣，遂不得不再娶。再者，若那妇人早亡，虽然生育有子嗣，但不得不续弦。婚配不得娶外部落首领、达官、大德和有权势者的女子，而应娶本政权辖区内经常受人议论的先辈贤良的嫡传——鬼神不加害的高尚女子，不可娶担任管家工作和有权势的俗官之女子。其原因是：我们的后辈所婚配女子的兄弟、亲友、眷属及仆人因系我们的亲戚，遂趾高气扬不可一世，所以是政权内部仇隙、制造祸殃、毁灭的根源，所以还是以地方绅士的女子为好。应该仔细地考察所要婚配的女子，她应聪慧，身材俊美。为了传宗接代之事，应婚配他们男女于偏僻的豁卡。男女二人要做到不有辱门第，摈弃遭人唾骂的行为。繁衍子嗣者大约有一处谿卡和一处牧场就足够了，无需过多的财产。其理由是：他们仅繁衍子嗣，没有其他责任。他们若有母系血统纯正的儿子，则应由乃东官寨抚育。本政权属下的俗官、老少撒巴和心腹权臣，纵然本政权以外的地方首领和万户欲嫁女同他们成亲，亦不可娶为妻室，更不可向彼婚嫁。其原因是：若本政权嫡传属下的权贵同外人连姻，于是在政权内部将发生严重的挑拨离间事件，播下祸根，所有刺探内部情报、欺诳的事件将伴随这些婚嫁者而降临。请你们思考吧，他的小姐为何嫁给阿里巴（指阿里一地方首领）和蔡巴？我们的侄女出嫁，因其名声四溢，被（夫家）严密提防。你们的女子无论嫁配何人，由于为数甚多，（第司）查询不出，故难以提防。不论你们的境遇如何，若亲属在眼睛看得见耳朵听得着的地方，方有裨益。

在我们全部土地和势力范围内，每年要保证栽种成活二十万株柳树，要委派守林人验收和守护。种树的好处是：（木材）是维修本政权所属寺院、修葺寺属与非寺属百姓破屋、船只的必不可少的物资，人人要管好无穷无尽的宝藏——发菩提心和植树。由于所有的地方和沟谷林木疏落，所以划分休耕地要根据时令季节，不要拔除树根，要用锋利的镰刀和工具划界，划界后要植树。

我们的撒巴中担任信使和征收柴草、乌拉的人们可能出现背尸绳比尸体沉重的现象和贪污搂钱的问题，各地均不准他们贪污搂钱和敲榨，否则应以法律治裁。汉地（按：谓元室统治的内地）法纪废弛，亦是由于宣旨钦差和信使搜刮民财所致。以前在贡巴释仁时期止贡派繁荣昌盛，后来却衰落了，乃系搜刮民财和蛮横不法分子太多之故。萨迦派亦是这样，侍者的权势胜过喇嘛，俗官们比长官权势炽盛。妇人的势力超过众人，致使萨迦派现在衰落了。应该了解这些失误之举。倘若憧憬我们政权安乐、美满和幸福，全体人员就应该杜绝丑恶的行为，眼光不要朝下看，要铭记好人好事的榜样，如此才会有安乐、幸福、美满和吉祥。

有关帕木竹巴政教事务的教谕书《如意宝库》叙述完毕。吉祥！

仲钦[226]宝师被囚禁于香地谷顶郭直时给乃东的密信

提醒以扎巴和旬努为首的忠于我的人们：这场官司完全是前世之业和他人强加的，我方连针尖大小的过错都没有。我若从此地安全获释派贝仁捎来口信，则可缓和局势。其口信次第于后。

我方的主子们懦弱，对方却势力强大，且贯施诡计，故像嘉玛的阿阇黎师徒二人一样，迫于情势。以喜饶为脑袋，以尚波为心脏，其余的人当四肢的官寨宛如狮子身上的如意宝。你们应死守在那里，勿放外部的俗人入内。

（乃东官寨扩建的设想是）马厩西角向西延伸，多吉顿珠所掌管的角楼应接近壕沟的外角，北面的一边要同北门的墙角旗鼓相当，内中应修建堆放撒巴们财物的仓库；东面小角楼应做堆放村落中忠于我们的人和雪巴（指乃东官寨下方人户）器物的库房；南面的客房其结构要如六柱厦一样，楼下以墙间隔开来，堆放麦秸和饲草等，楼上外间新屋做卧室。上边屋檐覆盖至门。在四柱厦和十柱厦的楼上接待宾客。今后不得在大围墙以上处款待客人。今后要分别在康萨（房名，意为“新屋”）的桦木望板和南门的小屋上安装顶子，以作鼓楼。第一次鼓声是太阳行将落山，第二次鼓声是太阳坠落贡波日山，第三次鼓声是夕阳余辉映红山巅，行人停止通行。

乃东孜下方的雪地的壕沟和打禾场后面石墙之间的地界处，北面围墙的一面伸延至那里，从西边打禾场的西面围墙的西段延长至监守房的西侧。索南康巴（房名）和格楚康巴（房名）的一侧等齐，此处是贮藏我们万户家具财物的库房，所以围墙的墙基不应狭窄，其上全用石砌两三层，不少于一托半高，四角有小屋，加上两座门楼共为六座。若众人奋发努力，四个月则可完成。倘若围墙和壕沟完工，由于和乃东孜官寨连为一体，故而是无门的铁堡。

乃东孜内的苯教寺院应封存。围墙扩展至西侧两三座山头以上处，由于同断崖连为一体，故稍北一点的仓库和中心碉堡遂固若金汤。

邓萨替寺的围墙要精心修筑，土木工程所需人力由邢巴雅松以北的北部人们承担。在佳昂木地方修建嘉日竹查（房名）。加玉人不得进入其下方昆恰塘诸地游荡，要由我们占领。两处的土木工程应在今明年内竣工。谚云：眼是懦夫，手是勇士，要鼓起勇气。

两处所有的墙不要砌得狭窄，墙基牢实至关重要。乃东孜南北的壕沟应立即竣工。北面的壕沟要既宽又深。康萨背后的石墙要以白石作果肚，其下的墙脚不要狭窄，要包抄平房的三边。自北面壕沟的外角十五托处是答仓（碉堡名），答仓北墙要有八托或十托长，东西各宽四托，北墙中央的门宽约两托，保护门栅的墙端向内伸延，墙上要有发射箭弩的枪眼。自门栅往关山方向应向下修筑十级左右石梯，其上坚固则危害风水。达仓的东西两侧应分别挖掘深沟。达仓室内盛土石，其北面要有重叠之射箭孔，一半的土墙要厚实坚固。前些时候架设了大炮，大炮的前方应铺巨石，东面应铺岩石，要铺设得平坦。从后边的达仓向北筑两三托高的风火墙，外角墙脚是石墙，其上筑两墙板土墙。两堵风火墙之间的设施如切噶尔（庄园名）。这样，遂牢固了。

此外，西面的水沟，其沟端朝着南北的两个山嘴，那里要修建小屋，其面积分别是两托半和七托见方，房基千万要牢固。西边的房子高约三层楼，靠近乃东官寨方向的高约一层楼，然后石墙逐渐砌窄，栋梁绕四柱，第二层楼悬挂各种面具。若发生骚乱，每处住四个十人队的兵力。设置管房官。宾客前来时可以安排在上面安全的房间（住宿）。应建造一扇朝东的腰门。马夫的住房应修得大约一托宽。围墙南北两方太窄，使我后悔莫及。现在那两座小屋修的合理甚为重要。

从南边石山山嘴处的背后至西边大路以内，（建筑物）从南面和西面向中央扩展，低洼处垫两层楼高，整治平坦，作为摊晒谷物和脱粒的场所，在那里脱粒打场为好。

应从安放经书的房子向东西南北四方低洼处修筑石堤，向外扩展，填以挖掘壕沟的废土石，刨平整，既坚固又好。

南杰（房名，前又意译为“帝释厦”）的围墙内侧的小洞应填堵。室内的陈设应经常保持完好，在原有哔叽软垫的基础上增设一套炊具和坐具，今后我方显贵、大德的来客就下榻在那里款待之。不在乃东孜官寨留宿和招待客人。

乃东孜的大围墙内，无论是村落中的撒巴、俗官，任何人均不得作为仓库和住处。虽然过去有之，但应搬至外面小围墙内。

若至纳木、直古道路阻塞，则应修筑秋卡碉堡，顺便完工秋卡碉堡等工事。贮存数量巨多的青稞和饮水，各处分别安置二十名上下心腹。卓波卡以上地方的直茨修和秋赤以上地方，应委任扎旺为头人，作为其僚佐，令扎西多吉和竹杰昆仲等人分别负责一处。对侵犯直地以上地方的人应以武力讨伐之，设法让其仅仅依附我方。

仁杰的住宅木料应运至纳木。布巴坚此人忠实可靠，应以衣食很好抚育其孺子，使之著上等衣料之衣，讲究干净。

复次，在上述沟谷中应严厉管束和惩处那些口向内心朝外的人。我们的撒巴和俗官们不得帮助这些人。

除扎西岗和答木外，四座小房子应取样于哲木的建筑。厨房楼上的小阳台要加以粉刷，使它成为具有堪布家乡风韵的白屋，它同堆放破旧口袋的屋子是分散的小房子中重要者，勿让外人参观，至关重要。

大小船只一律停泊于江昌河曲，存放橹篙之处外人不得入内。船只最好不附着任何东西。

可以用住宅木料培修砣卡碉堡，沿袭旧例委任楚杰为碉堡的管理人。在碉堡以东的地方做任何事，干措巴家会尽力相帮的，要同赞都地方的哲布仓家联合，三方协力共保该地和睦甚为重要。暂时占据山界修建碉堡，同充波瓦联合，勿干涉其内外之事，互不侵犯，法令严饬颇为重要。赠给充波瓦一些青稞和饮水，让其构筑工事，侦察敌情。

拉尊是我的心肝，应同你们同舟共济，倘若内外有人欲加害他，你们就做他的后盾。

我们同嘉玛万户的情谊是那么深厚，故应代替他缴纳各种差税，让盟友在安定的基础上发展。

切喀温布能擒则擒，剥夺他的奴仆和土地，由我们掌管其土地。

释放索南贝协巴。鼓励启颇仓家族发迹。寄希望于贡巴。应次第训戒他人勿前往磨房处。

倘若我主仆俩（即绛求坚赞和贝仁）蒙难，恩嘎所属的室内用具、牧场、谿卡和他的以羊修热为代表的全部土地、财物不得像宰割牛羊一样被瓜分，要用于布施觉丹支系，用于药师佛、尊胜佛母、经咒、供养度母、噶尼和杜尔噶尼护法神的真言沙[227]和念诵《般若十万颂》等佛事活动。我们家族在绝嗣之前应举行我的年祭、月祭。

恰那多吉虽着僧装，但出家为僧无益，如果多吉仁钦之女娟美就婚配为妻，给予他萨团地方。该地有骒马及马厩一座、公母犏牛各一头、黄牛、山羊、绵羊、炊具和坐具——这些中等祖产全给予他。另从恩嘎的收入中拨给青稞二百克。她若生子，有一个就足够了。若根本无子，则从我们的亲属之中娶一其父可以信赖之女为妾。若该妇生子后死亡，则立字据不再续弦纳妾。同父异母子弟众多，乃是政权遭毁灭的根源，请看古今中外的例子。

宗族之长子应奉献于叔侄之座前学习写读（即识字写字），其后再派往萨迦仁钦岗拉章求学，最后委任为我的继承人。彼若有胞弟，他就应做僧人，学习经典，皈依三宝，尽量依法修行。若出现不听招呼的在内部制造祸殃的可恶坏人，就流放他至工布地区的哲拉玛地方。

再者，哲桑之长子应在邓萨替寺出家，让他住在恩嘎或者下方的小土屋，善巧地学习写读一年，一旦谙熟后就在乃东孜学习仕宦的高尚举止，我对他寄以信任和期望。

应精心培养去年和今年同甘共苦的晚辈子侄们。衮波坚赞那小孩是我的养子，应以衣食抚育之，精心地教以写读，他是其家中尊者的希望。谚云：渔夫使用诱饵引诱鱼，最后鱼儿全上钩。所以应慎重对待他人的食物，三年之中不要赴宴受人供养，勿前往诉讼等是非场所混日子，早晚勿外出游荡。觊觎酒色之徒心灵丑恶，不能信任。

应委任仁杰做哲杰的继承人，任命旬努坚赞为贴身文书员，任命厥地的塞波为首席文书。官寨内外的簿册应及时盖章。

复次，做任何事皆要遵从我的嘱咐，使之成为定例。应该加固扎西佟崖嘴以下的那段围墙，让门嘎人修建仓库。次茨崩地方召来的少数淘金人在断崖挖洞，断崖有被水冲成大水沟的危险，故是愚蠢之举。让人在厥地康萨（房名）内掘井二十五托深，看它出不出水。

昨天我打听到你们在战争间隙时已有所醒悟，我感到欣慰。总之，你们未对我有所作为，使我们的境遇未根本好转，使我失望。喇嘛宝师于他人不曾考虑到的事他想到了，却说今年要前往工布地区，这似乎在仿效谣棍的恶习。我曾劝谏说请勿想入非非，他却听不进去。这乃是俗话所说福德衰微起歹心。你们要遵照以前的规定在江昌以上各百户地区据守自己的地方。若邓萨替寺及其下部“雪”地方有人横行不法，要如打疯狗一样惩处目无法纪争斗成性的人，不得违反。不得让厥地的曼多瓦那人游荡任何地方。

小土屋的温桂和扎洛之子心肠毒辣作恶多端，离间我们师徒，若他二人尚不克制，便毁其房屋，烧毁其青稞。要给绛央父子戴铁镣，白天拴在乃东官寨门口，夜晚严加看守，让他俩长期受屈辱，防范其轻生自尽，官寨应没收其财产。

我们丧失给羊卓的帐幕和牲畜，羊卓人应赔偿。克岗地方亦与此相同。丧失的文地的，应由文地牧户赔偿。应向吉仲索还一百头母牦牛，不可让其逍遥自在。每顶帐幕应索取公母牦牛各两头。否则，从部落扣除。两顶帐幕存放在魏喀。要尽力讨还炯措和尼雅波部落的牛羊。每年应让瘸脚修行者以上（的僧人）前往上部。

总之，在你们邓萨替寺那里一年四季住有雅隆中心地带各寺院的僧人，他们托辞巡回辩经，从觉丹（支系）的地区到卫藏各地进行密探工作。因此，（我的）所有谈话可能会被他们刺探到，但这是易于防范的，只要你们不出卖。迷乱困惑将酿成巨大的过错和罪孽。无论何处，四周皆无壕堑和荆棘，宜于攀登有益的岩壁。人们会从此地（指乃东官寨）清楚地听见有关替雪的所有消息。倘若在北方玛绛地方安插我们的探子则甚好。若不断绝以前友好者们同我们的关系，递送情报的人将络绎不绝地前来。

对恩嘎（经堂）的佛像、佛塔、佛经和供具要注意，要考虑不让那些印度出产的铜器散失。在无量宫西侧要建一座巍峨的三层佛塔，（塔上）那条龙应以金箔着色（即贴金）。

再者，假若有人想要挟你们，扬言要进攻邓萨替寺，抢劫恩嘎，你们不要惧怕，把（对方的）器物夺过来。若清算其罪行，获胜之后，随时要控制他的要害。对严重的祸乱不要惊惶失措。

虽然京俄曾声称要移居乃东官寨，你们应该禀告劝其勿出此言。

你们不要抛弃（帕竹）领地。你们看透对方的肺腑后应理解下述之事：我安全获释后，他更加难办了。以前我未遭这般监禁前曾说过，不要丧失这所房子，我的前途如何，依赖这所房子，现在兑现了。我所以被捕，是受骗所致，而不是战败被俘，实际上是被内部人出卖。如果今后出现类似情况，应坚决把矛头指向内部那些人，你们要团结一致，忠诚于我的人们最好要起誓。今后肯定有人以诱饵迷惑你们，警惕之甚为重要。在原有器物和牛羊的基础上添置马匹、兵器和甲胄，操练之，必出成效。如果你们真诚不摈弃我，就应在我死之前陆续派人来探听消息。纵然我已死亡，你们应探寻并找到我的后继人，这是责无旁贷之事。在我被囚禁在邦琼两三个月中，乃东从未送茶和接济饮食，未派人来探听消息，倒是房东像如意宝似的不断供给我所需，我没有任何报答他的表示，我死后很可能报答不了他的恩德，感到十分遗憾。如果不能报答，我死不瞑目，仍在坟墓中观看，你们不要让我遭逢这样的报应。我身陷囹圄还经常派人给你们送信。请你们想想是否回复了我每次捎来的口信。

如果还信赖我，则请阅读我先后托人带来的信函，那么，就会增长胆识和聪明才智。不必担心我的封诰、命令、文据、圣谕袋、文据箱和历史文献等会被他们抢去，这些东西和印章未归还我们之前我们不必支差纳税，顽皮的孩子可以用脚踢船，比这痛快的事还有什么？俗话说委任恶狼充当怙主国王的代理人，委任为梅朵司法官。故勿舍弃桑耶寺以下的地方，将它划至纳木地区。像闯进羊群的恶狼一样，那些如剧毒入腹灵魂腐朽又自称纯粹是我方人之辈，凭借巧言俐舌，若被委任在我方任职，将是随财鬼[228]作祟，故不得接待之。

仁钦扎似乎在窥测能否钻入乃东官寨，犹如凉药离楼入鼠腹一样，内部人起贪欲比外部敌人还凶恶。不要忘却扎洛及其子二人多次离间我们师徒。邓萨替寺的人亦不依靠你们，接受贫苦人的投献，找寻各种口角（以便借调解之名接受贿赂），受人讥笑。以前他们多次肇事，使我失望，现在我离开了，若仍因袭陋习恣意欺负你们，则应严惩和严厉管教罪魁祸首，纵然过度一点亦无关紧要，使之以后尊重你们。京俄往往不把我恭敬地禀告之事放在心上，你们是清楚这一情况的。若喇嘛（扎巴坚赞）遵循杰瓦宝师的遗风，将我的禀告放在心上，他就是我所指望的依靠处，你们就应布施、供养和依枕此寺，计算其收支的余缺。

俗官不得在属民的地区享用（超过俸禄的）食物——肉类和糌粑。官寨不得用没有印章的字条征派食物和乌拉。法令应比过去严，不准（暗中）帮助彼此仇恨而诉讼的双方。应借口官寨所需每十天征收少量差税以充实官寨，要会点滴积累，集中使用。官寨之财物即是你们公众的财物，你们老少无论何人，三年之内不得擅自攒私房，不得护佑亲友和耍手腕以肆其奸。偏僻的山民亦可朝拜牛头山。（我们）曾进攻嘎德哥白以上的北部地带，除非谈判，仍要据守那雪的扎松地方之险关要地，此事虽大肆张扬过，但是，应知迄今尚未谈判。

乃东孜官寨不需麇集大批愚蠢无能游手好闲的庸材，若此，即使出现艰难困苦的局面，亦没有指责人浮于事的闲话。那些无所事事之辈的口粮足够官寨两三年的开支，优闲自在有何益？

我若死亡，以上就算遗嘱。我曾先后忠告过，归结起来就是今天的告诫，若听不见以上信函的内容，从而出现失误，请具德智慧怙主（一护法神名）予以处罚。噶洛（一护法神名）旁边的弯刀出鞘实为稀罕。（我的信函）勿失于他人之手，责任重大。

三头肉瘤者之侄的密语一式两份。

吉祥！

注释：

[1] 饮血王，谓无上密乘本尊上乐金刚。

[2] 帕木竹巴，本名多吉杰波，西康人，1159年在桑日县境一渡口附

近修一所茅棚寺庙帕木竹，即后来邓萨替寺的前身，故人称他为“帕木竹巴”，后来帕木竹巴又成为一教派和地方政权的称谓。

[3] 普贤林，佛经所说一森林名，此指人世间。

[4] “盛张华盖”，是宗教界最高上层人士享受的殊荣，萨迦法王和后世的达赖、班禅和甘丹法台等方有此荣耀。

[5] 止贡，指帕木竹巴的弟子居巴·仁钦贝，此人系止贡噶举派开山祖师；达陇指帕木竹巴的弟子达陇噶举派创始人达陇塘巴·扎喜贝。

[6] 德瓦协巴，系对帕木竹巴·多吉杰波的尊称，意为“善逝佛”。下同。

[7] 十地，大乘菩萨十地。

[8] 见注 [1]。

[9] 杰曹仁钦衮（1118—1195年），他同衮丹热巴共同创造绰普噶举派。

[10] 衮丹热巴（1148—1217年），绰普噶举派创始人之一。有的资料说他是杰曹仁钦衮之弟，与本书所记不同。

[11] 纳普瓦，即帕木竹巴的弟子林热巴·白玛多吉（1128—1188年），是主巴噶举派的鼻祖。

[12] 止贡巴，即居巴·仁钦贝（1143—1217年），甘孜邓柯人，属居热家族，故又称居热大师。

[13] 三界，即欲界、色界和无色界。

[14] 佛家所说灵魂生死连绵六个投生处所，即地狱、饿鬼、畜生、人、天、非天，是为六道。

[15] 香松脱巴，即贡塘喇嘛香·尊珠扎巴（1122—1193年），此人系蔡巴噶举派创始人。

[16] 岗波，地在雅鲁藏布江北岸今加查县和朗县之间。

[17] 原文笔误，写为“ཡལ་ཐུག་པ།”，应为“ཡར་ཐུ་བ།”。此人原名是益喜孜

巴，曾倡建叶普寺，是叶普噶举派创始人。

[18] 格丹益喜僧格（？—1207年），门隅人，曾师事帕木竹巴，倡建沙热寺，是雅桑噶举派创始人。

[19] 萨钦，意为“萨迦大喇嘛”，指萨迦五祖中第一辈衮嘎宁波（1092—1158年）。

[20] 格贡大师，原名结贡·楚诚宁波（1140—1204年），十九岁从帕木竹巴学法，1181年建修赛寺，是修赛噶举派创始人。

[21] 多康，今青海和康区的总称。

[22] 玛尔巴，此指玛仓噶举派创始人玛仓·喜饶僧格。

[23] 此指帕木竹巴死后，香蔡巴、止贡巴和达陇塘巴等人先后主持过帕竹寺的寺务。

[24] “世间怙主”，是对止贡巴·仁钦贝的尊称。

[25] 此指1179年仁钦贝前往止贡寺。

[26] 米雅贡仁原来在止贡地方建有一座小庙，仁钦贝到此寺后遂成为这个寺的主人。

[27] “克”，指藏克，重量单位，每克约重十四公斤。

[28] “京俄”意为“面前”，扎巴炯勒（1175—1255年）长期追随仁钦贝，承侍于左右，遂得此美称。扎巴炯勒之后，“京俄”演变为帕竹噶举宗教领袖即邓萨替寺座主的称谓。

[29] 年灾月难，五行算者和星算家谓人满十三岁及年龄逢十三的倍数时，将有特大灾难。

[30] 温大师，原名温仁波且·索南扎巴，1187年生，1222—1234年任止贡替寺第三任座主。

[31] 扎巴炯勒曾任止贡替寺第四任座主。

[32] 炯宝师，原名为炯仁波且·多吉扎（1211—1279年），曾任止贡寺第五任座主。杰塞脱喀瓦（1227—1285年），意为“脱喀地方的佛子”，

曾任止贡寺第六任座主。

[33] 多吉仁钦（1278—1315年），又称居尼巴·多吉仁钦，止贡寺第九任住持。

[34] 多吉杰波（1284—1330年），止贡寺第十任座主。

[35] 却季杰波（1335—1409年），又称涅泥巴·却季杰波，止贡寺第十一任座主。

[36] 此指京俄扎巴炯勒及其侄杰瓦大师。

[37] 热振寺，在今林周县境，该寺系噶当派创始人仲敦巴于1065年建造。

[38] 设置驿站一事当在1260年忽必烈登基之后。

[39] 贡巴，止贡行政首领的称谓。

[40] “装有木门的人户”，谓为全体藏民。藏族民间谚语云：“汉族铁门人家，藏族木门人家。”

[41] 洛扎，今西藏和不丹交界地带。

[42] 加波，在今加玉县境。

[43] “洛门”即今之门域地方。

[44] 杰瓦大师，在1235—1267年之间任邓萨替寺第二任座主。

[45] 居尼巴，因其圆寂日是初十二日，故谥号“居尼巴”，本名仁钦多吉，1267—1280年在位。

[46] 德瓦协巴，系死后的尊号，意为“善逝佛”，此指扎巴坚赞，1310—1360年在位。

[47] 1260年忽必烈派达门进藏清查户口，确定各地贡物的数量，其时帕竹万户有属民二千四百八十三户。

[48] 衮嘎尚波，萨迦第二任本钦。

[49] 为表断除贪求多衣之心，仅穿粗衣、上衣和僧裙，不营制更多的衣服。

[50] 1260年清查户口时雅桑有属民三千户。

[51] 奥鲁赤，即元世祖第七子。元初，西藏是阔端的封地。忽必烈即位之初，阔端子孙曾党阿里不哥，旋又归附忽必烈，以故阔端子孙仅能自保，西藏遂改为奥鲁赤的封地。其子铁木耳不花于1297年改封镇西武靖王，仍以西藏等地为其份地。其子搠思班继之，终元一世，西藏地方事务多由此系诸王进藏处置。

[52] 此仁杰似即八思巴的异母弟仁钦坚赞，1272—1279年继八思巴任帝师，一说他任帝师至1282年。

[53] 见下文，旬努崩系旬努坚赞之侄。

[54] “赤琼”（ཁྲི་ཆུང།），万户长副官的职官名。

[55] 扎巴卧赛，元成宗之帝师。

[56] “嘉玛”，地在今墨竹工卡县境。“彭域”即澎波，在拉萨北面彭域年曲河流域。

[57] 烈巴贝，萨迦第十任本钦。

[58] “杰塘本钦”，“杰塘”系烈巴贝的出生地，故称其叫“杰塘本钦”。

[59] “吉琼”系本钦阿楞的出生地。阿楞，萨迦第九任本钦。

[60] “绛梅朵”，一种差税名，综观全书，当是塘讯——递送文书。此处之“绛”（འཇམས།）即站，驿站。关于元代在西藏设立驿站及各万户承担支应驿站的差税情况，详见《汉藏史集》。

[61] “撒巴”，综观全书，指直接耕种帕竹差地的属民和在帕竹政权中担任胥吏工作的一类人。

[62] 卧赛僧格，萨迦第十二任本钦。

[63] 扎巴尚波，坚赞贝尚波之胞弟。从绛求旬努任万户长以来，正当萨迦与止贡战乱之后，萨迦武力伸展至前藏之时，故几任万户长无所建树，乃势所必然。

[64] 桑结贝，帝师扎巴卧赛之侄，曾任萨迦堪布，1305—1314年任帝师。

[65] 温布，贵族子弟或僧衣俗家人之称谓。

[66] 坚赞贝，绛求坚赞之长兄。

[67] “哈董甲”，一种丝绸名。

[68] 邓萨替寺是一所密宗寺院，在寺内修法的僧人称“囊巴”。

[69] 达钦巴，即萨迦寺第十任座主达尼钦波尚波贝（1262—1322年），1312年封国师，1304—1322年任座主九年。

[70] 原文写为“ཀུན་དབང་བ།”,《西藏王臣记》等其他藏文史籍写为“ཀུན་སྤངས་པ།”。

[71] 旺秋贝，萨迦第十八任本钦。

[72] 纳塘寺，在今日喀则县曲弥区。

[73] 喇嘛烈炯瓦，即八思巴的侄孙衮嘎烈必炯烈，此人曾任元泰定帝的帝师。顿悦贝，萨迦第十四任本钦。

[74] 斯巴神，藏族古老神话中创世纪的神灵。

[75] 亚泽，在今阿里东南、尼泊尔北部地区。

[76] 扎巴尚波，绛求坚赞的二哥。

[77] 若钦巴，意为“体魄大”，引申为“尊敬的”。

[78] 藏俗德高望众者在聚会时就坐右侧上首席位。

[79] 克尊巴，达尼钦波之第三子，全名是克尊南喀烈巴，1325—1343年任萨迦寺第十一任座主，由此人传出细脱拉章。

[80] 衮洛，即元室第八任帝师衮嘎洛追坚赞贝尚波，1315—1327年任元仁宗、元英宗和泰定帝三朝帝师。

[81] 佥院，宣政院一职官名。

[82] 分院为遇吐蕃地方有重大事件时临时设置的宣政院派出的机关，《元史·职官志》载：“宣政院秩从一品，……遇吐蕃有事则设分院往镇，

亦别有印。”

[83] 此指扎巴坚赞。

[84] 此指帝师，元代称帝师谓之喇嘛。

[85] 挤奶器，谓用牛角制成的挤牛奶的容器。

[86] 汤巴，即汤波且万户。《元史·百官志》载，汤卜赤八千户一员，可能只是个千户。

[87] 《红史》载：萨迦本钦阿楞曾在萨迦寺内建康萨洲，康萨洲的座主原文简称康萨瓦，据《汉藏史集》载，此处应指当时康萨洲的座主德烈坚赞（བདེ་ལེགས་རྒྱལ་མཚན།）。

[88] 启梭，同“囊梭”相对应，谓为“外管家”。

[89] “仲巴”，意为“脚前”“尊前”，是为对他人的敬称。

[90] “拉章”，意为寺庙中上层僧侣的卧室，引申为寺庙中上层僧侣的私庙。此指邓萨替寺座主京俄扎巴坚赞的私庙。

[91] “恰特巴”意为“侍从”，指香灯师索多。“宝师”，此指京俄扎巴坚赞。

[92] 第巴，意为“地方首领”，帕竹行政首脑自称“第巴”或“第斯”。

[93] 此指邓萨替寺第六任座主扎巴仁钦，1289—1310年在位。

[94] “གཡོན་རྡོལ།”，确切意义待考，暂音译为“云铃”。

[95] 元朝在藏区设立驿站传递公文，从此句看来，乃东似乎是前藏地区驿站之一。

[96] 四书格西，学通《中论》《现观庄严论》《律经论》和《俱舍论》四部佛书，经过辩论考试后取得佛教学位名。

[97] 顿悦贝，萨迦第十四任本钦。

[98] 喇嘛衮洛，即衮噶洛追。此人于1299—1327年任帝师。

[99] “劄策”，疑为汇集成册分赐各部的一种法规，待考。

[100] 杰瓦尚波，萨迦第十七任和二十任本钦。

[101] “秋斯”，原文写为“ཚ་ཁིད།”，比较上下文，应为“ཚ་སིད།”。

[102] 贡巴，止贡行政首领的称谓，益喜贝系当时止贡的行政首领。

[103] 衮嘎多吉（1290—1364年），当时蔡巴的万户长，著有《红史》。

[104] 原文写作“དབང་སྲས།”，此处“王”系封号，指白兰王索南尚波，据《元史》《萨迦世系史》记载，他于泰定帝时尚公主，受命管理吐蕃三区，生有一子，早逝。

[105] 衮嘎坚赞，即八思巴侄孙衮嘎坚赞贝尚波（1310—1359年），此人在1333—1358年任元顺帝的帝师。

[106] 原文写作“བཅུ་ཁ།”，意为“什一税”，此处作“税务官”和“税务机关”解。

[107] 玛绛，意为军站，在拉萨西北约一百二十公里处有一大军站，元代该地驻有大量蒙古军队，详见下文。

[108] 多康，指当今青海省玉树，西藏昌都和四川甘孜藏族自治州境内金沙江流域。元置朵甘思宣慰使司都元帅府，归宣政院管辖。

[109] 多麦，指当今青海省境青海湖西南和黄河流域一带。元置脱思麻路，属陕西等处行中书省。

[110] 旺秋贝，萨迦第十八任本钦。

[111] 许多藏史都记载了宣慰使司调解地方纠纷的史实，由此看来，拔希旬努衮可能系宣慰使。

[112] 院巴，宣政院在西藏的派驻官员。

[113] 索南贝，萨迦第十九任本钦。

[114] “马头”（རྟ་མགོ།），系元时西藏一级地方行政机构名。《萨迦世系史》有载：夫妻俩、子女二、奴仆二，据有马、驴、山羊、绵羊、黄牛和犏牛各一头，六柱房一幢，土地十二克的人户叫“小户”（དུད་ཆུང།），二十五个“小户”称为一个“大户”（དུད་ཆེན།），两个“大户”是一个“马

头。”

[115] 京俄细瓦协巴，此指邓萨替寺第六任座主扎巴坚赞。

[116] 文普，在今乃东县境。

[117] 昂雪，在今墨竹工卡县境。

[118] 夏绛木，前藏东北一驿站名，此处可能是指建立一条从该站到阿里的驿路。

[119] 藏地三区，古代藏文典籍中划分青康藏地区时，说卫藏为教区，多堆为人区，多麦为马区。

[120] 索格，即今索县，在西藏自治区东北部怒江上游。

[121] 杰瓦尚波，简称杰尚，萨迦第十七任、第二十任本钦。

[122] “赤绛”，系“万户长绛求坚赞”的简称。

[123] 古香巴，意为“舅父”。据《汉藏史籍》载：八思巴之弟恰那多吉娶霞鲁万户长之女为妻，生达玛帕拉热希答，自此以后霞鲁万户同萨迦关系尤为密切。嗣后，达玛帕拉进京拜见元成宗，为霞鲁万户请求封诰，皇帝元成宗说，既然是帝师之舅父亦是朕之舅父，著其世世代代承袭万户长之职。又据《青史》载，霞鲁万户长古香·衮嘎顿珠曾请得都元帅的封号。

[124] 阿山嘎延原作写为“ཨེ་སྣན་ཀ་ཡན།”，有的手抄本写为“ཨ་སྣན་ཀ་ཡན།”。

[125] 其时在萨迦内讧中拉康拉章始占上风，若此，玛基巴则当是帝师衮嘎坚赞出家前之长妻玛基绛巴姆（མ་གཅིག་བྱང་པ་མོ།），喇嘛衮邦巴则是衮嘎坚赞次妻之兄，即达文·曲季坚赞之舅。详见《青史》。

[126] 喇嘛指萨迦第十二任座主喇嘛当巴·索南坚赞，1344—1346年在位。

[127] 仲勒，对僧官的称谓。

[128] 拉康巴，指其时拉康拉章首领达文·曲季坚赞。

[129] 夏尔巴，意为“东院人”。1246年萨班去凉州时，萨迦寺由他

的东、西、上三部弟子代管，这三部弟子分别在萨迦寺有个院落，据《红史》《汉藏史集》载，东院始自夏尔巴·益喜炯勒，他的家族曾出过两任帝师，在萨迦派中地位颇高。“夏尔巴”此指当时东院的首领仁钦坚赞。

[130] “康萨瓦”谓为“萨迦寺内康萨拉章人”，据《汉藏史集》载，此处当指元朝第七任帝师桑结贝之子扎巴坚赞。

[131] 此指喇嘛当巴。

[132] 索洛瓦，即元朝第十三任帝师喇钦索南洛追。详见下文。

[133] 此指帕竹的行政首脑绛求坚赞。

[134] 晦日，即每月的三十日。此引申为帕竹万户气数已尽，行将覆灭。

[135] 蔡巴·衮嘎多吉（1309—1364年），此人精通佛学和史学，曾编藏文《甘珠尔》经一部，著有《红史》。他在担任蔡巴万户长期间联合萨迦、雅桑同帕竹绛求坚赞作战，为绛求坚赞所败，封地尽为帕竹所夺，蔡巴从此衰落。

[136] 此处“钦波”疑为尊称，待考。

[137] “拉堆绛”，“绛”意为北，指昂仁一带地区。

[138] “纳塘巴”，指纳塘寺的座主。纳塘寺在日喀则西边，系博朵瓦的再传弟子东敦·洛追扎巴创建于1153年。十三世纪时，寺中堪布均丹热赤及其弟子卫巴洛赛将当时所有藏文三藏佛经编订为《甘珠尔》经和《丹珠尔》经，闻名藏区。

[139] 布敦，全名是布敦·仁钦竹（1290—1364年）。噶举派绰普译师的三传弟子，纳塘版《丹珠尔》的编纂者，后来的几种版本基本上都是依此次序而编。布敦大师著作很多，其全集共二十六函、二百余种，所著佛教史尤为著名。后任夏鲁寺座主，传法多年，其弟子称夏鲁派，又名布敦派。

[140] 三续，萨迦派正修道果时，总集密咒金刚乘中诸基、道、果成

为三续而修习之。

[141] “德瓦协巴”，意为“善逝佛”，系帕竹·多吉杰波的谥号。帕竹·多吉杰波（1110—1170年），生于康区金沙江畔墨五地区的答鄂萨康，幼时父母双亡，九岁出家，法名多吉杰波。二十二岁前往前藏学习噶当派教法，二十五岁受具足戒。四十一岁依止塔波拉杰，1158年建帕木竹寺，在该寺传法多年，直至1170年圆寂。

[142] 指止贡寺第一任座主、多吉杰波的弟子仁钦贝。

[143] 指扎巴坚赞。

[144] 指其时止贡寺座主揑尼巴·却季杰波。

[145] 指其时止贡寺座主居尼巴·多吉仁钦。

[146] 杰元，疑是宣政院职官“佥院”的对音。

[147] “王子”，指镇西武靖王搠思班。

[148] “院更”，宣政院在西藏的首席派驻官。

[149] 原文有遗漏文字，写为“*ཁོང་འབྲངས*”。

[150] 雅恰藏波，雅鲁藏布江流经琼结县和乃东县境时之别名。

[151] 院巴，宣政院在西藏派官的称谓。

[152] 达尔嘎，蒙古语，对官长的称呼。

[153] 元代称帝师为喇嘛，此指帝师衮嘎坚赞。

[154] 长官绛巴，从下文看，此人是萨迦本钦，因其出生在拉堆绛，故称绛巴。又据《汉藏史集》载，本钦旺尊卸任之后，萨迦本钦是洛追坚赞。长官绛氏疑是洛追坚赞。

[155] 娘波，此指工布和波密连界地区尼洋河流域。

[156] 衮巴，原文错写，应为“སྙོམ་པ།”。

[157] 原文不清，写为“*ཤིང་དགས་བྱེད་པ*”，暂译为“捆绑在树上”。

[158] 本钦父子，原文未指明系何人，联系上下文，疑指旺尊。

[159] 此指本钦杰瓦桑波。

[160] 帝师，此指元室第十二任帝师衮嘎坚赞贝尚波（1310—1358年），他出家前娶有二妻，长妻生曲季坚赞（1332—1359年），被封为大元国师、镇国公，赐金印。次妻生大元洛追坚赞贝尚波（1332—1364年），受封大元国师。衮嘎坚赞及其二子属拉康拉章系统。

[161] 原文字迹不清，写为“*གདབ་ཁྱེར * ཚན་ཆེར་བྱུས”。

[162] 糖包，谓生革包裹以便驮运的糖堆。

[163] 原文字迹不清，写为“སྟག*་འཇོམ*་པའི་སྐབས”。

[164] 夏钦巴，此指其时萨迦东院的住持仁钦坚赞。见《汉藏史集》。

[165] 融糖饼，融化蔗糖于酥油中冷却后结成的糖饼。

[166] 上部蒙古人，指居住在阿里地区的蒙古人。

[167] 达钦，意为大长官。萨迦派自八思巴之后兼摄政教两权者的称号。

[168] 原文写作“དཔོན་ཆེན།”，对照全书，当系错写。

[169] 晒垫，用作摊晒粮食的粗毛织物。

[170] 原文字迹不清，写作“མདོ་སྨད་པའི་མི་ངན་*ཕི་པི་འདི་བྱེད*”。

[171] 原文字迹不清，写作“བླ་མ་དཔོན་ཆེན་ལ*ཐུས་ཁུས་*འཛིན་པ།”。

[172] 帕竹行政首领自称第司。

[173] 根本师，给自己传授灌顶、教诫和密诀的特殊上师。

[174] 康萨瓦，指萨迦寺康萨院的座主扎巴坚赞。

[175] 第司，谓地方首领。

[176] 衮嘎仁钦（1331—1399年），萨迦细脱拉章克尊钦波南喀烈贝坚赞之子，曾受封灌顶国师。

[177] 贡塘巴，此指在蔡贡塘的蔡巴。

[178] 觉摩囊，觉囊派主寺所在地名，在今拉孜县境。

[179] 细脱巴，此谓细脱拉章第二位主持衮嘎仁钦。

[180] 原文不清，写作“ཐམས་ཅད*་ཚུ་སྐྱེགས་*ཀྱིས་ལེན་པ།”。

[181] 原文直译是“胸对胸”之义，此即蒙古之“抱见礼”。

[182] 拉康巴，疑指萨迦拉康拉章的洛追坚赞（1332—1364年），此人曾受封大元国师。

[183] 一些研究元代帝师制度的文章说喇钦索南洛追任帝师始自1358年，据《朗氏家族史》记载看来，他们根据的是1358年索南洛追进京的年代。

[184] 此谓索南洛追任帝师一事。

[185] 娘波，在今工布和波密接界地区。

[186] 原文写作“ག་བག།”，其确切意义待考。

[187] 索地，元代称为“索格”，在西藏东北，怒江上游。

[188] 曲弥巴，此处当指绛求坚赞安插在曲弥的多吉坚赞。

[189] 细脱巴，此指细脱拉章的衮嘎仁钦。

[190] 原文写作“སེ་འཁྲར།”，确切意义待考。

[191] 细脱巴，疑指细脱拉章的洛追坚赞。

[192] 喇嘛，当指仁钦岗拉章第二任住持达瓦坚赞。参看王森:《关于西藏佛教史的十篇资料》。

[193] 原文标题将哲杰瓦写作“བཀྲ་རྒྱལ།”，行文中写作“བཀྲས་རྒྱལ་བ།”。两处写法不统一。

[194] 细脱巴，此处当指细脱拉章的衮嘎仁钦。见王森:《关于西藏佛教史的十篇资料》附表。

[195] “仲巴”（དྲུང་པ།），意为“尊前”“阁下”，此指洛追坚赞。

[196] 大喇嘛，疑指拉康拉章第一任住持衮嘎坚赞贝尚波（1310—1358年），此人于1333—1358年任元顺帝帝师，故原文称作“大喇嘛”。

[197] 细脱拉章第二任座主衮嘎仁钦的简称。

[198] 此指达瓦坚赞。见王森:《关于西藏佛教史的十篇资料》附表。

[199] 叶如，以南木林县为中心，东至朗玛古普，南至聂拉木，西至皆麻拉古，北至黑河底卡一带地区古地名。

[200] 止贡宝师，此指止贡寺第十一任座主涅尼巴·曲季杰波(1335—1409年)，1351—1400年在位。见王森:《关于西藏佛教史的十篇资料》附表。

[201] “雄朗”，疑为一种茶名，待考。

[202] “夏悠”，疑为一种织物名，待考。

[203] “衡特尔”，疑系靠背之类坐具，待考。

[204] 地穴，堪舆家所说地形的穴道。

[205] 大阿阇黎王，当指白兰王扎巴坚赞。见《青史》《萨迦世系史》。

[206] 塘波且，元代西藏十三万户之一，在今琼结县境。

[207] 温宝师，谓止贡寺第四任座主温仁波且索南扎巴，1222—1234年在位。见王森:《西藏佛教史的十篇资料》附表。

[208] 宝师，谓邓萨替寺第七任座主扎巴喜饶，见上文。

[209] 原文写作“ཆོ་དབེན།”，疑为“佥院”的对音。

[210] 原文字迹不清，写作“སྐྱིན་ཡོན་རྣམས*ངོ་དམིགས་བསྟོས*”。

[211] 原文写作“ཨ་བརྒྱ་དཔོན་གསུམ།”，其确切意义待考。

[212] 原文字迹不清，写作“ནང་ནས་*གདུར་*ད་གོས།”。

[213] “巴渥,”意为“勇士”，此作“武将”解。“巴图尔”本系蒙语借词，意为“勇士”，此作带兵官之封号。

[214] 达磨帕拉，1268—1287年之间任元世祖忽必烈之帝师。关于此人的经历，详见《萨迦世系史》。

[215] 益喜衮嘎，据《汉藏史集》载：八思巴之弟恰那娶霞鲁地方首领之女玛基喀卓崩，生达磨帕拉，故霞鲁万户长称“古香巴”，意为“舅父”。以后霞鲁历代万户长简称“古香”。据《青史》载，霞鲁万户长古香·益喜衮嘎曾请得“都元帅”的封号，故《朗氏家族史》往往呼其人为“古香都元帅”。

[216] “གིང་ཞི།”，疑系蒙语借词，一职官名，待考。

[217] “嘉律师”，本名嘉律师尊珠巴（1079—1154年），见东噶·洛桑赤烈《红史注释》。

[218] “茨结巴”，意为“初八日”，或系此人出生之日为初八是凶日，故此人诨号“茨结巴”。

[219] “ག་མས་ཡི།”，系“ག་མ་རྫོར་ཡི།”的错写。

[220] “尼曲巴”，意为“祭奠期为初二者”，指邓萨替寺第五任座主扎巴仁钦。见《新红史》。

[221] “居尼宝师”，指邓萨替寺第三任座主仁钦多吉。见《红史》。

[222] “ཀུང་ཅུ།”系“ཀུ་ཅུ།”之错写。

[223] “本钦”，此处不是指萨迦的“本钦”，而是指林葱家族的行政首领。

[224] 据《新红史》记载，邓萨替寺第五任座主尼曲巴扎巴仁钦于土牛年(1289年)承袭法位，此时亚泽王赠金建邓萨替寺大殿镏金屋顶，故尼曲巴又叫京俄赛脱巴。

[225] 原注：此处当细说泽当大寺兴建之情形等，但未找到详细材料，简略说明如下。大司徒绛求坚赞[阳水虎年(1302年)生人]年届五十一岁，绛央国师释迦坚赞[阳铁龙年(1340年)生人]年届十三岁之阳水龙年(1352年)，建此所大寺院。该年委任绛央国师为住持。十三年中他无数次转动法轮，于阴木蛇年(1365年)担任第司。其后，该寺历任住持是扎巴仁钦、索南扎巴、扎巴坚赞、绛求多吉、扎巴炯乃、贝衮嘎烈巴、桑结坚赞和多吉仁旺(རྡོ་རྗེ་རིན་དབང་།)等。一部分人认为此寺建于阴铁兔年(1351年)。此说不足为据。总之，阳水龙年建此寺后经两个甲子迄今之阳土狗年已有一百二十七个春秋了。

[226] “仲钦”，“仲勒钦波”之简写，对人之敬称。

[227] 真言沙，宗教徒诵咒加持后用以驱魔的芥子、沙粒等物。

[228] 随财鬼，迷信所说紧紧跟随人畜财物的一种鬼。

司徒之道歌《短篇祈祷》

师尊之身似珍宝，您的恩德使（我）骤然感觉大乐，敬礼持金刚的脚莲，祈祷尊者众生怙主[1]，祈祷吉祥帕竹佛语传承派，请关怀虔诚的弟子们。（您）是三时诸佛的性相(即本体)，救离一切有情于苦海的大慈者，请给以悲悯地护佑。祈祷尊者众生怙，祈祷吉祥的帕竹佛语传承派，请关怀虔诚的弟子们。

祈祷本尊神、空行母和护法神等神佛常住（我）身，给以加持，请扭转逆缘和魔难。祈祷尊者众生怙主，祈祷吉祥帕竹佛语传承派，请关怀虔诚的弟子们。

从金刚持辗转传承的历辈大慈众生怙主，请时刻悲悯地护佑虔诚的弟子们。祈祷尊者众怙主，祈祷吉祥帕竹佛语传承派，请关怀虔诚的弟子们。

溯源我乃是十八高贵种姓之中惹氏的子孙，是朗·康巴哥恰的后裔。

(朗氏) 证果者相继不断，祖宗绛求浙桂是莲花生的化身。祈祷尊者众生怙主，祈祷吉祥帕竹佛语传承派，请关怀虔诚的弟子们。

(绛求浙桂) 前往东方宗喀地区，青灰色蝙蝠当坐骑，遨游苍穹敲打长柄鼓，莅临 (朗氏) 公有的勒竹地方，统辖南方十八处大地域，虔诚的弟子和财富不可数。祈祷尊者众生怙主，祈祷吉祥帕竹佛语传承派，请关怀虔诚的弟子们。

继之，京俄大师五岁遂给孺子以法施，十二岁时前往请法，年届十八岁始利益众生。当获悉地法主[2]的美名时，遂带着馈礼到止贡寺，在法主座前剃度出家为僧人。祈祷尊者众生怙主，祈祷吉祥帕竹佛语传承派，请关怀虔诚的弟子们。

(京俄大师) 年届十八岁时前往 (帕竹寺)，博得 (法主) 三喜悦，因已无遗漏地学得所有的知识，故法主敬礼说：“先前 (您) 是我的门生，今日之后 (您) 是我的师长。”于是委任众生怙主为邓萨替寺神圣的传法子 (即座主)。祈祷尊者众生怙主，祈祷吉祥帕竹佛语传承派，请关怀虔诚的弟子们。

绛求坚赞我门第高贵，血统优越，是政权和庙堂之主，领地和属民不可估量，本系京俄大师的侄孙子，杰瓦郊之重孙，绰渥潘的孙子，仁钦郊的骄子。祈祷众生怙主，祈祷吉祥帕竹佛语传承派，请关怀虔诚的弟子们。

(我) 年届十四岁去萨迦，担任达尼钦波的掌印官，虽蒙厚爱，但是 (达尼钦波) 语言尖刻，行为暴烈，颇威严，我年幼弱冠，心惊胆战去寓所，虚度光阴有三年，领纳乌鸦送子之痛苦。祈祷尊者众生怙主，祈祷吉祥帕竹佛语传承派，请关怀虔诚的弟子们。

(达尼钦波) 把我交给年梅巴，嘱咐 (我) 应学习《喜金刚二品》，(年梅巴) 因材施教讲譬喻，学业方面却中平。似乎前世宿缘醒悟，厌离之心强烈生起看破红尘，本欲前往圣地印度，却又恋眷父母双亲，牵萦胞弟似鼻绳。祈祷众生怙主，祈祷吉祥帕竹佛语传承派，请关怀虔诚的弟子们。

盘桓（萨迦）古刹约五年，（帕竹）无人供给口粮和衣裳，（我）犹如饿鬼徘徊在逆旅，举首望天空俯首看地上，遂自动登程返故乡。门嘎尔沟尾卧半月，喇嘛、山民隆重来迎迓，稽首恭谦礼遇隆。祈祷尊者众生怙主，祈祷吉祥帕竹佛语传承派，请关怀虔诚的弟子们。

获悉贤兄抵多恩，我亦去加萨，是夜谒见了京俄，达官贵人迎迓在门口。（我）虔诚恭敬求得了加持，穿衣戴帽后递给昂杰瓦一方哈达，（他）不敬礼失礼数。祈祷尊者众生怙主，祈祷吉祥帕竹佛语传承派，请关怀虔诚的弟子们。

王子驾到声言款待要隆重，（众人）叫苦不迭："王子莅临一切将罄净，一切俸禄和招待都没有。（我）借住衮嘎吉祥小土屋度过一个夏季。由于卑劣仆役的捣鬼，修持禅定（我）又食量大，不得不负债，（我）认为不能苟延残喘度过一生。祈祷尊者众生怙主，祈祷吉祥帕竹佛语传承派，请关怀虔诚的弟子们。

（我）十八岁时购得小土屋，土屋破烂欲倾倒，颓垣断壁梁发响。（我）次第耕种、泥墙和做饭，没有何人来帮忙，无可奈何搬迁至下方小土屋，（我）欲谨慎行事，并且略限奶酪和食量，遂委托扎巴贝熬口茶，馈赠二位居士以供食费用。祈祷尊者众生怙主，祈祷吉祥帕竹佛语传承派，请关怀虔诚的弟子们。

嗣后，老母来邓萨替寺，询问（我）说："你好似借贷金子负了债，快讲债务有何许！"说少（她）不信，（她）一定追问有多少，（我）遂回答欠债有金子二十八两。她早已调查清楚了，慷慨解囊拿出黄金二十八两，（我）遂顺利地偿清了债务。祈祷尊者众生怙主，祈祷吉祥帕竹佛语传承派，请关怀虔诚的弟子们。

深思母亲解救（我）于债务困境中，赐给一块茶砖熬茶饮，咛嘱郑卡地方秋收事，告诫不要顾及扎西雄，不要失望发怨言，深思母亲深情告诫说，异母昆季之间找寻内部敌人无意义。祈祷尊者众生怙主，祈祷吉祥帕竹佛语传承派，请关怀虔诚的弟子们。

一年半以后，壮士断除了疏懒，专心致志皈依佛门。此时盛传我宜前往汉地领取万户长的赏赐。萨迦演出乌鸦送子的闹剧。无论出现何种情况，我成竹在胸，遂自动启程返故乡。祈祷尊者众生怙主，祈祷吉祥帕竹佛语传承派，请关怀虔诚的弟子们。

侍者索南主仆计五人，牵连父母双亲一年又六月，基本上由我来赡养，债务由我来偿还，无人帮助偿还一厘债，此是由恋眷父母和胞弟所致，（我）恳求前往咱日山[3]。祈祷尊者众生怙主，祈祷吉祥帕竹佛语传承派，请关怀虔诚的门生。

坚赞郊甚放肆，纵容强梁在上部辛巴地方，强迫寺属领地（百姓）支差纳税，从而断绝了募化奶制品和花供的来源，僧人失却云游处。却给沙巴们以放血[4]鼓气，他们恣意捆打（百姓），从此扬起丢丑之幢，对此（我）义愤填膺。祈祷尊者众生怙主，祈祷吉祥帕竹佛语传承派，请关怀虔诚的弟子们。

大喇嘛（此指帝师）衮洛来西藏，喇嘛仁钦去接驾，要我留守当管家，鞠躬尽瘁训示（属下），（管理家业）若有成绩我轮不上，若出现失误我要把过失承当，然而自知应维持家计，夏天遂移居附近的邓噶地方，每天停留扎西雄，叮嘱、指挥心腹人。祈祷尊者众生怙主，祈祷吉祥帕竹佛语传承派，请关怀虔诚的弟子们。

秋天庄稼收割前，年迈父亲患疱疹，老母护理老父亲，（我）说不要护理（她）不听，父亲的疱疹传染给母亲，父亲痊愈母亲病，医疗、经忏佛事全做尽，全无裨益她逝世。祈祷尊者众生怙主，祈祷吉祥帕竹佛语传承派，请关怀虔诚的弟子们。

开启坛城十二座，延请法行最佳的高僧做佛事，诵念超度十七天，

(我) 食用的不是酥油、奶酪糕和干肉，未尝跨出门槛贪吃肉，脸色憔悴无血色，（佛事）花费老母零星的什物和老父积攒的金子八两。祈祷尊者众生怙主，祈祷吉祥帕竹佛语传承派，请关怀虔诚的弟子们。

我支出金子约三两，(经忏) 共用金子一百五十钱。继之在喇叶经堂举办大规模的酪油宴会，财富同罪孽不相混，替寺僧众皆随喜。在星曜遇合的吉日结束扎西雄的荐亡佛事，临近中午道场遂收尾。祈祷尊者众生怙主，祈祷吉祥帕竹佛语传承派，请关怀虔诚的弟子们。

京俄从北方莅临，中午抵达德达地方。我迎驾迟到惹得 (他) 略带愠色。深思老母逝世 (我) 沉痛，身边无人来劝慰，(京俄) 连句“止哀”亦不语。他寓居泽日草原，我复返回扎西雄。祈祷尊者众生怙主，祈祷吉祥帕竹佛语传承派，请关怀虔诚的弟子们。

上无兄长的照拂，下无胞弟的扶助，老少部属情意薄，倘若征询其计谋，他便泄露给仇敌，我单枪匹马似猛虎奔跳同敌人周旋，内部又来相煎逼，这般困苦不堪设想。祈祷尊者众生怙主，祈祷吉祥帕竹佛语传承派，请关怀虔诚的弟子们。

由于 (我) 深爱我们的政权、佛语传承喇嘛的悲悯和本尊神、护法神的加持，(我) 方能欢度桑梓之年，设法征服仇敌，慈祥地护佑亲友和本政权，同地位相同的人直接合作，恩养不幸的人们。祈祷尊者众生怙主，祈祷吉祥帕竹佛语传承派，请关怀虔诚的弟子们。

幸福本系自己创造，蒙受怨敌的蹂躏是活该，嫉妒亲友的事业，听信偏颇的意见，斥责心爱者出谋划策，忘却所学的道理，不知恩报恩，这些乃是卑劣者们的行径。祈祷尊者众生怙主，祈祷吉祥帕竹佛语传承派，请关怀虔诚的弟子们。

若能信守自己的誓愿，则会事事如愿，受到护法神大黑天的护佑，横越大地翱翔虚空，所筑会如须弥山坚固和精美无比，恩养的人马幸福圆满，以现有的幸福为知足。祈祷尊者众生怙主，祈祷吉祥帕竹佛语传承派，请关怀虔诚的弟子们。

我所建造的土堡巍峨，抚养的人马精悍，积累的财富富足，此三者应在必要之时使用。老翁绛求坚赞我耄耋之年权势大，不依求于他人，自己的预想直接付诸于实践，全部谋略均实现。以上是简短的幸福祈祷辞。祈祷尊者众生怙主，祈祷吉祥帕竹佛语传承派，请关怀虔诚的弟子们。

愿吉祥、光辉装点赡部洲。

以上是长短两篇祈祷辞中的短篇。

注释：

[1] 众生怙主，指帕竹·多吉杰波，下同。

[2] 法主，此指止贡觉巴·仁钦贝，下同。

[3] 咱日山，西藏洛隅地区一山名。十二世纪末，藏传佛教噶举派藏巴甲日·益喜多吉始说此山为佛教密宗上乘金刚圣地，首创每年前往巡礼之例。每逢猴年规模更大，常达数十万人，称为咱日巡礼。

[4] 放血，指用针刺出血之疗法。

司徒之道歌《长篇祈祷》

恭敬地敬礼和皈依世尊释迦牟尼的教法、世界六庄严[1]、二胜[2]、静命和莲花生。恭敬地敬礼和皈依宏扬佛教的祖孙三法王和大班智达、译师的诸化身。恭敬地敬礼洪恩浩德的玛尔巴、米拉日巴、岗波大善逝[3]和法主京俄大师，祈祷尊者众生怙主，祈祷吉祥帕竹佛语传承派，愿懦弱愚夫获得勇气，愿无知者获得理智。

绛求坚赞我年届二十岁到乃东官寨充当万户长执政时，纳、协、辛三地仅余三分之一，三处村寨亦如此。宇斯恩木地方仅剩一半，土地荒芜无人种，白茅满山川，羊羔适逢寒冬生，全部帐幕又被行人带走。先前的万户长个个娶妻纳妾有三个，分别安置在各谿卡。马夫、差夫、伙夫和牛马牲口恣意践踏禾苗，持势横行殴打百姓，（你们）为何那时不喊冤，现在却把苦来叫？祈祷尊者众生怙主，祈祷吉祥帕竹佛语传承派。

赤琼[4]、官家人人娶妻纳妾有两个，他们任意支派差徭，以势压人，梅朵地方新旧法庭和新老地方保卫者（即驻藏蒙古军）们都同乃东作对，有个赞普（此指土酋）叫果古，征派每户百姓三十项乌拉差，抢劫所有行人似霹雳，掳掠家产殴打房主人，拉扯房主女人胡作非为，（你们）为何那时不喊冤，现在却把苦来叫？祈祷尊者众生怙主，祈祷吉祥帕竹佛语传承派。

乃东万户长昏庸无能，因而温布督杜闹龃龉，众人一齐跪地上；似有敌手来，（万户长）一面回眸后顾一面逃，百依百顺下贱如眼屎，寺属百姓和贵族所属百姓明白自己的处境，全都投奔萨迦寺，贫困潦倒之百姓纷纷投献不同的宗主，致使伊木夏巴占据昌珠地方，乃东人出行无处走，（你们）为何那时不喊冤，现在却把苦来叫？祈祷尊者众生怙主，祈祷吉祥帕竹佛语传承派。

以门喀、拉如为代表的悦瓦地区的豁卡（之属民）无穷尽，遭逢荒年之时主仆倾巢而去来雅隆，（我）盛情款待以食品和行人所需的用具，照料护佑长达一月之久，让其放牧牛马牲畜各山谷。横行不法的普杉人抢掠所有的人，其后扬言要来我豁卡，在下部厥地和居塘以上的赛巴和宇斯等地搭梯入室抄家搜查，洗劫一空，并向墙（念咒）吹气，运走饲草等一切财物，众人被逐沦为乞丐，漂泊流浪，藏历十月降临后，人们称为孺子寒战月，即使此时众人还在逃避普杉人。（你们）为何那时不喊冤，现在却把苦来叫？祈祷尊者众生怙主，祈祷吉祥帕竹佛语传承派。

王室（成员）司徒院使、蒙藏本钦、都元帅、（镇西武靖）王和公主等铺天盖地浩浩荡荡来西藏，逢人便征乌拉差，每次征派绛琼时，派给一百（人畜）尚不够，较之三次大征调和平日零星征派的总和，那时绛琼更繁重，向百姓征派马匹时，撒巴的家仆亦不能幸免，雅斯、贡塘、遮拉等地的人递送（公文）、至上部古木地方时，许多人马饥渴而毙。（你们）为何那时不喊冤，现在却把苦来叫？祈祷尊者众生怙主，祈祷吉祥帕竹佛语传承派。

名为炒磨青稞的大差，较之“绛钦”（同“绛琼”相对而言，规模庞大，故叫“绛钦”）更沉重，适逢饶尊人运送糌粑时，寺属百姓和贵族所属百姓压断腰。我从大喇嘛衮洛座前请得妙善的命令，豁免了如此繁重的差徭，但是谁也不将恩来报。（萨迦）为调解争端和经商贩运等(所需的徭役)、萨迦囊梭期供的厨具、乳制品、新春呈茶所奉献的物资，等等，总之，一次大征调支派的巨细差役供赋无穷尽，（萨迦）显贵们担任税收官，大批主仆涌来（雅隆），不仅要供应膳食，而且尚要负担苛重的力役，（他们）信口雌黄便把差徭征。（你们）为何那时不喊冤，现在却来把苦叫？祈祷尊者众生怙主，祈祷吉祥帕竹佛语传承派。

秦地、门嘎和香卓等地方，被梅朵人攫为己有，乃东人出行无处可走，撒热、措绒、哥木囊等地约有五座豁卡以及禄辛、尚木等地被舍康·衮嘎热占据，玱梅、衮塘、答蔡、衮扎布、格德布、上下门隆果那、卡尔和香卓等地方被土酋割据，（我）以清查户口时的簿册作根据，收复全部的领地，将寺属百姓和贵族所属百姓混合安置在不同的地方。文地全体寺属百姓被（萨迦喇嘛）康萨瓦占据，以格卜恰平章为首的金字使和达官在贡塘、杞塘和佳木地方权势之重胜过山。本钦、宣慰使（及其僚属）多得不可胜数，公众之中黑压压一大片，经我向他们诉讼后，拆散（他们）同康萨瓦过手传石的关系，使得众人得安乐，却无人知恩把恩报。（你们）为何那时不喊冤，现在却把苦来叫？祈祷尊者众生怙主，祈祷吉祥帕竹佛语传承派。

由于帕竹囊梭、坚赞郊和悦瓦法庭的处罚等原因，乡村败约的撒巴、全体寺属百姓和贵族所属百姓，你们每人分别投靠四个长官，宛如众鸟落罗网，身首异地一样，我的臂力被削弱，故遭受这般的境遇。乡村中的撒巴和属民们在雅帕战争暴发时，敦巴希哲一到达，嘉地老头长官索氏就失言，（我）愤恨地冲上雅桑阵地前的山坡上，楚达亦尾随在后，他俩深怀爱慕之情不肯舍弃（我），撒巴们齐挽弓，冲上敌阵地，虽然

（我）先后三次派人通知撤退，但是长老不愿退却。祈祷尊者众生怙主，祈祷吉祥帕竹佛语传承派。

敌人占卜星相后，集中前线兵力来反扑，同仇敌忾的将士去迎战，作为三翼军队的长老，云丹、旬努和长官仁氏三人分别担任如本。（我）命令冲锋占领左边的山岗，长老武艺低，被敌围困战死长矛下，以楚达为首的十三人亦次第阵亡，我军被追击，丢弃战鼓、号角和牦纛，整个队伍溃逃到扎嘉秋索地方。（你们）为何那时不喊冤，现在却把苦来叫？祈祷尊者众生怙主，祈祷吉祥帕竹佛语传承派。

俗人、马夫、乡村中的撒巴和近卫保镖全都逃之夭夭，不见踪影，仅余下旬努尚波、贝仁和我等十四人，被遗弃在屋内，敌人逼近房屋，（我）命令召回我军，于是摇曳牦纛。我摇晃军旗呼喊（我军）冲下来，然而无人从扎嘉秋索地方来接应。由于敌人气焰有所收敛和三宝、空行母的加持，（我们）带着牦纛撤退下来，没有任何人前来迎接。（你们）为何那时不喊冤，现在却把苦来叫？祈祷尊者众生怙主，祈祷吉祥帕竹佛语传承派。

其后（我）说应扼守格瓦地方，有人却说驻守此地颇不好，有人建议前往扎卡地方为佳。于是遂在觉卧瓦之扎卡构筑工事战壕，对于我军失利，从觉卧瓦的表情可知他并不焦急。其后（我）赶回乃东，众人对我、敦巴、楚达和旬努尚波等四人似乎起了反感，觉卧瓦亦怀贰心。（我）到达乃东一天后，仁钦崩、扎僧和坚守哲木、杜松地方的人们陆续返回。祈祷尊者众生怙主，祈祷吉祥帕竹佛语传承派。

两天之后，在雪处四柱厦商议对策，（我）唤来持怀疑态度的人们。主仆一道用餐时，（我）把长官仁氏、敦达、不（向我）敬礼者和扎僧等四人分别装入两只破箱内，抽剑唬吓，扬言要处死，长官仁氏手拿两块砖形奶酪糕，伶齿俐舌央告我，（我）晃动剑锋向箱内，咆哮说："（我）有你们是坏人的证据，敦巴、楚达搞的勾当是什么？搞了什么诡计就招认，不说现在就处死。”（长官仁氏的）砖形奶酪糕落地，叫苦不迭。无论（我）怎样威胁，（他）说不出玩弄的阴谋，从而（我）了解他不是祸殃。祈祷尊者众生怙主，祈祷吉祥帕竹佛语传承派。

乡村之中全体败约的撒巴们须臾听我言。村落中有理的撒巴中有些人是忠实于我的，无须对你们下达命令，谁胆敢来冒犯便进攻谁，要手指指鼻头（形容豪爽气魄），使愚昧者懂事，智慧者长进，除旧布新岂不美。村落中卑劣的撒巴们，你们尚若参战，战争遂失利，你们却叫苦连天，发出垂死的呻吟，连百姓们亦感胆战心惊。（你们）发现敌军时，不知战斗为何事，却集中心思把命逃。祈祷尊者众生怙主，祈祷吉祥帕竹佛语传承派。

（我）对付内乱外侮时，失误之举有七八桩，此乃是村落中撒巴和百姓所造成，是因为你们才败北，有人却妄说是仲巴我作战无运气。当你们遗弃带兵官头也不回逃遁时，贪生怕死的懦夫（你们）请看这个贴切的例子：帝释天王的部众三十二天——部众诸天舍弃帝释奔逃后，帝释天王如何同非天争斗？有人提议说：仲巴（你）应向蒙古人诉讼，不管怎样，在庭辩中（你）稳操胜券，唯独不要兵戎相见，众人亦得安宁。战而胜之的好处是：统治全部疆土，攫取所有百姓，在边境建筑豁卡，扩展地盘，比起原有十（户）属民，现在新增百姓数量众多，从他们聚敛和进项多，维持政权靠他们，（他们）牵动人们的心。（帕竹）在贡噶、乃乌、扎噶、仁蚌和桑珠孜等地的统治稳定后，从大都来藏的宣旨钦差、萨迦喇嘛及决事会议、本钦和宣慰使等均景仰（帕竹），（帕竹）餍足了他们。从达磨格底以来，以大喇嘛索洛、院使伊布为首的显贵要人进京行人，直至司徒曲季仁钦、根本副使仁钦和行院副使旺杰等护送（帝师）遗骸入藏，其间大约有五批宣旨钦差和显贵要人逆旅需要驮马和运载行装的牲口（帕竹均一一满足其需求）。祈祷尊者众生怙主，祈祷吉祥帕竹佛语传承派。

在往昔，（我）未向寺属百姓和贵族所属百姓征派（宣旨钦差等人所需的）驮马和佳肴美食，有时只交一半给众人筹办，有时是延期办理，若官寨内（宣旨钦差等所需的）驮马、帐具等物资富裕时，遂由官寨备办，从而使得众人欢天喜地。由于我待人宽厚，因而赢得印度、汉地和藏区等地人们的尊敬，蜚声四方。此乃是待人好的果报。用手掌捂臀部（意为“捉襟见肘”）、做损耗鬼和办事缺德，岂能博得声誉，令人高兴？祈祷尊者众生怙主，祈祷吉祥帕竹佛语传承派。

乡下败约的撒巴们须臾听我言，战争胜利的硕果是给俗官、撒巴、有权势者、士卒和百姓带来金、银、铜、铁用具，绫罗绸缎，金玉珠宝，长短披风，长毛大氅，云累（疑系一物名），成群的牛、马、羊，满路的货财。而（先前）无人向我馈赠一钱献新物资或一方丝帛，请设想若将军械和全部上乘用品卖给仇敌，官寨能否施舍（上述物资）？既然明白作战胜利的功德，为何喋喋不休叫苦？祈祷尊者众生怙主，祈祷吉祥帕竹佛语传承派。

尚若不击溃敌军，战争未赢得胜利，此时内敌比外寇更凶恶。尚若已歼灭敌军，取得胜利，则不但保住了本土，而且囊括他人之地区，往昔蒙藏的汗王们由于作战胜利而得天下，富足安乐美满。卑劣的撒巴们听我言，（你们）眼光朝下，沿袭歪风陋俗，抛弃所有优良传统，仅仅关心吃、喝和睡三件事，恣意歪曲所学的道理，延误所委托的工作，若走了一天的路程，便浮夸为获得三千大千世界。祈祷尊者众生怙主，祈祷吉祥帕竹佛语传承派。

请谛听之，我尚有话说，在我同寺属百姓、贵族所属百姓之间混杂着败约的撒巴，贫困的寺属百姓和贵族所属百姓单独挥手（要求援助）像舞伎舞手似的，却被遗弃在四周，（我）在中央呼号、奔突，是为败约的撒巴所致。若要述说其缘由则是：属民的田地和家珍，你们不费吹灰之力就攫为己有——田地收入折合的金子不交官寨便强迫变卖，贱卖之后（囊梭）未收到，因而囊梭遭怨恨，令人失望，故（囊梭的）收租胥吏赖在困苦百姓的门口不肯离去。祈祷尊者众生怙主，祈祷吉祥帕竹佛语传承派。

守候房口的胥吏催逼紧，百姓交纳租税之后遂破产。属民不仅需交租纳税，而且尚要给军队支人畜力役。撒巴逼迫的百姓贫穷破产，有的将（差岗地）退还给谿卡，差民流离失所孤身漂泊。征收内外差税的胥吏，征收柴草乌拉的胥吏，催派土建徭役的胥吏、催收行人支乌拉的胥吏等人索取食物无止境，（亦）使得百姓流亡。背尸绳索超过尸体的重量，这是百姓破产的原因。（我）耳闻此事已三年，要给所有仆役减免一半原有的柴草、乌拉，不得向新生者摊派（差税），不得勒索脚钱和肉食代金，不得贪赃枉法巧取豪夺。然而递送文件的信使、征税的胥吏、村落中的撒巴和什夫长串通一气进行密谋，抢掠庶民，拒不将差税减半，胡作非为。祈祷尊者众生怙主，祈祷吉祥帕竹佛语传承派。

（官寨的）马夫们秋天依据契约征收饲草和禾秸，春天制定支派差徭去山川割草的计划。有人却将乌拉折合为黄金和青稞私自收取，并呵斥和棒打诚实的差民，每天殴打至十余次之多。乌拉苛重，（百姓）逃亡，（他们）却加倍聚敛以示惩罚，贪得无厌地搜刮金子。夏天和秋天时，（他们）将山川割草的徭役折合成金子与青稞中饱私囊，其后果是次年春天官寨的饲草耗尽，无草喂马，马被饿死。祈祷尊者众生怙主，祈祷吉祥帕竹佛语传承派。

对待外地前来的行人，无论其地位尊卑和数量多寡，理应食物丰盛，用具讲究，以求愉快地住宿，走后留下亲切悦耳的言语。可是马夫们却以粗言恶语对待逆旅，让贵宾的马匹挨饿。对此（旅客）纵然食品丰盛亦要离去，致使（我们）再三央求挽留。这类丢丑的事出现无计其数。（马夫们）贪污黄金和青稞密藏起来，却声称是（旅客）信赖马夫所致。如此贪心非分，终将瓜分官寨的马匹，毁灭百姓，请仔细思考是非得失。

我和囊梭先后命令对百姓的差税减半，连年公正对待根地和梅朵人，未从(当地）百姓聚敛，然而却叫苦临时差税多，佃户们仅有些微的道理，为何交纳政府赋税要啼哭？祈祷尊者众生怙主，祈祷吉祥帕竹佛语传承派。

百姓们破产的根源是你们百姓的亲友，是被村落中的撒巴毁灭的，交纳差税的人们像胥吏似的流落异乡，毫不留恋故土，对长官和政权感情淡薄。他们被花言巧语迷惑，掉了头颅尚不知，别人施舍一点不果腹的财物，遂认为现在颇幸福，一旦接到亲友、乡邻的召唤，遂听信他人的花言巧语。（这样的人）若被委任为领军巴图尔，自己结束尚不知。祈祷尊者众生怙主，祈祷吉祥帕竹佛语传承派。

上部文地的撒巴和百姓是不足为训的，上当受骗比谁都容易，若恐吓威胁之，比谁都胆怯。那些败约的撒巴和百姓扮演内奸向仇敌诉衷肠，却又阿谀奉承官寨的权臣，蒙骗欺诳，这般行事岂不是将对象搞颠倒？若当着自己的面诉苦，申述力不从心的诸事，一旦（我）获悉，立即下令减免差税，给以护佑，裨益之。而在外人面前叫苦，张扬家丑，除被人嘲笑外，是无济于事的，坏话是要传遍天下的。祈祷尊者众生怙主，祈祷吉祥帕竹佛语传承派。

寺属百姓和贵族所属百姓听我言，从前乌拉数不清，现今每户仅支一项差，军差情况亦如此，没有必要叫苦称不堪，纵然（差税）过度亦唯有手心大小一点点。满山遍野辟为田，田垄之大鸟儿飞不出边，因此不必把苦叫。（我）进行了帝释华屋的土木工程，迄今仍然见效益，由于进行了桑耶金屋的土木工程，遂不需向百姓借旅舍，无需交接收授寄宿处，故利于自己马匹饲草（的贮存）和维持政权。应购买接近豁卡的土地，若此，我们的大批人马住宿时始无困难，（所购买的地方）现在即可利用起来，请权衡这项措施是否饶益后代人？祈祷尊者众生怙主，祈祷吉祥帕竹佛语传承派。

兴建恩嘎（经堂名）的土木工程是伟大的业绩，那是奉安佛像、佛塔和经卷的场所，是喇嘛和僧众的集会处，是财富、物资的管理处，修建此卧室（令我）满意。请想想，扎卡、乃东的土木工程是为了我们的。建造邓萨替寺的大经堂和小屋卡达，亦应理解为是为我们。在我这个老翁身体健康时期，尽量倡导植树和进行我所考虑到的土木工程是为了后代人。一旦老翁溘然去世，朗氏家族成员、亲眷、仆役、寺属百姓和贵族所属百姓任何人都不必筹划再立一根小柱了。祈祷尊者众生怙主，祈祷吉祥帕竹佛语传承派。

(我) 致力于土木工程是充分考虑了效益才动工的，作为我临终的留念始兴建的。我一命呜呼后带不走，积攒的财富亦如此。我是有恩德之人，人却不报恩，我恩养人，人却不知，我护佑人，人却不知，反而咒骂恩人，称颂坏人，对所依枕的人撒糌粑，每月供养一次亦是出于面谀。老翁绛求坚赞我外出时仅践踏路面，从不侵扰沿途的百姓，居住在乃东官寨胜似守房人，请思忖有过这样的主子吗？祈祷尊者众生怙主，祈祷吉祥帕竹佛语传承派。

乡村撒巴和庶民听我言，乃东官寨曾修建三次，此乃是撒巴和庶民造成的，若要解释其缘由，以前我的管家们，你们对之太奉承阿谀，远处看见就施礼，走到面前九叩首，还称他是大恩人。没有施恩却偏要再三把恩报。（我）身边的心腹被酒色迷惑引诱，不收租税却收留娼妓，致使（我的）全部计划成泡影，你们乞丐成了富豪，囊梭却沦为乞丐。经文书员仁杰策划后，一些狡诈的收租人和管家聚敛百姓的金子，一钱金子折合八克粮。(他们) 鲸吞百姓上交的秋酥油，卖给官寨行欺骗。(他们) 不去征收实物（租税），而是嫖娼妓，这样遂使囊梭赤贫如乞丐。祈祷尊者众生怙主，祈祷吉祥帕竹佛语传承派。

官寨不仅缺乏物资供使用，而且负债，累计外债共有一千余两金子，百姓们无力缴纳租税而拖欠租税，他们说，（我）应无止境地减免和名义上出售（拖欠的租税），无论庶民怎么说（我）全都接受，尽量饶益百姓们。然而，却无人报答这番恩情。官寨内有什么家产和用具，二位新旧管家都清楚。（我）一见官寨的家产便沮丧，哭泣了三昼夜。绛杰患病没有祈寿的佛事，一旦身亡无善根可积。对此二事我可忍，当我魂游中有时，（你们）可声称贫困是他（指绛求坚赞）造成的，可托辞说（我）曾讲过应施舍一切，可推卸责任谎称由于进行土木工程和战乱频繁所致，借口说自己无权积累财富，（在我弥留之际）会击掌诅咒说：（绛求坚赞你）在到达中有之时遂明白，你将投生恶趣积罪孽。我未曾积累这样的盖障，在中有之险关隘道上会有人护送我，在怖畏的狭路上会有人拯救我，我有把握不投生恶趣，我心情开朗不惧怕死亡。祈祷尊者众生怙主，祈祷吉祥帕竹佛语传承派。

嗣后我委任坚赞尚波（为管家），他称自己不能胜任管家，上面需要有长老。（我）提醒他说，正管家就是我本人，各项帐目（你）要仔细核对，由我出面减免每户属民应当豁免的差税，应当出售的和收取的事务由你办理，要警觉，不要沉迷于撒巴的百姓的谄媚，要公正廉洁，不袒护亲友、私仆和特殊的人，一年之内不要接受他人的敬礼；施礼面谀的即使用石头打（你），（你）岂可依从其（非分要求）。这样，一个月之后，马屁精会（向你）敬礼，矜持者也会（向你）磕头。那时众人将创作歌谣讽刺说，那不是礼拜您，而是顶礼钥匙。祈祷尊者众生怙主，祈祷吉祥帕竹佛语传承派。

以前就听从我，（我）所信赖的子侄们，在京俄丧礼结束后解囊捐献建造多门灵骨塔的物资，博得全体有知识的人的欢心喜悦。无论（我）在家和外出时，不管哪次蒙藏大会在我处举行，俸禄、宴席、用品和礼品都属上乘，各方面无可挑剔，由于（坚赞尚波）你勤奋、精进、勉励开拓和顽强，使得众人心悦诚服，（我）知道这是你的功德，迄今仍信任(你)。乡村败约的撒巴和狡诈的寺属和非属寺百姓今天正在玩弄逢迎恭维、欺骗愚弄的把戏，对此全体主仆要警惕。对坏蛋百依百顺，则同坏蛋一起滑下去，尊重亲近善良人，则随同好人一道上进，名利双收。祈祷尊者众生怙主，祈祷吉祥帕竹佛语传承派。

我如此信赖你，把你作为心腹，在其他的长官是办不到的，（你）应知道我已将权力和事业托付给你了。众所周知，（我）没有另外掌管的容纳得下拳头的仓库、盛得下指头的金篋，所有的封诰、虎头印章、圆形(印章)、金银绸缎以及我所积攒的珍贵物资，等等，全都托付给了你，我经思考后将新老属民、租税收入和文献全都交付给你，对寺属和非寺属百姓任何人（之事），我未插过手，其他地方是没有这样的行动不受约束的管家的。祈祷尊者众生怙主，祈祷吉祥帕竹佛语传承派。

（我）心情沮丧愧悔的此祈祷辞将启迪愚昧的老少撒巴、士卒和乡村的撒巴与百姓，对无知者（它）是指示和规劝，使之悔悟昔日的作为，万分珍视今后的行为。老翁绛求坚赞我，从六岁直至今日得到护法神大黑天的护佑，得到噶举喇嘛们的加持，福德和缘分齐具，是福报圆满巨大的人，心灵似金子。虽然我功德圆满，却被愚人障蔽，他们无知，盲目行动，却诬称无人训示，得到的是呵斥。祈祷尊者众生怙主，祈祷吉祥帕竹佛语传承派。

请设想岂有畏惧长官训示的人？请设想岂有听从告诫的人？我本人富于恻隐之心和忍让。但坏人佯装好人，无知者冒充有识之士，蠢人乔装能人，结果是害人又害己。我犹如如意宝，光华照世界，然而像天空的乌云把太阳掩蔽，卑劣的仆役们把我的全部功德遮盖。祈祷尊者众生怙主，祈祷吉祥帕竹佛语传承派。

乡下卑劣的撒巴们听我言，你们一旦财富殷实，遂认为是自己勤劳的结果，宣称说："乘骑自己的马匹，穿自己的衣服，吃自己的饭，管理自己的财产，自己的马匹死了立刻购买，尚若自己马匹和兵器不齐全，就会遭到惩罚和鞭挞。"这种言论是不妥的。门阀高贵的贤妻敬重丈夫，且善理财，勤于耕耘和纺织，丈夫安乐衣食美，坐骑膘肥脚力好。（妻子）温存，知羞耻，作风正派，对这样贤慧忠厚的妇人勿诋毁。（有的妇人）嫌恶丈夫，偷爱奸夫，贪吃贪睡，糜费家产，且攒私房，不能胜任耕种和纺织，不关心丈夫的衣食，使得丈夫衣衫褴褛靴子破。不给牲畜喂草料，牛马羊只夜间厮打于天井中，马的精料被她们啖掉，马匹饿死是她们所致，丈夫不能外出的原由即在此。自己的马匹（谓丈夫）摧残折磨致死，把借来的马匹（谓奸夫）置于家中进行配种，这样（的妇人）将使内外遭灭顶之灾。祈祷尊者众生怙主，祈祷吉祥帕竹佛语传承派。

(有的丈夫）由于依赖卑劣之妇人，当魔鬼似的妇人掌握丈夫的蕴底后，遂藏匿财物和家产，经常同钟情的汉子厮混。若责打她们，非但不听，反而用扫帚击打室内所有值钱的用具，引来令丈夫沦为乞丐的祸殃。这种女人进门后，寡情薄义，隐瞒家中的积蓄和收入，致使（丈夫）不能掌握家中的财产。然而（我们）却对这样卑贱的乞丐寄予须弥山般的期望。（我）曾说不得委任为豁卡百姓的头目、收税官和有进项的职务，却招来怨恨，这乃是委任者所引起的。一旦（他们）成为豁卡百姓的头目后，遂掌握了豁卡的全部收入，将使囊梭和百姓沦为乞丐。（我）说他们不得那么行事，否则（你们）可用手指戳其眼，应当按照簿册核算(其帐目)。你们坏蛋侵吞囊梭和百姓合法的收入，为何不该受管束！对于在职的伪长老不加蔑视的败约者们，麻木不仁不加思索的败约者们，应领悟(我的话)，凄楚的人们请拿出男子汉的气魄。祈祷尊者众生怙主，祈祷吉祥帕竹佛语传承派。

(帕竹第巴政权）今后会碰到势力强大的新兴俗官的挑战，他们之中像我这样的人会层出不穷的，且莫把我的忠告当作耳边风。不要苟同下列的说法：你们商定的事几次受挫，几次战场败阵，就应向敌人缴械投降——向敌人输送士卒和武器，原谅自己谎称事出有因，如吞血牙一样吞咽屈辱。厚颜无耻之徒说我过去的（失误）是因为（我）骄傲所致，五行算者占卜不出。（我）既不服从长官，又不相信占卜，是命中注定的吧！祈祷尊者众生怙主，祈祷吉祥帕竹佛语传承派。

为使俗官、撒巴们今后谦逊知耻，我所撰写的《长篇祈祷辞》应每天念诵并牢记在心，领会文中阐述的功过得失，今后应杜绝丑恶的行径，应把老翁的训示视作本尊神，每年应阅读《详史》，在那里可明白所有是非功过，撒巴们去体会吧！不要欺侮长官我，历史文献云：梅当王的幼子年纪小，但不得轻侮之。我的后人年纪小，智力不高甚愚笨，却是你们的师长和主子，应予尊重，不得侮慢之。歌谣云：十八方部众一个头领，尊重首领遂有相应的效果；那雪地方百个父亲百个子，各人随心所欲各行其事，其后果即如此。祈祷尊者众生怙主，祈祷吉祥帕竹佛语传承派。

啊！懂事的老少撒巴和百姓听我言，往昔吉祥萨迦派权势和财富颇圆满，财富（之多）触及青天，虽然强暴并有权势和韬略，但是摈弃达尼钦波以前的全部优良传统，世族年幼，本钦对内势微不足轻重，坏人辞锋咄咄逼人，致使卑劣之小人位处尊荣，众多奸狡的黑猞猁使拉章空荡无物，各人却中饱私囊。坏人们把持权柄，世族主子势衰微，致使政教事业如空中彩虹一般消失，人财两尽竟如此。是为主子轻狂所致，是为执法者枉法所致，是为外人侵入所致，是为内部人被逐出所致，是为亵渎佛塔所致，是为沉溺酒色所致，是为妇人弄权所致。因果关系是否如此，请分析研究。祈祷尊者众生怙主，祈祷吉祥帕竹佛语传承派。

霞鲁瓦和蔡巴富足圆满、权势冲霄汉的情景是出现在古香·扎巴坚赞和门朗多吉时代，当时一个长官属下的仆人有一千，各自在本职官位上逞能竞赛。嗣后长官年纪轻，大权旁落在卑劣管家手中，亵渎佛塔，谄媚邀宠的黑猞猁众多，离间主仆，政权濒临崩毁，流言蜚语传播各个角落，无耻的达尔罕（蒙古古代官名）、百姓和知情的撒巴张大口鲸吞了囊梭的全部收入，百姓却未获益，囊梭没有收入，赤贫如洗，是由此而致。若非瞎子，就应察看，若不是聋子，就应谛听，若有脑子，就应思考

（我的话）是否有理。祈祷尊者众生怙主，祈祷吉祥帕竹佛语传承派。

若听从老翁绛求坚赞我真诚的忠告，不把誓约置之高阁，那就不得轻侮我的任何后人，要恭敬地亲近（他们），要珍惜囊梭的征发和收入，并（同我的告诫）加以比照，树立良好的楷模，革除丑陋的习俗。如果主仆同心协力，不在内部使坏，则在十八代第司内政权稳定，吉祥不衰，敌人奈何不得。祈祷尊者众生怙主，祈祷吉祥帕竹佛语传承派。

尚有忠告请谛听，人有上下之分，老少尊卑之别，对在位的执政者不要轻慢，而应遵从命令，这是一切众人应做的事。没有主见的撒巴和众人，要么向一切人敬礼，要么不施礼。你们善于迎奉，故俗官们有爆发内讧之虞，可能对囊梭灰心失望。祈祷尊者众生怙主，祈祷吉祥帕竹佛语传承派。

还有事情应领会，请悉心谛听之。败约的衮嘎喜饶，（我）视为要人予以重用，委为官寨的侍寝官，任命为纳木地方的管家，兼任雅堆地区的带兵官和司法官。他德行低劣，横行不法，葬送了雅堆地区，迄今叶聂地区不安宁是他一手酿成的。（我）获悉其错误之后加以处罚之，令其回乡闲居一年，不让过江来这边，三年之中若在嘎德地方行为谨慎，我打算依然敬重（他），什么职务均可委任，并予以照顾。可他突然生起歹心，串通扎西贝和昆氏二子弟，还有其他一些人，赌咒患难与共，扬言要将我的首级、虎头印章和魏、砣、答孜三地交给止贡人，让咱雅瓦伊率领俗人组成的步兵千余人待命于墨竹沟头谷尾一个月。（我）得知其阴谋后心情不安似悬桶，吩咐警戒达孜和恰塘二地，增加驻军，加强戒备。（我）祈祷神灵，由于三宝和空行母的加持，释迦赞告发说："此人心怀叵测，对我说话的竟是这般人。"（我）对他很赞赏，立即派遣官寨的人去各地拘捕了所有败约的人，经过审讯，全部处以极刑。你们文地人嘲笑父亲说，竟敢这般对待儿子！释迦赞效忠于我和此第司政权，由于有释迦赞的检举，始有我、虎头印章和达孜地方，对这样恩德巨大的好人，文地人则缄默不语，对此（我）失望，厌恶欲吐。祈祷尊者众生怙主，祈祷吉祥帕竹佛语传承派。

雅堆和文地的众撒巴、寺属和非寺属百姓听我言。若论好人，雅堆、文地二处的人最优越。上品黄金出产在滇西，最劣的亦是在滇西。上乘丝绸出产在江南，最差的亦在江南。最好的氆氇出产在雅隆，最低劣的亦出产在雅隆。最优越的人出生在雅隆，可好人为数不太多，乃是被坏人熏染的缘故。此间我的心腹、司膳官和官寨的执事们均是自幼生活在我身边，发誓远离酒色，学习高尚的行为，断除下流的恶行，对我百依百顺的人，他们无限景仰敬重（我），不同我的旨意相径庭。所以仰慕敬重我的人都是出生在雅堆和文地。（雅堆和文地）所有不听从、仰慕和敬重我的人，行为放肆，举止下流卑劣，虽然仪表堂堂，却低贱如狗。祈祷尊者众生怙主，祈祷吉祥帕竹佛语传承派。

关于曲弥的多吉坚赞，（我）考虑到其兄贤良，因其自幼由（我）培养，遂认为他没有卑劣的恶行，未沾染坏毛病，于是委封为曲弥地方的管理人。我告诫（他）说，此地的长官是我本人，主子是大阿阇黎（谓为邓萨替寺座主京俄），你住在乃东、贡噶管家的寓所，坐褥事宜（我）早已作安排，厚实的小软褥属于你，今后就以此处作住所，要迎接达官显贵们，脱下帽子，隆重地款待，不失礼数地侍候同我同行的贤良者们。然而我的训示却被他抛在九宵云外。祈祷尊者众生怙主，祈祷吉祥帕竹佛语传承派。

对于以格隆绛杰为首的人们，（我）赠给尊号褒奖之，给予极为隆重的礼遇，他却盛气凌人。本钦杰瓦尚波召请他至香地地方，为其铺排尊荣者受用的坐褥，给以无限崇敬的承侍，他却极端傲慢。帝师索洛延请他，赏给唐特帽和袈裟，他却目空一切。坐在霞鲁古香都元帅并排相同的座具上，致使他精神失常发了疯。祈祷尊者众生怙主，祈祷吉祥帕竹佛语传承派。

（他）阻挠我的全部设想，不区别内外，使我们在各方面蒙受损失，特别亲近我的所有仇敌，赌咒发誓要沆瀣一气。敌人的一切喽啰同他串通一气，从而（他）横行猖狂，使得全体后藏人受苦遭殃。当我前往后藏时，所有男女祈祷祝愿我事业兴旺、长寿、富足，来到我的驻地和大帐，内外巡礼、祈祷和祝愿，衷心地感激说，只要此雅隆人的事业存在，整个卫藏地区就幸福，愿（你的事业）长存不衰。而他（指格隆绛杰）所依靠的卑劣眷属和仆从无论走到后藏什么地方，都无法无天，大肆抢掠。因此敬仰（我）的人们说："若出现雅隆人的事业和法令该有多美!"然而百姓叫苦不迭，怨声载道说："违法乱纪的此人，较之早先的横行不法者，他的胥吏更加凶狠，贪婪横暴地敛财，觊觎着财物不择手段，有了此人的劣迹，（我们）将毁灭，现今无法安居乐业。"祈祷尊者众生怙主，祈祷吉祥帕竹佛语传承派。

迄今（他）不护佑百姓，却对我诽谤，无论（他）以何种方式去后藏，怎会有人祈祷祝愿。在（他）这般丢丑时，（我）给以教训，你们却在背后对我发议论，对此我深感气愤。昔日的文献分明说："赐给好人以田地，对于坏人要加以惩办。"有人却指责我区分良莠之举，这使我失望和伤心。升斗等量具明明在身边，有人却要来估量；在八功德水的河畔，有人却要挖掘盐碱水井，这么办徒然令人憎恶不满，应领会（上述之言）。官寨内外受信任的全体人员和撒巴应倔强坚毅，勉力奋进。祈祷尊者众生怙主，祈祷吉祥帕竹佛语传承派。

对我的长篇祈祷辞，俗官、撒巴和百姓们应动脑思考，求得办事有毅力。绛求坚赞我所做之事无悔恨，韬略无疵瑕，是否如此请仔细研究。请尊重和信任（我），谁人若听从我的忠告，（我）便祝愿他吉祥、幸福，祝愿他健康长寿。仅说以前，我已比你们的父母恩德更大，更亲切慈祥，何况我还有使你们幸福的精深教诫，众人请信赖我，听从老翁我。

祝愿由于三宝的真谛、佛语传承派本尊神的加持、护法神的威力，从而我们主仆经常幸福、富足、吉祥、圆满。善哉！是为《吉祥长篇祈祷辞》。吉祥！

注释：

[1] 世界六庄严，谓古印度佛学家龙树、圣天、无著、世亲、陈那和法称。

[2] 二胜，谓精通佛教戒律的两大论师释迦光和功德光。

[3] 岗波大善逝，指塔波噶举派开山祖师塔波拉杰·索南仁钦。“善逝”意为“如来佛”，此系对死者的敬称。

[4] 赤琼，疑为“万户长的副官”，待考。

司徒之遗嘱

恭敬地敬礼和皈依本尊神吉祥胜乐轮坛城中之众神佛及眷属。无论是我的梦兆、气数和心意均有住世七十五年的欲望，然而自十一月起（我）就罹病，由于（我）所迎请的宣旨钦差到达，故未获治疗的机会，而是急匆匆地前往宣旨钦差座前进行多次辩驳。继后匆忙返回训示邓萨替寺，（筹办）新年事务，又速前去，如此等等。因多次奔波，加重病疴，自知难以治愈。但是贝仁迎请喇嘛雅桑巴，要在贡噶（为我）医治、进行经忏佛事和护理等，盛情难却。由于以喇嘛巴为首的医师治疗得当和乃东、贡噶的佛事活动颇见成效，非常有益于身体，于是（我）返回乃东。因为长途跋涉和体力虚弱，故抵达此地（即乃东官寨）后疲惫不堪，夜间感觉尤为困难，后来严格闭关，奋力于善行，身体遂略有恢复。由于不友好的人散布各种流言，（我）十分愤慨，遂前往昌珠。或者是鞍马颠簸劳累，或者是前往大庭广众之中中了晦气，病又复发，体力极度衰弱，于是派人骑乘乌拉马匹从后藏延请两位医师，同时祈寿佛事亦尽量进行，在邓萨替寺先后四次布施茶和金子。在此地（谓乃东）坚赞尚波又遵照占卜指示进行祭祀活动，卦师再三聒噪坚赞尚波说，应大量施舍病人用具，使众人满足和惬意。（他）于心不忍，回答说以进行规模广大的经忏佛事为佳，只要玉体康宁就行。虽然（我）叙述了不要那么搞的原因，但是(他）反复陈述，（我）遂说就那么办理吧。于是差遣人召请贝仁，经过商议，乃东和贡噶支出金、银、绸缎、牛、马和茶叶等物资，隆重地向这里约五万名僧侣人众给每人发放价值一钱金子的上等布施，让本地的和外地的医师进行恰当的治疗。此外，先后多次进行经忏佛事、熬斋僧茶、上供下施，从而身体康复。然而年迈体弱，长期罹病，又患了不同于往日的更加笃重的疾病。尤其是几天以来身体羸弱，梦兆和气数反常，如果我示寂或者发生意外之事，以邓萨替寺的座主和释迦坚赞为首的朗氏家族成员，以贝仁和坚赞尚波为首的人们要做的、应铭记的和应取舍的事情，都是（我）任职后经过苦乐之狭道，在巨细之事务中，经过成功与失败，在高贵和低贱（之人）身上出现过的。关于在什么情况下是否联合多麦、前藏和康区三地区有权势、德行高尚者和各地方势力，怎样经营我历尽艰辛所取得的豁卡、属民，不应当交出(他们）的缘由，行为举止和事业等问题，在（我）以往身体健康、感觉敏捷之时曾缜密思考过，为了便于后人执行办理，（我）撰写了《详史明鉴》，它犹如在黑暗之洲升起的太阳。就像（我）屡次向你们米俄（谓朗氏家族成员）、管家执事、身边的司膳官、侍寝官说过的那样，今后全体达官显贵和仆人应坚信《详史》，视为准绳，若能不同它相左，即使我死后亦会得到部分的幸福，应牢记此话。以邓萨替寺住持和释迦坚赞为首的全体主仆应将《详史》视作本尊。书中对各种问题说得甚为清楚。

以上是我遗嘱的主体部分。（我）死后遗嘱的内容就是（你们）行动的准则。为满足众人的心愿，故写此《遗嘱》。自伟大的德瓦协巴驾到吉祥帕木竹巴寺后，东西南北各处的人们未尝不是檀越和门生。特别是仰赖一切智京俄大师慈悲之光辉，在尊者宝师圆寂之前，我们家族的子嗣全是三时诸佛在地下、地上和空中（的化身），是无与伦比的。所以无论南北上下诸地方，不是我们的门生者为数不多，在那些喇嘛、佛陀的这座古刹中，在狮座上有您京俄瓦，您的心胸广阔如虚空，深沉如大海，坚定似山峦，对众不偏不倚似太阳，请您遵照檀越们的请求时时刻刻护佑忠诚于此政权的人们和边远地方的弟子。冬夏对会众讲经说法，按照众人请求，演说山林静修之法、精深之法和发心，等等。冬夏闭关，赢得内外景仰，立宗辩论，而绝对不可干那些使负担差税的田园荒芜、专门追求别人奉献的事情。以堪布、阿阇黎为首的善知识和山林中静修的僧众应仅以三学为饰，装点自己，讲法听受和修行，身语意三门应符合佛法戒条。

囊梭的官员们应遵循前辈喇嘛的制度办理期供和例行的奖赏等事宜，不得延误耽搁，应各自勉力负责之工作。囊梭的侍从、执事们亦应珍视戒律，努力承侍邓萨替寺的宝师（即京俄）、喇嘛僧众，勿使边远地区的檀越和弟子们失望。

（我）以为释迦仁钦适合安住乃东之高位，已派遣拔希喜哲前往大都请得封诰，依据敕令，举行仪式，宣读了封诰委任为万户长。但是，大概是福德不容，宣读封诰后出现了各种动乱和口角，这事众人都了解，故在我本人在世时不应让他空担万户长名义。（他）应当在邓萨替寺努力于闭关和善行。若遵循温布闭关的规矩，才能不辜负宝师（即京俄）的期望，京俄您应尽量提携、扶助他。

关于帕竹万户长（的人选），绛多尔此孺子跟随我，（我）教以见闻经历，虽然准备派人前往朝廷奏请封他为万户长，但是，我一旦身亡，此人年轻，难于胜任高位。释迦坚赞你年轻时就出家，年届九岁时讲授《喜金刚二品》后，年届十五岁时认真学习了戒律，十六岁时前往（泽当寺）讲解。（我）令你认真学习《喜金刚二品》《释量论》《般若》《对法藏》和戒律等经籍，你善巧地学习了四续和三藏，（我）希望你成年之时执持修习之幢，贤良方正俱备，就像大堪布布敦一样。但是（我的）身体状况竟这样糟糕，未如人意，故在这些子侄未自立之前，你不得不承袭乃东的此职位。（我）已将泽塘寺、私有豁卡、卓格如（草场名）和权力等传授给扎巴仁钦了。扎巴仁钦你要负起责任，勉力使泽塘寺不衰落消亡，要使宗教事务合乎（戒律之）理。

你们大小阿阇黎、善知识和扎巴们不要离散，要听从扎仁，勉力于佛法的讲解、听受事业。释迦坚赞你要穿戴一身缎子（法衣）前来乃东，铭记我往昔的意乐、信念和作风，最重要的是珍惜（政教方面的）两大法律。在此吉祥古刹帕木竹巴寺，喇嘛的法位是我们祖传的寄宿处，故应弄明白承侍此法位本是我期望的核心。（释迦坚赞）应掌管我终生所培养的人马、积累的财富、建造的房屋、管辖之地域。

东方皇帝以前就关怀（我们帕竹），若继续关怀，则应当遵守皇帝的法令，迎送和承侍宣旨钦差。

我们承侍、尊重和净信以具德喇嘛当巴为首的吉祥古刹萨迦寺的血统优越的清净世系至关重要。其他的位高权重德行敦肃者和有权势的地方头目应如何尊重和交结才妥当，应依据他们的行为而定。

要珍视戒律禁约，阅读历史文献和箴言，要服从忠于我和此政权的有理智之士的提示和督促，不得眼光朝下和行为放荡不羁，闲暇时应念诵本尊（礼赞），不应中断祭祀护法神和抛撒朵玛施食。不得私自侵占本政权疆土内的财物、属民，私自蓄养（仆役）和偏私不公，不要辜负人民，不得从泽当寺携带执事和僧人来此处（上任），令其做胥吏，我的管家、执事、心腹权臣和仆从充当你的仆从是十分顶用的，此事要记在心上。

依枕此政权的米俄、老少管家、俗官撒巴、人民，寺属和非寺属百姓等亦应像敬重我一样敬重释迦坚赞，不得顺手牵羊盗窃物资。贝仁和坚赞尚波亦应遵照（我）以往的教诫和《详史》的内容终生留任管家，不得交出管家职务、苟且偷安追求享受，要对此政权负责，不要违逆释迦坚赞的意愿，努力设法使其出头。

释迦坚赞你也应像我一样信赖他俩。你们三人要同心协力，意见一致，不让他人介入、不受制于人。

另外，凡被任命为上下部各地方的管理人，全是经过周密思考后才委任的，你们住在所管理地方，不要托人进行管理，不要擅自行事，要一如既往发奋工作。总之，（我）一生所收养的俗官、执事、老少撒巴、士卒和人民等应眷恋主仆之情谊和我的恩德，不要扬言要出家、遁世修行和擅自做令人操心劳神的事。即使此政权出现什么好歹情况，众人之中的豪杰之士应置身官寨的麾下，留恋旧情，效力尽忠。

贝仁和坚赞尚波宛如我的左右眼或双臂，众人应一如既往地尊重、服从，不得心向外人。你俩肩负承侍（邓萨替寺）座主宝师，护佑第司治下的人们和不使人民失望的重任，不应偏私，结朋党，蓄养私友而特别照顾某些人，应该像众人的母亲一样。

一般而言，俗官、老少撒巴们要和睦团结，不分你我，老少尊卑有序，使内部团结固若金汤。特别是你们二位管家应记住（我）以往的种种训示，以我的训诲鉴别是非，不让他人介入（你们）之中，你们二人要亲如兄弟，如果内部团结，遂不必惧怕外敌，谁也奈何不得；若内部瓦解，则无需外敌，你们自己就将你们自己击败，故应竭力避免那种事情。

总之，如上所述，应将我的《详史》视为本尊神，当作准则。若能如此，此第司政权才会立于不败之地，永葆青春。

再者，关于办理（我的）后事、建造灵骨塔和净水供奉等事，以座主您和释迦坚赞为首的贝仁和坚赞尚波等人协商处理之。

再者，（兴建）恩嘎乃系我本人的私事，我每次前往（邓萨替寺），多次重申喇叶大经堂应负责（我的）期供，这是众所周知的。划拨给恩嘎的豀卡地界、所有物资和牧场卓格如等，坚赞尚波是清楚的，要拨出土地供期供之用，在此古刹存在期间不要中断我的期供，此事落在你们后人身上。

此外，不得以悼念我为口实，非法抢夺上下部诸地，除了有节制的哀悼，不得以寡廉鲜耻的行为来举哀，若是那样做，就是不忠于我。若搞长期的祭奠活动，只能使不怀好意者高兴，给（帕竹）丢丑，故应迅速止哀，任命高位者，制定法令。为使各人勉力于本职工作，写下这些文字。吉祥！

京俄大师的教诫（绛求坚赞搜集）

一切智京俄大师云：深思而行是智者，故应重视研究未来的韬略，草率仓促制定的计划，自他二者遭毁灭。在发生沉重的灾难时，即使刹那间的瞋恚，亦会酿成严重的对抗，故应真心诚意地息怒。不逢迎巴结高位者，在僧伽罗岛上，罗刹女诱惑不了大商主，国王僧格热巴坚却受骗而丧生[1]，“不考虑险隘和低洼处，麻痹大意是毁灭之因”，故应小心谨慎。

以上是（京俄大师）在止贡教导杰瓦宝师的训诲，系昼夜各诵三次的甚深教诫。

邓萨替寺藏经室柱面上书写的京俄之著作(绛求坚赞搜集)

邓萨替寺藏经室右侧第一根柱子。愿得吉祥！皈依大宝师尊！敬礼和皈依具德帕木竹巴无垢之法身和世间怙主法王仁钦师徒俩。你们断除烦恼、邪分别、放逸、恶作、犹豫、昏昧、禅定盖障，断除自心的瞋恚，如哑巴似的保持自然清净的体验，大宝师尊云，心如虚空之中央是为大印的自性。

左侧第一根柱子。愿得吉祥！皈依大宝师尊。菩萨以菩萨行为严饰，智慧清净善于对境，善巧演说胜义且住于边际，使轮回之海干涸从而到达世间的彼岸，（你）集中所有喇嘛之功德，是大乘佛法之库，名为扎巴者具足各种神韵和幻化之盛德，于无生状态之中事业无碍，智慧无量空前绝后，由于恭敬地依止您，暇满始有意义，（您）是发展和全勇[2]究竟无别之库，礼赞名为世间怙主者举世无双，至高无上。

右侧第二根柱子。愿得吉祥！皈依大宝师尊。（您）在清净涅槃状态中呈现忿怒身，是盛德方便至圣王泗鲁迦，愉快地拥抱智、慧俱无者，受用清净，具足庄严之威仪，由于思想无垢，遂行为清净，以大威德之身相摧毁魔障，比度善恶准确无误，诸善品如上弦之月与日俱增，由于礼赞、供养您和意乐加持，化身及寺庙将永世长存，请快乐地赐以眷属、财富、乐欲之果和殊胜悉地。赞美泗鲁迦。

左侧第二根柱子。愿得吉祥！皈依大宝师尊。（您）本来清净无垢而界空，是任运圆满光明法身，不由因缘所生故不为外缘所惑，向（您）究竟的救主——佛陀敬礼。（您）演说精深、离贪、包罗所有真谛的胜义谛之声音表现出各种差别。演说精深教授的最紧要关键——主要的自性系二皈依，致敬正法。圣贤露布最初的教法，为使道谛如上弦之月与日俱增，时刻行为之中蕴涵心性之要义，礼敬三皈依究竟资粮之诸圣者。是为尊者之言。

右侧第三根柱子。愿得吉祥！皈依大宝师尊。广大本来任运天成之身，在惠施共同和殊胜悉地方面得心应手。由清净甚深的悲悯事业，到达生死轮回之边，具有菩萨的自性。由于供养、礼赞和依靠（您）的无误誓言，其果报是如雨一般降赐安乐和乐欲之事物给崇拜您的人，息灭其灾难，满足其期望，赞美你如（保护）眼珠似的爱护有缘分的笃信者，并使之同清净之业相结合，愿一切地方和任何时候充满吉祥圆满。是为尊者之言。

左侧第三根柱子。愿得吉祥！皈依大宝师尊。今生不常似闪电和水泡，一切有为法似虚空的露珠，是经变化、坏灭而死亡的事物。轮回之苦无边际，令人毛发耸然。为脱离（此轮回）应出家，杜绝贪婪、憎恨、愚痴和贪欲，思虑不贪、不恚、不愚，要实行圣贤之美好举止。自心是本来无生的法身，不应被二取（精神和物质）的分别心覆盖，于任运天成的自性上修习根本，时刻回向善品于大菩提。是为大宝师尊言。

左侧第四根柱子。愿得吉祥！皈依大宝师尊。请救护和加持自他一切人。此生、下世和中有均是通往无上菩提的修持和方便智慧，善知方便的行为并非是极端怯懦和过分，要安住于智者的行为，要使眷属和亲友安住于不贪不恚的境地，要十分珍惜身语意之业，依法而行。一切仇敌和亲属经常骇人听闻地欺凌（自己），要如昔日的菩萨一般首先解说（佛法）和适当解说。做到无畏无怖，辩才无碍是祖师的智慧。菩提和心性无别，三时所知的整体是清净大光明，无论住于会众和静处，请不要同此分离。总之，要珍惜法同心融为一体，修习慈心、悲心和菩提心是消除轮回之苦的良药，遍布所有方位。生起次第的本尊神摧毁仇敌、魔鬼和灾难，等等。长寿、自在和福德等是向世尊圣母度母祈祷而获得的，要时刻生起敬仰。祈请观世音菩萨以行动时常解救普天之下的众生，以誓愿、回向和胜义使众生成熟，以斋戒、居士戒等和福德、智慧二资粮护佑弱小的痛苦的人们，请以佛法、财物、无畏、悦耳之语言将众生情不自禁地汇聚，使他们断除懈怠，经常精进，犹如对热病患者使用冰片一样，请用方便善巧、大慈大悲消除烦恼三毒和轮回之苦。出生在优越种姓宛如大象的瑜伽行者应断除放荡之行径，修持阿阇黎扎巴（之教法），发愿以此犹如皓月的清净善行获得最上菩提。是为尊者告诫杰瓦宝师之语。

右侧第四根柱子。愿得吉祥！皈依大宝师尊。追随妙善的正见，皈依喇嘛和三宝，修持宝贵的慈心、悲悯心和菩提心——不死的三种甘露，从而生出福德、智慧二资粮和三无别，此应经常积累，经常不舍弃佛尊喇嘛和无生空性修持根本定，修持回向、发誓和无生发心等三种后行法。

右侧第五根柱子。愿得吉祥！皈依大宝师尊。虔诚地敬礼和皈依众生怙主喇嘛仁钦。二取生出轮回苦海，贪著生忧愁，瞋恚生地狱，请时刻珍惜不贪、不瞋、远离二取的此本来无生、世俗菩提心大宝，无分别修持和因果缘起等法，大宝师尊云：授给禅师旺秋僧格以正法心要作法缘，旺秋僧格是以成为准确的慧眼正确无垢白银鉴的智者。愿以此清净的善品获得无上菩提。

左侧第五根柱子。愿得吉祥！皈依大宝师尊。世间和出世间之业主是泗鲁迦，善恶之业分别产生异熟，堕罪延伸下世属于业，故非“作业无对治”，愿由于无始以来三时所积、本有的清净善行和为此善行，既变身为在清净极乐世界的比丘莲花生，又亲见无量光佛，从而获得最上菩提授记。愿同无垢佛帕木竹巴、世间怙主具德止贡巴师徒俩时刻形影相随，愿此轮回苦海干涸，在世间升起佛尊之日。以上是为大宝师尊之言，藏经室柱面金字的描摹。

愿得吉祥！虔诚地敬礼和皈依救主释迦王、具德帕木竹巴和世间怙主仁钦，愿因无始以来所积（善行）、本有的善行和为此善行成为极乐世界的比丘莲花生，目睹无量光佛，并获得无上菩提的授记。愿同无垢佛帕木竹巴和世间怙主具德止贡巴师徒时刻相随。愿此轮回苦海干涸后升起佛尊之日。世间怙主仁钦虽已圆寂，但愿（我）亦能亲见无量光佛，获得菩提授记。愿以金刚持为首的喇嘛们吉祥。愿因以释迦王为首的全体十方佛尊、世间怙主岗波巴、具德帕木竹巴和世间怙主仁钦之吉祥而吉祥。愿获得本尊神、三宝和护法神之吉祥。以上是为大宝师尊所著祈祷和吉祥辞。

注释：

[1] 此指佛经中的一则著名故事，叙述印度商人入海取宝至僧伽罗岛上与罗刹女成婚，大商主在化身为马王的观音菩萨帮助下逃出的故事，详见《王统世系明鉴》。有的故事还写罗刹女寻夫，国王将其纳入宫中，故被罗刹女吃掉。

[2] 全勇，谓为双运功德究竟完全。

萨迦班智达致京俄大师的邀请信

愿得吉祥！（您）是具德大法主，众生之师长，无与伦比的如意宝，善逝教宝的全权负责者，故于教法是第二佛祖，意业专注于充当（众生之）慈祥的神圣的乳母，饶益有情。（您）是惠施安乐的粗壮大树，（您）犹如满月挂在雪山之巅散发十分清凉的光华，从而使昭著之极的吉祥遍布各地。（您）各方面灿烂辉煌，（您）宛如湖泊中随风摇曳的莲花，清香引来各方的蜜蜂嗡嗡飞舞，布满湖泊，是各种功德的无穷泉源。像喷薄而出的太阳升起在东山山顶一样，（您）催开了所化之莲。（您）是太阳驱除无明的黑暗，是威镇邪恶势力的星宿。（您）由于在无数劫中积福德和智慧资粮，故示现最佳之功德。善逝之经典的光焰照耀，使智慧之花初发的名为释迦比丘三藏法师衮嘎坚赞贝尚波者奉献尺牍于包括天神在内的世间之大导师具德法主宝师脚前。

（您）是全体众生的吉祥如意树，长期以来成就无数的吉祥，是无量功德的海洋。现禀告如下：

我等之喇嘛是在一切所知了的法界中升起的智慧之日，驱除无明的黑暗。（他）慧眼极为明亮，具足洞察处与悲处的智力，到达人我之宗海洋之彼岸，是善逝圣籍和密诀的大宝藏，对寻觅胜生（天人善趣圆满福报）和定胜（永久安乐）宝洲之人说来是使用正智之舟使之顺利到达的舵手，具有不衰减的智慧和慈悲，（他）不久之前完成了堪作所化者们的事业后，在不具福分的人们共同印象中收敛了化身，无数的天神充当眷属，用无数奇异的供养来迎接，逝往极乐世界了。他的详情，宝师系一切智，清楚了然，无需赘言。

兹启请者如下：我们要报恩，祭奠需同其教派（地位）相称。在包括地祇在内的世间，（我）发现唯有宝师至尊，欲迎至吉祥萨迦幽静处，恳请宝师留意焉。一般而言，迎请宝师莅临一事在各方面是极难有把握的。但是，一则在去年惠书中（您）允诺前来；原因之二是宝师并不注重货财和供养，思虑的是利益众生；其三，具神圣的金刚持体相之尊者本系伟大的萨迦派的座主，且（萨迦寺）是众生怙主具德帕木竹巴的长期休憩地，故（我）方有您肯定驾到的信心，遂央告之。请无论如何勿忘光临。

愿慈悲的云层密布所知境的上空，智慧之闪电烁烁耀眼，经常降落利他之甘露，滋育众生善品之禾苗。

是为萨迦班智达邀请京俄大师至萨迦喇嘛杰尊钦波[1]的祭奠仪轨之首座的邀请信。

注释：

[1] 此指萨迦五祖中的第三祖杰尊扎巴赞。

大宝师尊为杰瓦宝师撰写的教诫口诀

愿得吉祥！你应安住于产生一切祥瑞和喜庆，不生疾病、危难、过失和违缘，生出长寿和全部功德的修持和四威仪路中，随时随地唯以观想本尊神无量寿佛为第一对境。若不与此分离，则根本不会沾染罪过，一切功德如上弦之月与日俱增，故应以此作为修持的重点。此外，应发誓每月初八日、十三日、十五日、二十五日和三十日，以及四季真正舍身修造福田，积累资粮，这是赎死措施中的上乘。再者，还要时而修习护轮教诫母、瑜伽师自卫三字护轮，或脐轮三叠，或护轮等。复次，夜间睡后，所有法行一旦结束遂修发心，观想身体为本尊神，明白了然地随意观想本尊神胸口中央有或大或小的尊者度母——防卫疾病和危难的救度母，佛母身上闪烁着烟雾似的青绿光华。观想自身为本尊神时，观想自头顶至脚心充满（青绿光华），在此状态中入眠。明晨起床之际，未同他人交谈之前，再作如是观想，则疾病和秽气根本不能侵袭加害。京俄极端重视此修持，故应经常修习。总之，要郑重对待护轮和仅是自卫的善行，人曰："胜过此者不可思议。"正是如此。愿你前往时吉祥，返回时亦吉祥！随时随地由于自在天、瞻婆拉（一类财神）和阿罗汉们垂怜而获得吉祥，愿大梵天、如是广财童子（一类明王）、无漏（一神灵名）、解脱者们、龙和夜叉时刻仁慈地守护（您）！愿（您）像敦嘉一样长寿！愿吉祥、喜庆、富足！吉祥！

京俄扎巴炯勒时期大事记

吉祥如意！自天神种姓耶门杰波相传二十二代，家族辗转相传，被称为“朗和拉思”。此时有在多堆勒竹吉巴地方出生、云钦杰瓦郊和浙窦莎库久曼夫妻俩之子名尊者扎巴炯勒，乃是拉思家族第一代噶举派僧人。当时止贡法主年庚三十三岁，众生怙主在帕竹寺圆寂已满六年。水龙年（1172年）出生的绰普译师诞生已四年，（扎巴炯勒）阴木羊（1175年）降生后至今日之木猪年已经历时二百九十五年。京俄诞生之年众生怙主宇扎香年届五十四岁，率领僧团抵达采央寺。（京俄）阳水虎年（1182年）年届八岁时，法主萨班降生在萨迦。（京俄）阳木龙年（1184年）年届十岁时，萨班胞弟索南坚赞诞生。（京俄）阴火羊年（1187年）年届十三岁时，在拉思家庙玉古寺从堪布宗卡瓦和阿阇黎敦巴瓦出家，是年前往贡塘寺。（京俄）阳水鼠年（1192年）年届十八岁时，至前藏拜见年届五十岁的止贡法主。（京俄）阴水牛年（1193年）年届十九岁时，由松脱香任堪布、拉钦止岗巴任阿阇黎，止贡法主仁钦贝任异教师，在虔诚的僧众中受近圆戒。是年噶玛都松钦巴年届八十四岁，喇嘛向蔡巴年届七十二岁，二人均逝往净土。（京俄）阳土马年（1198年）年届二十四岁，恰译师和法主扎杰杨衮巴同为该年降生。（京俄）阴水猪年（1203年）年届二十九岁，温布杰瓦扎巴尊珠降生。（京饿）木鼠年（1204年）年届三十岁时，班钦释迦室利年六十五岁，应绰普译师之请来到西藏，是年噶玛拔希出生。（京俄）木牛年（1205年）年届三十一岁，是年蒙古人从汉地杰桂吉拉脱泽手中夺取了王位，蒙古最早的汗王成吉思汗登基。（京俄）阳土龙年（1208年）年届三十四岁，止贡法主年庚六十六，京俄（扎巴炯勒）始任邓萨替寺的住持。在（京俄）担任住持二十七年中的阳火鼠年（1216年）年届四十二岁时，杰尊扎杰圆寂，享寿七十岁，其时（京俄）充任帕竹座主已十年。（京俄）阴火牛年（1217年）四十三岁时，止贡法主圆寂，享寿七十五岁。（京俄）阳土马年（应为土虎年，1218年）年届四十四岁时，温布居尼宁玛仁多尔降生。（京俄）木鸡年（1225年）年届五十一岁时，班钦的亲传弟子继承戒律师承的堪钦多吉贝和绛秋贝二人分别倡建传承同一教法的寺院后，此间尊者的教法传出被称为措钦巴和根敦岗巴两支系。此时，此人建立僧伽已达二百三十八年了。（京俄）火猪年(1227年）年届五十三岁时，元太祖成吉思汗称帝已二十三年，此年（逝世时）享年六十六。是年皇子窝阔台继位。复次，（京俄）木马年（1234年）年届六十岁时，前往止贡寺任座主，担任住持二十二年之中的木羊年(1235年）年届六十一岁时，长侄杰瓦扎巴尊珠年届三十三岁，被委任为帕竹的住持。是年萨班胞弟索南坚赞之子法王八思巴降生。（京俄）阳土狗年（1238年）年届六十四岁时，八思巴之弟阿阇黎益炯出生。（京俄）阴土猪年（1239年）年届六十五岁时，八思巴之父索南坚赞圆寂，享年六十岁。是年八思巴之胞弟阿阇黎恰那降生。当尊者住持止贡寺已七年，杰瓦住持帕竹寺已六年，绛央扎巴喜饶出生的阳铁鼠年（1240年），蒙古皇帝窝阔台先后令蒙古将军里佶达和多达二人进藏清查属民户口，推行蒙古之法度。他们承侍帕竹邓萨替寺和止贡替寺，卫、藏和阿里三围王法和戒律得以保存乃是尊者的恩德。先前止贡充任卫藏的头目，贡巴释仁担任总管。尊者委任前藏的长官是多吉贝瓦巴、峣波（山南扎谿、囊扎一带地方）羊卓（的长官）是洛巴·旬努崩、阿里三围（的长官）是南巴拔希，分别负责该地的司法。是年尊者委任丹玛为帕竹万户长，已有二百一十六年。（京俄）阴铁牛年（1241年）年届六十八岁时，窝阔台升遐，在位十三年。是年贵由汗继位。贵由汗将卫藏等地赏赐给胞弟阔端作为供养喇嘛的封地。贵由汗在位时蒙古人未曾来西藏。（京俄）阴水兔年(1243年）年届六十九岁时，证果者杰瓦扬衮巴圆寂，享寿四十六岁。（京俄）阳木龙年(1244年）年届七十岁时，北方蒙古地区王子阔端派人邀请法主萨班叔侄三人，尊者京俄从止贡替寺派遣贡巴释仁前去。（京俄）阳火虎年（应为火马年，1246年）年届七十二岁时，贵由汗升天，在位六年。（京俄）阴火羊年（1247年）年届七十三岁时，蒙哥汗继位。次年阳土猴年(1248年)，司徒阿嵇阿衮被差至地方，清查西藏属民户数，设立千户、万户。为了承侍邓萨替寺和止贡替寺，蒙哥汗颁布敕令划地奉献于尊者和杰瓦叔侄座前。（京俄）阳铁狗年（1250年）年届七十六岁时，经西藏僧人、译师、各处第巴（地方首领)、有关王公奏请于蒙哥皇帝驾前，作为王室兄弟供养喇嘛的封地，（宪宗）从王子阔端手中将西藏接收过去，划分西藏，供养各教派。当时的隶属关系如下：止贡派隶属于蒙哥汗，萨迦隶属于阔端本人，蔡巴隶属于薛禅忽必烈，帕木竹巴、雅桑和塘波且隶属上部蒙古汗王旭烈兀，饶尊、竹古岗和喀热等三地隶属于王子阿里不哥。

拉萨、竹巴（即今不丹地区）和拉堆塘琼等三地隶属于王子茫嘎拉，除开嘉玛氏族的加玉人隶属于斯嘎汗，格岗人、察沙、阿拉巴隶属于格杜拉。经奏请蒙哥皇帝陛下，在（西藏）各地驻扎蒙古军队保卫地方。王子旭烈兀奏请蒙哥皇帝后，颁发封诰，划出绛江、帕木竹和邢雅三地，不负担干绛梅朵（疑为一差税名，待考)、人头税和向基层地方组织“马头”摊派的差税，作为古刹帕竹寺的人畜差徭和茶水费用而奉献给京俄杰瓦宝师。（京俄）阴铁猪年（1251年）年届七十七岁时，法主萨班七十岁伴随诸种奇兆圆寂于北方蒙古地区的幻化寺。（京俄）阴水牛年(1253年）年届七十九岁时，薛禅皇帝年庚三十九岁，帝师八思巴年庚十九岁，（二人）首见于杜山（应是六盘山)。薛禅皇帝大喜，以一百名蒙古骑兵与阔端阿合交换，留下八思巴，拜（八思巴）为薛禅皇帝的应供喇嘛。（京俄）阳木虎年（1254年）年届八十岁时，委任丹玛贡尊已十五年，因其无能遂解除其职务。（京俄）阴木兔年（1255年）年届八十一岁时，觉敦格登岗巴支系的第一任堪布绛秋贝尚波前往蒙古地方担任八思巴的受具足戒的堪布，抵达时八思巴受戒已毕，故不需要了，遂返回静修。尊者指示他建立宿尔寺，令人吹奏海螺，从而建立名为曲隆巴的僧团，萨迦、止贡两教派同曲隆巴僧团保持密切关系的根本原因即在此。此木兔年的十一月初八日，伴随着奇异景象，（京俄扎巴炯勒）逝往净土。迄今已有一百七十六年。现今尊称他为策信巴（意为初八日圆寂者)。

汉藏人名、地名对照表

A

阿渥阿噶 ཨ་བོ་ཨ་དཀང་།

阿巴嵇噶 ཨ་པར་སྒྱི་དཀར།

阿通·旁累 ཨ་ཐོང་པང་ནོད།

阿 达 མངའ་བདག

阿里不哥 ཨ་རི་སྦོ་ཁ།

阿拉潘 ཨ་ལ་འཕན།

阿巴尔 ཨ་འབར།

阿嘉热谢得 ཨ་རྒྱ་རག་ཤེ་རྡེབ།

阿葭祝 ཨ་ལྕུགས་འགྲུ།

阿沙南门 ངག་ཟ་གནམ་སྨན།

阿聂木思赤朵钦波 ཧྲུཧྣསྨཨ་ཉེ་མུ་ཟི་ཁྲི་ཏོ་ཆེན་པོ།

阿若敦巴 ཨ་རོག་སྟོན་པ།

阿拉查 ཨ་ལ་ཚ།

阿 佳 ཨ་ལྕུགས།

阿 根 ཨ་རྐན།

阿赛尔 ཨ་གསེར།

阿 葱 ཨ་ཁྲོམ།

阿绰瓦 ཨ་ཁྲོ་བ།

埃 格 ཨེ་ཀ།

昂 波 ངང་པོ།

盎 格 ཨང་གེ།

盎 兀 ཨང་དུ།

阿都拉通钦 ཨ་དུ་ལ་ཐོང་ཆེན།

阿山嘎雅都元帅 ཨ་ཤན་ག་ཡ་དུ་དབེན་ཤྭ།

埃山旬杰 ཨེ་ཤན་གཞོན་རྒྱལ།

昂杰神殿 ངང་རྒྱལ་ལྷ་ཁང་།

盎 桑 ཨང་སང་།

盎觉姆 ཨང་ཇོ་མོ།

B

巴 朵 ཟླ་དོ།

巴查莎姆勒 པ་ཚ་ཟ་མོ་ནེ།

巴渥巴图尔 དཔའ་བོ་བ་ཏུར།

巴朗僧格岗 བ་ལམ་སེང་གེ་སྒང་།

巴 杜 པ་འདུ།

拔希旺秋 དཔའ་ཤི་དབང་ཕྱུག

拔希楚尚 དཔའ་ཤི་ཚུལ་བཟང་།

白玛杰波 པདྨ་རྒྱལ་པོ།

班敦巴 འབའ་སྟོན་པ།

贝季僧格 དཔལ་གྱི་སེང་གེ།

贝崩乔道 དཔལ་འབུམ་ཆའོ་ཏའོ།

贝尚米邦 དཔལ་བཟང་མིག་བམ།

贝崩卧 དཔལ་འབུམ་འོད།

贝 达 དཔལ་སྟག

贝季炯勒 དཔལ་གྱི་འབྱུང་གནས།

贝尚拉喀 དཔལ་བཟང་ལྷ་མཁར།

贝 郊 དཔལ་སྐྱབས།

贝尚阿雅 དཔལ་བཟང་ཨ་ཡག

巴日莎阿琮 བ་རི་ཟ་ཨ་ཚོམས།

巴尔塘邓 པར་ཐང་ལྡན།

巴董莎宇姆 པ་སྟོང་ཟ་གཡུ་མོ།

巴 查 པ་ཚབ།

拔希衮确 དཔའ་ཤི་དཀོན་ཅོག

拔希喜多 དཔའ་ཤི་ཤེས་རྡོར།

白直绒寺 སྦས་འབྲི་རོང་།

白螺寺 དུང་གི་ལྷ་ཁང་།

邦仁秋孜 བང་རིམ་ཆུ་ཙས།

贝莫阿衮 དཔལ་མོ་ཨ་མགོན།

贝木切 སྤེལ་མོ་ཆེ།

贝 敦 དཔལ་སྟོན།

贝拉赤竺 དཔལ་ལ་ཁྲི་འབྲུག

贝 楚 དཔལ་ཕྱུག

贝德赛伍 དཔལ་སྡེ་སེའུ།

贝 巴 དཔལ་པ།

贝尚赤烈 དཔལ་བཟང་ཁྲི་ལེགས།

贝松拉厥 དཔལ་གསུམ་ལ་མཆོད།

贝松贝切 དཔལ་གསུམ་དཔལ་མཆོད།
本衮 དཔོན་མགོན།
本楚 དཔོན་ཚུལ།
本粗寺 བོན་ཕྲུག་དགོན་པ།
崩木且 འབུམ་མོ་ཆེ།
蚌兹 འབངས་རྫིགས།
比丘绛杰 དགེ་སློང་བྱང་རྒྱལ།
炳芒 སྤུན་མངས།
播尔吉 བོར་རྗེ།
泊波 བལ་བོ།
泊思 བལ་གཟིགས།
博巴雅细 བོད་པ་ཡ་བཞི།
布让 སྤུ་རངས།
布让拉瓦 སྤུ་རངས་ལྷ་བ།
布渥 སྤུ་བོ།

本扎 དཔོན་གྲགས།
本旬 དཔོན་གཞོན།
本伊·衮波坚赞 དཔོན་ཡིག་མགོན་པོ་རྒྱལ་མཚན།
崩脱杨拉 འབུམ་ཐོག་ཡང་ལ།
崩扎卧 འབུམ་གྲགས་འོད།
崩杰协米 འབུམ་རྗེ་ཤེལ་མིག
宾松 སྤུན་གསུམ།
波尔吉 སྦོར་རྗེ།
播尔吉赤吉绰都 བོར་རྗེ་ཁྲི་རྗེ་གཙོ་འདུས།
泊约 བལ་ཡོ།
泊董 བལ་སྟོང་།
蕃·炯拉驵 བོད་འབྱོང་ལ་བྲངས།
布瓦佟 ལྷུ་བ་གདོང་།
布洛 སྤུ་ལོ།
布秋寺 བུ་ཆུ།

C

蔡钦寺 མཚལ་ཆེན་ལྷ་ཁང་།
仓萨切瞿玛 འཚམས་ས་ཁྲུད་ཁྲུད་མ།
查竹 ཚབ་དྲུག
查举 ཚབ་རྒྱུད།
查驵辛噶波 ཚ་གྲང་ཤིང་དཀར་པོ།
阐共莎贝贞 བྲན་གོང་ཟ་དཔལ་འདྲེན།
晁同 ཁྲོ་ཐུང་།
赤德松波 ཁྲི་དེ་གསུམ་པོ།

蔡木林寺 མཚལ་མོ་གླིང་།
策容萨累琼玛 ཚེ་ཡོང་ཟ་ལོད་ཆུང་མ།
查纳 ཚབ་སྣ།
查根 ཁྲ་ཀན།
察渥 ཁྲ་བོ།
昌珠人 ཁྲ་འབྲུག་པ།
成吉思汗 ཇིང་གིར་རྒྱལ་པོ།
赤吉 ཁྲི་རྗེ།

赤吉塘波 ཁྲི་རྗེ་ཐང་པོ།
赤西仁波 ཁྲི་ཞེར་རིང་པོ།
赤 扎 ཁྲི་སྒྲ།
赤 思 ཁྲི་གཟིགས།
赤尚梅达 ཁྲི་བཟང་མེ་ཟླ།
赤巴尔·噶贡赛 ཁྲི་འབར་བཀའ་གུང་གསེབ།
赤 团 ཁྲི་མཐོན།
赤年拉赤晋莎塔姆 ཁྲི་གཉན་ལྷ་ཁྲིས་ཅིང་ཟ་ཐར་མོ།

赤松吉贝丹 ཁྲི་གསུམ་རྗེ་དཔལ་ལྡན།
赤 确 ཁྲི་མཆོག
赤达东布 ཁྲི་ཟླ་དུམ་བུ།
赤 孜 ཁྲི་རྩེ།
茨松热萨 ཚེ་གསུམ་ར་ས།
充都羊八井 ཚོང་འདུས་ཡངས་པ་ཅན།
充都扎喀 ཚོང་འདུས་བྲག་ཁ།
措尚拉思 མཚོ་བཟང་ལྷ་གཟིགས།
赤瓦得徐查 ཁྲི་བ་དྲས་ཞུ་ཚབ།
赤尚哥佳 ཁྲི་བཟང་མགོ་སྐྱ།
赤松雅玛 ཁྲི་གསུམ་ཡག་རྨ།
茨砣杨波 མཚམས་མདོ་ཡངས་པོ།
充都古木 ཚོང་འདུས་མགུར་མོ།
充波洛陈 ཁྲོམ་པོ་ལོ་ཕྱིན།
绰渥潘 ཁྲོ་བོ་འཕན།

D

答拉日库 རྟ་ནག་རི་ཁུད།
答巴尔 སྟག་འབར།
答拉雅姆 སྟག་ལྷ་ཡག་མོ།
答 仓 སྟག་ཚང་།
达隆巴 སྟག་ལུང་པ།
达 拉 རྟ་ནག
达砣贝雅 རྟ་མདོག་དཔལ་ཡག
达村潘 སྟག་ཚུན་འཕན།
达玛僧格 དར་ཟ་སེང་གེ
达 扎 རྟ་འཛོག
达 巴 སྟག་པ།
答宗水城 ཆུ་མཁར་སྟག་རྫོང་།
答波切答贝烈 སྟག་པོ་ཆེ་དར་དཔལ་ལེ།
答桑杰丹 སྟག་བཟང་རྒྱལ་ལྡན།
达 玛 དར་མ།
达布拉约江 སྟག་བུ་ལ་ཡོ་རྒྱང་།
达夏素 སྟག་ཤར་ཟུ།
达贡巴 ཟླ་སྒོམ་པ།
达尔莎尼雅姆 དར་ཟ་ཉ་མོ།
达 雪 རྟ་ཤོད།
达鲁花赤南喀贝 ནྡུ་མཁའ་དཔལ་ད་ར་ཁ་ཆེ།
丹 玛 འདམ་མ།

旦徐普松寺 རྟ་ཤུད་ཕུ་གསུམ་ལྷ་ཁང་།

砀江佟措湖 ལྡང་རྒྱང་དུང་མཚོ།

砀 热 ལྡང་ར།

德 央 བདེ་ཡངས།

德杰卧都元帅 བདེ་རྒྱལ་འོད་ཏུ་དབེན་ཤ།

德 查 ཏེ་ཚ།

邓隆塘 ལྡན་གློང་ཐང་།

董 格 སྟོང་དགེ

董 昌 སྟོང་ཁྲམ།

董 脱 སྟོང་ཐོག

董 仁 སྟོང་རིང་།

董 达 སྟོང་དར།

董沙徐姆 སྟོང་ཟ་གཞུ་མོ།

敦巴·格登坚赞 སྟོན་པ་དགེ་འདུན་རྒྱལ་མཚན།

敦尊夏那坚 སྟོན་བཙུན་ཞྭ་ནག་དཙན།

敦巴达旬 སྟོན་པ་དར་གཞོན།

敦巴都元帅 སྟོན་པ་ཏུ་དབེན་ཤ།

顿杰都元帅 དོན་རྒྱལ་ཏུ་དབེན་ཤ།

多吉洛追 རྡོ་རྗེ་བློ་གྲོས།

多吉旬努 རྡོ་རྗེ་གཞོན་ནུ།

多吉衮波都元帅 རྡོ་རྗེ་མགོན་པོ་ཏུ་དབེན་ཤ།

多吉贝 རྡོ་རྗེ་དཔལ།

多吉旺秋 རྡོ་རྗེ་དབང་ཕྱུག

多尔炯 རྡོར་འབྱུང་།

多答那波 རྡོར་ཏ་ནག་པོ།

砀江如措 ལྡང་རྒྱང་རུ་མཚོ།

砀衮尚 ལྡང་ཀུན་བཟང་།

得 古 ལྡེ་གུ

德 沙 ལྡེ་ཟ།

德瓦协巴 བདེ་བར་གཤེགས་པ།

德古莎 དེ་གུ་ཟ།

董热香宗 སྟོང་ར་ཤང་རྫོང་།

董 赤 སྟོང་ཁྲི།

董 林 སྟོང་གླིང་།

董尚米日 སྟོང་བཟང་མི་རི།

董 森 སྟོང་སྲས།

董 年 སྟོང་སྙན།

东沙琪准玛 ལྡོང་ཟ་ཁྲི་སྒྲོན་མ།

敦巴仁钦卧 སྟོན་པ་རིན་ཆེན་འོད།

敦巴·旬努卧 སྟོན་པ་གཞོན་ནུ་འོད།

敦仓·觉渥滨布 སྟོན་ཚང་ཇོ་བོ་སྤུན་བུ།

顿 杰 དོན་རྒྱལ།

顿悦贝 དོན་ཡོད་དཔལ།

多隆巴 དོག་ལུམ་པ།

多吉宁波 རྡོ་རྗེ་སྙིང་པོ།

多吉卧 རྡོ་རྗེ་འོད།

多吉卧色 རྡོ་རྗེ་འོད་ཟེར།

多吉顿珠 རྡོ་རྗེ་དོན་གྲུབ།

多 康 མདོ་ཁམས།

多尔郊都元帅 རྡོར་སྐྱབས་ཏུ་དབེན་ཤ།

E

俄　居 ངེ་རྒྱུད།

俄德贡杰神 འོ་དེ་གུང་རྒྱལ།

恩敦巴尚 ཨན་སྟོན་འབར་བཟང་།

俄　洛 ངོ་ལོག

鄂　波 ངོད་པོ།

恩嘎瓦 མངོན་དགའ་བ།

G

嘎瓦僧尚 དགའ་བ་སེང་བཟང་།

嘎丹玛 དཀར་ལྡན་མ།

噶尼雅 ཧྲེ་ཉ།

盖丹绛求 སྐལ་ལྡན་བྱང་ཆུབ།

哥拉哥雄 སྒོ་ལ་སྒོ་ཤོང་།

哥室利 ཀོ་ཤྲི།

哥　莫 སྒོ་མོ།

嘎萨拉姆 དགའ་ཟ་ལྷ་མོ།

噶　聪 ཧྲེ་ཁྲོམ།

噶贡塞 ཀ་གུང་བསེལ།

干巴班觉 ཀན་པ་དཔལ་འབྱོར།

哥拉哥学 སྒོ་ལ་སྒོ་ཤོ།

哥　咱 སྒོ་ཙ།

纥堪贝雅拉怛竹 སྐས་མཁན་པའི་ཡབ་ལྷག་བད་
དྲུག

格　仓 གེ་ཚངས།

格萨旺丹 གེ་ཟ་དབང་ལྡན།

格西都元帅 དགེ་བཤེས་དུ་དབེན་ཤ།

格西甸哲 དགེ་བཤེས་གཞན་འགྲུས།

葛　徐 སྒོ་ཤུད།

根江寺 གྱིན་གྱིང་།

工　玛 གུང་རྨ།

工钦塘 ཀོང་ཆེན་ཐང་།

贡松淮波 གུང་གསུམ་འགྲོན་པོ།

贡巴益西贝 སྒོམ་པ་ཡེ་ཤེས་དཔལ།

贡吉塘 ཀོང་རྗེ་ཐང་།

格　雪 ཀེ་ཤོད།

格　隆 དགེ་སློང་།

格恰大平章 གེབ་ཚག་ཏའི་ཕིང་ཇང་།

格尔砣 གེར་མདོ།

根　日 ཀན་རི།

根启普 གན་ཕྱི་ཕུ།

工　布 ཀོང་པོ།

贡查·洛伍 གུང་ཚ་སློའུ།

贡米玛 ཀོང་མིག་མ།

贡塘寺 གུང་ཐང་གཙུག་ལག་ཁང་།

贡噶人 ཀོང་དཀར་བ།

贡巴嘉热 གུང་པ་རྒྱ་ར།

古秦如 བསྐུལ་འཕྱིང་རུ།

古查江 སྐུ་ཚབ་རྒྱང་།

瓜 洲 སྐམ་ཆུ།

贵 德 གོས་སྡེ།

衮多尔 ཀུན་རྡོར།

衮 洛 ཀུན་བློ།

衮邦巴 ཀུང་སྤང་པ།

衮嘎热 ཀུན་དགའ་ར།

衮波贝都元帅 མགོན་པོ་དཔལ་དུ་དབེན་ཤ།

衮 勤 ཀུན་མཁྱེན།

郭 直 ཀོ་སྦྲེལ།

岗 通 ཀང་ཐུང་།

果芒泉水 ཆུ་མིག་མགོ་མང་།

果翁莎 མགོ་འམ་ཟ།

古尔切 གུར་མཆེད།

古崩惹 དགུ་འབུམ་དབྲ།

古 思 དགུ་ཟི།

莞波砀热 གུན་པོ་དར་ར།

贵由汗 གུ་ཡུག་རྒྱལ་པོ།

衮嘎郊 ཀུན་དགའ་སྐྱབས།

衮聂瓦 སྐུ་གཉེར་བ།

衮 塘 དགོན་ཐང་།

衮波坚赞 མགོན་པོ་རྒྱལ་མཚན།

衮嘎扎巴 ཀུན་དགའ་གྲགས་པ།

桂波拉 རྒོད་པོ་ལ།

岗郭底协 ཀམ་ཀོ་ཏི་ཤེལ།

果芒登秋 སྒོ་མང་ཏེན་ཆུ།

果 江 མགོ་རྒྱང་།

果隆巴·拔希楚尚 མགོ་ལུང་པ་དཔལ་ཤི་ཚུལ་བཟང་།

H

哈拉岗 ཧ་ལ་སྒང་།

忽必烈 སེ་ཆེན་རྒྱལ་པོ།

黄金寺 གསེར་གྱི་ལྷ་ཁང་།

黄霍尔 ར་སེར།

霍尔莎佟姆 ཧོར་ཟ་འདུང་མོ།

洪 丁 ལྷུམ་རྟེམས།

幻化寺 སྤྲུལ་པའི་ལྷ་ཁང་།

黄铜寺 ཟངས་ཀྱི་ལྷ་ཁང་།

霍尔查瑟 ཧོར་ཚ་སྲུས།

霍尔·霍卡拔希 ཧོར་ཧོ་ཆ་དཔལ་ཤི།

J

积尚仲达 སྐྱི་བཟང་འབྲོང་སྙ།

稽 地 སྐྱིད།

基那布 སྐྱིད་ནག་སྤུག

稽 葛 སྐྱེ་ཀ།

稽朱杰瓦 ཁྱི་གཙུག་རྒྱལ་བ།

稽　塞 སྐྱི་གསེབ།

稽　协 སྐྱིད་བཞེར།

稽　柯 སྐྱིད་འགོ།

稽　贡 སྐྱི་སྒོམ།

稽松桂波 སྐྱིད་གསུམ་ཀོང་པོ།

稽　本 ཁྱི་དཔོན།

吉·曲丁巴 འཇད་ཆོས་ལྡིངས་པ།

季容潘姆 ཇེ་རོམ་འཕན་མོ།

嘉嘎尔 རྒྱ་གར།

嘉热夏日 རྒྱ་ར་ཤ་རི།

加诀瓦 ཀྱ་སྐྱོལ་བ།

坚赞鲁都 རྒྱལ་མཚན་ཀླུ་བཏུས།

绛贝卧赛 འཇམ་དཔལ་འོད་ཟེར།

绛砣董日山 ཀྱང་མདོག་སྟོང་རི།

洁　巴 བྱེས་པ།

杰·赤拉湘 རྒྱལ་ཁྲི་ལ་ཞམ།

杰塞脱喀巴 རྒྱལ་སྲས་ཐོག་ཁ་པ།

杰　尚 རྒྱལ་བཟང་།

杰烈旺秋 རྒྱལ་ལེ་དབང་ཕྱུག

杰瓦蜕噶 རྒྱལ་བ་ཐོད་དཀར།

杰瓦大师 རྒྱལ་བ་རིན་པོ་ཆེ།

杰塞脱喀瓦 རྒྱལ་སྲས་ཐོག་ཁ་བ།

杰赞鲁西 རྒྱལ་བཙན་ཀླུ་ཞེར།

杰瓦宝师 རྒྱལ་བ་རིན་པོ་ཆེ།

京俄细瓦协巴 སྤྱན་སྔ་ཞི་བར་གཤེགས་པ།

稽萨瓦 སྐྱིལ་གསར་བ།

稽吉加若 སྐྱི་རྗེ་བྱ་རོག

稽　贝 སྐྱིད་དཔལ།

稽　堆 ཁྱི་སྟོད།

稽　巴 ཅི་པར།

稽松嘎拉 སྐྱིད་གསུམ་དགའ་ལ།

吉赤吉塘年 རྗེ་ཁྲི་རྗེ་ཐང་སྣན།

吉玛拉康 བྱེ་མ་ལྷ་ཁང་།

季登卓玛 འཇིག་རྟེན་སྒྲོལ་མ།

嘉　雪 རྒྱ་ཤོད།

甲喀日 ལྕགས་ཁ་རི།

坚　赞 རྒྱལ་མཚན།

绛求浙桂 བྱང་ཆུབ་འདྲེ་བཀོལ།

绛求僧格 བྱང་ཆུབ་སེང་གེ

焦钦定热神 སྐྱོགས་ཆེན་ལྡིང་དབྲ།

结　俄 བརྒྱད་སྟོས།

杰查仁旺 རྒྱལ་ཚ་རིན་དབང་།

杰琼·索南贝 བརྒྱད་ཆུང་བསོད་ནམས་དཔལ།

杰尚鲁雅 རྒྱལ་བཟང་ཀླུ་ཡག

杰思鲁松 རྒྱལ་གཟིགས་ཀླུ་སྲོང་།

杰　贝 རྒྱལ་དཔལ།

杰思砀拉 རྒྱལ་གཟིགས་ལྡང་ལྷ།

杰思让鲁 རྒྱལ་གཟིགས་རང་ཀླུ།

杰西尔 རྒྱལ་ཞེར།

谨　巴 ལྕན་པ།

京俄大师 སྤྱན་སྔ་རིན་པོ་ཆེ།

京俄瓦 སྤྱ་མངའ་བ།

久尔莎 ཙུར་ཟ།

炯达董达 སྦྱོང་ཟླ་སྟོང་ཟླ།

居尼巴大师 རིན་པོ་ཆེ་བཅུ་གཉིས་པ།

觉本雅查 ཇོ་དཔོན་ཡག་ཚ།

觉卧顿珠 ཇོ་བོ་དོན་གྲུབ།

觉木隆 སྐྱོར་མོ་ལུང་།

晋巴尔 སྦྱིན་འབར།

久尔莎奇朋玛 བཙུར་ཟ་འཁྱིལ་སྤྲོམ་མ།

炯宝师 གཅུང་རིན་པོ་ཆེ།

居尼宝师 བཅུ་གཉིས་རིན་པོ་ཆེ།

觉阿宝师 བཅོ་ལྔ་རིན་པོ་ཆེ།

觉卧瓦 ཇོ་བོ་བ།

K

喀莎扎姆 ཁ་ཟ་སྒྲ་མོ།

喀莎赛姆 ཁ་ཟ་གསེར་མོ།

喀答多渥 མཁར་ལྟག་རྡོ་བོ།

堪 波 མཁན་པོ།

克尊巴 མཁས་བཙུན་པ།

柯 昭 ཁོ་སྒྲོ།

昆恰塘 འཁོན་ཆབ་ཐང་།

孔查贝楚 ཁོང་ཚ་སྤྲུལ་འབྲུལ།

廓瑟积奇 བཀོ་སྲས་སྐྱེས་ཅིག

喀莎尊勒 ཁ་ཟ་བཙུན་ནེ།

喀伍邦尚 ཁའུ་སྤང་བཟང་།

卡热噶波 ཁ་རག་དཀར་པོ།

康嘎地母 གངས་དཀར་བསྟན་མ།

柯 约 ཁོ་ཡོ།

柯 惹 ཁོ་དབྱ།

孔咱达木噶堡 ཁོང་ཙ་སྟག་མོ་སྒེ་རྫོང་།

阔 木 ཁོལ་མོ།

L

拉瑟姆 ལྷ་སྲས་མོ།

拉 日 ལྷ་རི།

拉 孜 ལྷ་རྩེ།

拉 古 ལ་དགུ།

拉萨江塘 ལྷ་ས་རྐྱང་ཐང་།

拉江噶姆 ལྷ་ལྕམ་དཀར་མོ།

拉 喀 ལྷ་མཁར།

拉措杰 ལྷ་མཚོ་རྒྱལ།

拉南玛 ལྷ་ནམ་མ།

拉康塘 ལྷ་ཁང་ཐང་།

拉 珠 ལ་འབྲུག

拉 敦 ལྷ་སྟོན།

拉热云丹丁 ལྷ་ར་ཡོན་ཏན་སྟེང་།

拉 思 ལྷ་གཟིགས།

拉秋寺 ལྷ་ཕྱུག་དགོན་པ།

喇嘛帝师 བླ་མ་ཏི་ཤྲི།

喇叶竹松 བླ་ཡེ་གྲུ་གསུམ།

朗瑟·桂丁 རླངས་སྲས་རྒོད་ལྡིང་།

朗 曲 རླངས་མཆོག

朗噶江 རླངས་དཀར་རྒྱང་།

朗·康巴果卡 རླངས་ཁམས་པ་གོ་ཆ།

朗·拉砣 རླངས་ལྷ་མདོག

朗·多得 རླངས་དོ་དེ།

朗·钦波播迪 རླངས་ཆེན་པོ་བོ་དྲི།

朗·宇直佳 རླངས་གཡུ་ཁྲི་སྐྱ།

朗赞涅果拉 རླངས་བཙན་སྙལ་མགོ་ལ།

朗域晋雪 རླངས་ཡུལ་གྱིམ་ཤོད།

凉 洲 བྱང་ངོས།

莲花生 པདྨ་འབྱུང་གནས།

隆卡摄姆 ལུང་ཁ་ཧྲིལ་མོ།

隆 古 ལུང་དགུ།

罗追米色巴 བློ་གྲོས་མི་ཟད་པ།

拉桂洞孜 ལྷ་རྒོད་མདུང་རྩེ།

拉 贝 ལྷ་དཔལ།

拉堆岗嘎 ལ་སྟོད་སྒང་དཀར།

拉尊丈松 ལྷ་བཙུན་དྲང་སྲོང་།

喇嘛郊 བླ་མ་སྐྱབས།

喇嘛扎巴益西 བླ་མ་གྲགས་པ་ཡེ་ཤེས།

朗·贝季僧格 རླངས་དཔལ་གྱི་སེང་གེ

朗杰孜团 རླངས་རྒྱལ་རྩེ་མཐོན།

朗康拉 རླངས་ཁམས་ནག

朗·塘脱 རླངས་ཐང་ཐོ།

朗·康巴贝若咱那 རླངས་ཁམས་པ་བེ་རོ་
ཙ་ན།

朗瑟钦波 རླངས་སྲས་ཆེན་པོ།

朗·僧格杜 རླངས་སེང་གེ་འདུལ།

朗·卡切根登尚波 རླངས་ཁ་ཆེ་དགེ་འདུན་
བཟང་པོ།

朗 孔 རླངས་ཁོངས།

朗吉赤松 རླངས་རྗེ་ཁྲི་གསུམ།

朗宇嘎江 རླངས་གཡུ་ག་ལྗང་།

岭王格萨尔 གླིང་རྗེ་གེ་གསར།

龙 树 ཀླུ་སྒྲུབ།

隆 孜 རླང་རྩེ།

鲁 杰 ཀླུ་རྒྱལ།

洛 琼 ལྷོ་ཆུང་།

M

玛尔咱 མར་ཛ།

玛尔斯 མར་སྲིབས།

玛西仁波 རྨ་ཞེར་རིང་པོ།

玛 董 མ་སྟོང་།

玛 思 མ་ཟི།

曼尚宋 མམ་བཟང་ཟོམ།

曼 丁 སྨན་ཏིང་།

芒查查搭 མང་ཚ་ཚ་ལྟ།

芒 构 མང་རྒྱུད།

梅 查 མེས་ཚབ།

门吉喀瓦 སྨོན་རྗེ་ཁ་བ།

门鲁果丁 མོན་ལུག་མགོ་སྟེང་།

门喀尔 མོན་མཁར།

蒙哥皇帝 མོན་འགོར་རྒྱལ་པོ།

墨竹工卡 མལ་གྲོ་དགུང་དཀར།

牟 孜 མུ་རྗེ།

牟烈僧宗 མུ་ལེ་སེང་རྫོང་།

牟 塘 རྨུ་ཐང་།

牟莎汀枳玛 རྨུ་ཟ་མཐིང་སྒྲིལ་འ།

牟莎昂姆 དམུ་ཟ་ངང་མོ།

玛让莎 མར་རངས་ཟ།

玛米饶 སྨྲ་མི་རབས།

玛尔巴 མར་པ།

玛 拉 མ་ལ།

玛 查 མ་ཚ།

曼脱吉 སྨན་ཐོག་རྗེ།

芒波泽诏喀 མང་པོ་རྗེ་སྒྲོ་བ།

芒材查达 མང་ཚན་ཚབ་ལྡ།

梅朵巴尔 མེ་ཏོག་འ་འབར།

门布米琪伍 སྨོན་པོ་དམིག་ཕྱིའུ།

门积桑许 སྨོན་སྐྱེས་གསང་ཞུ།

门嘎尔 མོག་མགར།

门郭尔 མོག་མགོར།

蒙古军 ཧོར་དམག

莫 土 མོ་ཐུར།

牟 扎 མུ་ཏྲ།

牟弥拉赞 མུ་མེ་ལྷ་བཙན།

牟莎拉姆 དམུ་ཟ་ལྷ་མོ།

牟查嘎 དམུ་ཚ་དགའ།

N

那仁 ནག་རིངས།

那让 ནག་རམས།

乃伍充 སྣེའུ་ཁྲིམ།

南喀坚赞 ནམ་མཁའ་རྒྱལ་མཚན།

南门玛 གནམ་སྨན་མ།

尼雅黎 ཉག་ལི།

里域 ལི་ཡུལ།

年脱阿聪 གཉན་ཐོག་ཨ་ཁྲིམ།

年姆 སྙན་མོ།

嫩莎赞勒玛 ཧྣན་ཟ་བཙན་ནེ་མ།

那波措 ནག་པོ་མཚོ།

乃充拉察 སྣེ་ཁྲིམ་ལག་ཁྲ།

囊宁孔烈 སྣང་གཉེན་ཁོང་སླེབ།

南脱赛康 གནམ་ཐོད་གསེར་ཁང་།

旎帕杰波 ནེ་ཕག་རྒྱལ་པོ།

尼雅尚拉敦 གཉའ་བཟང་ལྷ་སྟོན།

娘古拉域 མྱང་དགུ་ལྷ་ཡུལ།

年波尼雅果赤 གཉན་པོ་ཉ་མགོ་ཁྲི།

年莎夏米玛 སྙན་ཟ་ཤ་མིག་མ།

P

帕仓 ཕག་ཚང་།

帕木竹巴 ཕག་མོ་གྲུ་པ།

潘拉察果 འཕན་ལྷ་ཁྲ་མགོ།

潘热巴韶 འཕན་ར་སྦ་ཟོ།

潘思如查 འཕན་གཟིགས་རུ་ཚབ།

彭域通门 འཕན་ཡུལ་ཐོང་སྨོན།

普兰 སྤུ་རངས།

珀赛 སྤོས་སེ།

珀巴 སྤོས་པ།

颇琼 ཕོ་ཆུང་།

颇尼雅果赤 ཕོ་ཉ་མགོ་ཁྲི།

帕瓦 ཕ་པ།

帕尔古 ཕར་ཀུ།

潘波切·朗 འཕན་པོ་ཆེ་ཧྣངས།

潘共姆达 འཕན་དགོང་མུ་ཟླ།

培德朗甸 པད་སྡེ་གླང་ཞོན།

菩提萨埵 བྷི་ས་ཏྭ།

蒲热 བུལ་རལ།

珀热 སྤོས་ར།

珀秋佟 སྤོས་ཆུ་སྟོང་།

颇尼雅 ཕོ་ཉ།

Q

琪莎姆雅 ཆེབ་ཟ་མོ་ཨག
琪　域 ཆེབས་ཡུལ།
恰特巴 ཕྱག་ཐེགས་པ།
恰尔吉·达查阿魏 ཕྱར་རྗེ་སྟག་ཚ་འལ་འོལ།
强　莎 ཆམ་ཟ།
切尚贝季僧格 ཆེ་བཟང་དཔལ་གྱི་སེང་གེ
切　赞 ཆེ་བཙན།
钦波仁尚巴 ཆེན་པོ་རིན་བཟང་པ།
钦波格隆 ཆེན་པོ་དགེ་སློང་།
钦波帕巴贝 ཆེན་པོ་འཕགས་པ་དཔལ།
秋尔布 ཕྱུར་བུ།
曲敦土吉林 ཆོས་སྟོན་ཐུགས་རྗེའི་གླིང་།
曲果瓦 ཆོས་སྒོ་བ།
曲　郊 ཆོས་སྐྱབས།
曲桑卧 ཆོས་བསམ་འོད།
群普炯章木 ཚུན་ཕུག་གཙོང་ཏྲམ།
琼如噶波 ཁྱུང་རུ་དཀར་པོ།
琪莎德姆 ཕྱིབས་ཟ་སྡེ་མོ།
恰　果 ཆལ་སྒོ།
恰恰拉山 ཆག་ཆག་ལ།
羌　塘 བྱང་ཐང་།
乔道扎西丹 ཆའོ་ཏའོ་བཀྲ་ཤིས་གཏན།
切　吉 ཆེ་རྗེ།
切　脱 ཆེ་ཐོས།
钦波贝杰 ཆེན་པོ་དཔལ་རྒྱལ།
钦波扎杰 ཆེན་པོ་བཀྲ་རྒྱལ།
钦波温谢 ཆེན་པོ་དབེན་ཤེ།
秋佳杰姆 ཚུ་ལྕག་རྒྱལ་མོ།
曲科尔炯勒 ཆོས་འཁོར་འབྱུང་གནས།
曲　扎 ཆོས་གྲགས།
曲季洛追 ཆོས་ཀྱི་བློ་གྲོས།
确格喇嘛 མཆོག་གི་བླ་མ།
琼噶瓦 ཁྱུང་དཀར་བ།

R

惹·岗波 དབྲ་གང་པོ།
热瓦旺秋 རེ་བ་དབང་ཕྱུག
热咱·贝季达瓦 ར་རྩ་དཔལ་གྱི་ཟླ་བ།
热　旺 རག་དབང་།
热萨克岗 ར་ས་ཁལ་སྒང་།
惹吉朱松 ཨར་རྗེ་གཙུག་གསུམ།
热渥齐 རི་བོ་ཆེ།
热　杜 རག་གདུལ།
热　普 རག་ཕུ།
热萨宗脱 ར་ས་རྫོང་ཐོག

热萨郑脱 ར་ས་བྲན་ཐོག

仁钦喜饶 རིན་ཆེན་ཤེས་རབ།

仁钦尊 རིན་ཆེན་བརྩུན།

仁莫佟布 རིན་མོར་སྟོམ་བུ།

日 莫 རི་མོ།

日雪约江砣 རི་ཤོར་ཡོ་རྒྱང་མདོ།

绒 波 རོང་པོ།

绒波旺丹 རོང་པོ་དབང་ལྡན།

绒拉坚赞 རོང་ལྷ་རྒྱལ་མཚན།

仁钦坚赞 རིན་ཆེན་རྒྱལ་མཚན།

仁钦岗 རིན་ཆེན་སྒང་།

仁钦贝 རིན་ཆེན་དཔལ།

仁 珠 རིན་གྲུབ།

日 土 རུ་ཐོགས།

绒姆戚江玛 རོང་མོ་ཁྲི་ལྕམ་མ།

绒玛斯 རོང་མར་སྲིབས།

绒巴扎杰 རོང་པ་གྲགས་རྒྱལ།

如本答热杰共 རུ་དཔོན་སྟག་ར་རྒྱལ་འགོང་།

S

萨 董 ས་སྟོང་།

萨 牟 ས་མུ།

萨查邦 ས་ཚ་བམ།

萨 朵 ས་ཏོག

赛日结丹 གསེར་རིས་བརྒྱད་ལྡན།

赛伍根仁 སེའུ་ཀན་རིང་།

赛巴桑积 གསེར་པ་བསམ་སྐྱིལ།

赛郑宇松 གསེར་འཛིན་གཡུ་གསུམ།

赛伍尚仁波 བསེའུ་བཟང་རིན་པོ།

塞琼惹 སེ་ཁྱུང་དབྲ།

善逝佛 བདེ་བཤེགས།

桑耶温布 སང་ཡེ་དཔོན་པོ།

桑 烈 སང་ལེགས།

桑结郊 སངས་རྒྱས་སྐྱབས།

萨 德 ས་ལྡུས།

萨拖巴 གསར་ཐོག་པ།

赛 巴 གསེར་པ།

赛 日 གསེར་རི།

赛伍桂波 སེའུ་རྒོད་པོ།

赛巴杰郑谢宗 གསེར་པ་རྒྱལ་འབྲིང་ཤད་རྫོང་།

赛宇查勒尔 གསེར་ཡུའི་ཚ་ནེར།

赛 波 སེར་པོ།

赛 杰 བསེ་རྒྱལ།

塞 如 བསེ་རུ།

桑波崩赤 སངས་པོའི་འབུམ་ཁྲི།

桑塘桑仲 བསམ་ཐང་བསམ་དྲུང་།

桑结旬努 སངས་རྒྱལ་གཞོན་ནུ།

桑结巴尔 སངས་རྒྱས་འབར།

桑　德 སང་ཟླས།

桑　益 སངས་ཡེ།

沙热林卡 ཟ་ར་གླིང་ཁ།

尚　孔 ཟང་ཁོང་།

僧格旺秋 སེང་གེ་དབང་ཕྱུག

僧　伦 སེང་བློན།

斯巴神 སྲིད་པ།

松　砣 གསུམ་མདོ།

宋　郊 གཟུང་སྐྱབས།

索南僧格 བསོད་ནམས་སེང་གེ།

索部布西 བཙོ་སྟོ་བུ་བཞི།

苏朗砣佛殿 གཟུ་ཚངས་མདོའི་ལྷ་ཁང་།

司徒瓦朗 སི་ཏུ་དབའ་ལང་།

司徒门朗巴 སི་ཏུ་སྨོན་ལམ་པ།

笋喀克 ཟོན་ཁ་ཁེ།

绥措湖 སོལ་མཚོ།

桑积衮 སམ་སྐྱེས་ཀུན།

沙热康萨 ཟ་ར་ཁང་གསར།

尚木宝师 བཟང་མོ་རིན་པོ་ཆེ།

僧格热巴坚 སེང་གེའི་རལ་པ་ཅན།

僧格坚丹 སེང་གེའི་སྤྱན་ལྡན།

水城杨烈 ཆུ་མཁར་ཡང་ལེ།

斯巴拉饶 སྲིད་པ་ལྷ་རབས།

松久巴 སུམ་ཅུ་པ།

索约那 སོག་གསོག་ནག

索南尚波 བསོད་ནམས་བཟང་པོ།

索　雪 སོག་ཤོད།

苏噶达哥恰 ས་ཀ་ཏ་གོ་ཆ།

司徒仁钦扎 སི་ཏུ་རིན་ཆེན་གྲགས།

司徒达玛坚赞 སི་ཏུ་དར་མ་རྒྱལ་མཚན།

苏莎察姆 བསུན་ཟ་ཁྲ་མོ།

T

太　子 ཐའི་ཙེ།

汀　波 མཐིང་པོ།

汀　姆 མཐིང་མོ།

特　嘉 ཐེ་རྒྱ།

佟　布 སྟོང་བུ།

图　波 ཐུལ་པོ།

砣巴夏那坚 མདོ་པ་ཞྭ་ནག་ཅན།

汀　格 མཐིང་གེ

汀　尼 མཐིང་གཉིས།

汀楚霍尔斯 མཐིང་ཕྲུག་ཧོར་སྲིད།

通济洛尚 ཐོང་ཇེ་བློ་བཟང་།

佟莎鄂姆 དུང་ཟ་དངུལ་མོ།

脱　楮 ཐོག་ཕྲུག

砣巴堪钦 མདོ་པ་མཁན་ཆེན།

砣西仁姆 མདོ་ཞེར་རིང་མོ།

砣　赞 མདོ་བཙན།

砣　协 མདོ་ཞེར།

蜕　噶 ཐོད་དཀར།

W

瓦　木 ཕམ།

旺秋僧格 དབང་ཕྱུག་སེང་གེ།

旺秋郊 དབང་ཕྱུག་སྐྱབས།

魏砣答孜 འོལ་མདོ་སྟག་རྩེ།

温　仓 དབོན་ཚང་།

温布杰仁 དབོན་པོ་རྒྱལ་རིན།

窝阔台 ཨོ་ཁོ་ཏ།

吾　宇 ཨུ་ཡུག

瓦德隆巴 བ་དེ་ལུང་པ།

旺巴尔 དབང་འབར།

魏累惹伍累 ཝེ་ལོ་རེའུ་ལོད།

魏答二昆仲 དཔལ་ཟླ་གཉིས།

温布曲杰 དབོན་པོ་ཆོས་རྒྱལ།

温仓噶玛 དབོན་ཚང་སྐར་མ།

渥若答根黎 ཨོ་རོལ་ཏ་གིང་ལི།

伍堆德魏林 དབུ་སྟོད་བདེ་བའི་གླིང་།

X

西饶仁钦 ཤེས་རབ་རིན་ཆེན།

夏姆莎 ཤ་མོ་ཟ།

夏　那 ཞར་ནག

夏卡加木 ཞབས་ཁ་འཇའ་མོ།

香　雄 ཞང་ཞུང་།

香雄莎 ཞང་ཞུང་ཟ།

香堪布 ཞང་མཁན་པོ།

协特玛 ཞེལ་ཐིག་མ།

协　坚 ཤེལ་ཅན།

邢巴雅松 ཞིང་པ་ཡག་གསུམ།

喜饶坚赞 ཤེས་རབ་རྒྱལ་མཚན།

夏尔巴 ཞར་པ།

夏钦巴 ཤར་ཆེན་པ།

香　琼 ཞང་ཆུང་།

香雄琼波 ཞང་ཞུང་ཁྱུང་པ།

香　宗 ཤང་རྫོང་།

象加白瓦 ཞང་ཇ་དཔེ་བ།

协扎噶波 ཤེལ་བྲག་དཀར་པོ།

谢喀尔 ཤེལ་མཁར།

徐　葛 ཤུ་ཀེ

旭烈兀 ཧུལ་ཧུ་ཧུལ་ཧུ།

学阿瓦·拔希南喀贝 ཞོང་བ་དཔལ་ཞི་ནམ་མཁའ་དཔལ།

雪　那 ཤོད་ནག疑为ནགས་ཤོད།

宣政院 སྭོན་ཆིང་དབེན།

宣慰使司 སྭོན་ཝེ་སི།

旬努尚波 གཞོན་ནུ་བཟང་པོ།

旬努贝 གཞོན་ནུ་དཔལ།

旬努衮 གཞོན་ནུ་མགོན།

旬努僧格 གཞོན་ནུ་སེང་གེ

旬努坚赞 གཞོན་ནུ་རྒྱལ་མཚན།

Y

雅　拉 ཡ་ལ།

雅　思 ཡ་ཟི།

雅　查 ཡ་ཚ།

雅桑寺 གཡའ་བཟང་དགོན་པ།

雅曲巴 དབྱར་མཆོད་པ།

雅达宇斯 ཡར་ཟླ་གཡུ་སྲིད།

雅　龙 ཡར་ལུངས།

雅堆千户 ཡར་སྟོད་སྟོང་སྐོར།

雅拉杨尚 ཡར་ལ་ཡང་བཟང་།

雅木塘 གཡར་མོ་ཐང་།

雅尔斯 ཡར་སྲིབས།

雅拉香波 ཡར་ལྷ་ཤམ་པོ།

雅曼答噶 ཡ་མནྟ་ཀ

羊卓嘎扎 ཡང་འབྲོག་སྒ་འདུ།

羊阿山口 ཡང་ང་ལ་ཁ།

杨　枸 ཡང་རྒུད།

瑶那寺 ཡོག་ནག་ལྷ་ཁང་།

耶多尔 ཡེ་རྡོར།

耶喜僧格 ཡེ་ཤེས་སེང་གེ

耶　柯 ཡེ་འཁོ།

耶脱莎 ཡེ་ཐོག་ཟ།

耶喜巴贝 ཡེ་ཤེས་དཔལ།

耶门杰波 ཡེ་སྨོན་རྒྱལ་པོ།

耶喜炯勒 ཡེ་ཤེས་འབྱུང་གནས།

耶喜多吉 ཡེ་ཤེས་རྡོ་རྗེ།

叶　蒲 ཡེ་ཕུད།

叶　潘 ཡེ་ཕན།

叶　赤 ཡེ་འཁྲི།

叶　江 ཡེ་ལྗམ།

叶切哇 གཡེ་ཆེ་བ།

叶　如 གཡས་རུ།

叶莎杰旎玛 ཡེ་ཟ་རྒྱལ་ནེ་མ།

冶　松 ཡལ་གསུམ།

益喜坚赞 ཡེ་ཤེས་རྒྱལ་མཚན།

依 怙 མགོན་པོ།

宇西仁波 གཡུ་ཞེར་རིང་པོ།

宇贝丈松 གཡུ་དཔལ་དྲུང་སྲོང་།

宇孜扎 གཡུ་རྩེ་བྲག

宇 巴 གཡུ་པ།

宇工波 གཡུ་དཀྱུང་པོ།

玉拉巴尔 གཡུ་ལྷ་འབར།

云达仁钦郊 ཡོན་བདག་རིན་ཆེན་སྐྱབས།

云钦元巴 ཡོན་ཆེན་དཔལ་འབར།

云 如 གཡོན་རུ།

云钦杰瓦郊 ཡོན་ཆེན་རྒྱལ་བ་སྐྱབས།

云答衮波杰 ཡོན་བདག་མགོན་པོ་རྒྱལ།

伊木夏巴 ཡིད་མོ་ཤར་པ།

宇巴赤扎答查 གཡུ་པ་ཁྲི་སྒྲ་སྟག་ཚབ།

宇 杰 གཡུ་རྒྱལ།

宇斯恩木 གཡུ་སྲིད་ལྷན་མོ།

宇 日 གཡུ་རི།

宇日竹觉 གཡུ་རིས་དྲུག་འབྱོར།

云钦裴仄 ཡོན་ཆེན་ཕེ་ཀྲེ།

云丹扎 ཡོན་ཏན་གྲགས།

悦德雅塘 ཡོལ་དེ་ཡག་ཐང་།

云丹仁钦 ཡོན་ཏན་རིན་ཆེན།

云丹僧格 ཡོན་ཏན་སེང་གེ

元 杰 དཔོན་རྒྱལ།

Z

扎 普 བྲ་ཕུང་།

扎 通 བྲ་ཐུང་།

扎果瓦 བྲག་མགོ་བ།

扎 僧 གྲགས་སེང་།

扎仁巴 གྲགས་རིན་པ།

扎巴喜饶 གྲགས་པ་ཤེས་རབ།

扎巴益喜 གྲགས་པ་ཡེ་ཤེས།

咱尔寺 འཛར་དགོན་པ།

咱通坝 ཙ་ཐོམ་འབག

咋 玛 ཏ་མ།

泽 波 བཙད་པོ།

扎森佟玛姆 བྲག་སྲིན་གདོང་དམར་མོ།

扎波山神 ལྷ་རི་དྲག་པོ།

扎 赛 གྲགས་སེ།

扎西雄 བཀྲ་ཤིས་སྤོངས།

扎巴坚赞 གྲགས་པ་རྒྱལ་མཚན།

扎 尚 གྲགས་བཟང་།

咱 举 ཙ་རྒྱུད།

咱俄·拉伊多吉 ཙ་ཧྲུ་ལྷ་ཡི་རྡོ་སྐྱིད།

咋 如 ཏ་རུ།

泽木神殿 བཙད་མོའི་ལྷ་ཁང་།

泽 昆 བཙད་འཁོན།

泽 松 ཚལ་གསུམ།

章·尼玛楚囊 འཛང་ཉི་མ་འཁྲུལ་སྣང་།
长官贝布 དཔོན་དཔལ་བུ།
丈 江 གྲངས་ལྷང་།
昭窦莎 འབྲོ་ཕྱོག་ཟ།
哲木觉塞 འབྲས་མོ་རྗེ་སྲས།
直玛年脱阿充 འབྲི་མ་གཉན་ཐོག་ཨ་ཁྲིམ།
仲 黑 འབྲོང་ལྷས།
竹西寺 གྲུ་བཞི།
朱宁宗孔 གཙུག་གཉེན་རྫོང་ཁོ།
祖师崩梅 སྟོན་པ་འབུམ་མེ།
宗喀德杨 ཙོང་ཁ་བདེ་ཡངས།
尊章木 བཙུན་ཚམ།
柘 松 ཚལ་གསུམ།

卓木热瓦 མཛོ་མོ་ར་བ།
孜 团 རྩེ་མཐོན།
赞莎盖丹玛 བཙན་ཟ་གེལ་ལྡན་མ།
赞松盖巴 བཙན་གསུམ་གེལ་པ།
赞 格 བཙན་དགེ།

璋木热希徐高阿尔 ཛང་སྟོམ་རག་ཤ་ཤུ་ཀེ་ཨར།

长官绛卧 དཔོན་བྱང་འོད།
藏拉雅朵 གཙང་ལ་ཡར་གཏོགས།
昭莎潘姆 བྲོ་ཟ་འཕན་མོ།
昭窦莎耶措 འབྲོ་ཕྱོག་ཟ་ཡེ་མཚོ།
哲木雄 འབྲས་མོ་གཤོངས།
止贡巴 འབྲི་ཁུང་པ།
竹莎绒玛 གྲུ་ཟ་རོང་མ།
竹古莎楚姆 གྲུ་གུ་ཟ་ཚུལ་མ།
炷 隆 གྲོ་ལུང་།
宗 喀 ཙོང་ཁ།
仲孔达韶 འབྲོང་ཁོང་ལྷ་བྲོ།
尊珠贝 བརྩོན་འགྲུས་དཔལ།
绰普瓦·杰曹仁钦衮 ཁྲོ་ཕུ་བ་རྒྱ་ཚ་རིན་ཆེན་མགོན།

卓玛嵇 སྒྲོན་མ་སྐྱིད།
孜桂杰 རྩེ་སྐོད་རྒྱལ།
赞巴达雄 བཙན་པ་ལྷ་གཤོང་།
赞细尔 བཙན་ཞེར།

译后记

《朗氏家族史》亦译《朗氏灵犀宝卷》，“灵犀”指独角兽，意为独一不二，即本书只能在朗氏家族内部传授，不能传给外人。作者是西藏帕竹地方政权第一代执政王绛求坚赞（1302—1371年），绛求坚赞为了巩固帕竹地方政权，抬高朗氏家族的地位，宣称朗氏家族是天神的后裔，列祖列宗出了许多法力无边的高僧。这中间固然杜撰了许多荒诞的神话，但剥开这层宗教迷雾，对研究远古藏族社会，特别是康区的历史提供了珍贵的史料。《朗氏家族史》的第二部分是绛求坚赞的自传，它以绛求坚赞在同雅桑、萨迦、止贡等地方势力的斗争为线索展示了十四世纪前半期西藏社会的广阔生活图画，它详尽地记载了当时西藏同祖国密切而广泛的联系，西藏各地方势力为争夺领地、属民的复杂纠葛，上层贵族的生活，乃至物价，等等。值得注意的是，绛求坚赞虽是一个严守戒律的上层僧人，然而，严酷的现实教育了他，使他感受到宗教宿命论对解决现实的经济和政治纠纷丝毫无济于事，所以他的自传仅仅记录了他一生曲折的经历，不像其他藏史把历史作为宗教的附庸，而且恰恰相反，行文中他多次批判了天命论。元代末期西藏社会的面貌，无论藏、汉文史籍的记载都很简略，而绛求坚赞自传的翔实的叙述正好补充其他史籍的不足。《朗氏家族史》第三部分主要是绛求坚赞用诗歌形式总结他的一生，补入了不少史料，是全书不可缺少的有机组成部分。

我们在翻译过程中对书中的人物做了一些注释，依据的史籍和文章是：

①蔡巴·贡噶多吉著：《红史》；

②班钦·索南扎巴著：《新红史》；

③桂译师·宣努贝著：《青史》；

④东嘎·洛桑赤列著：《论西藏的政教合一制度》；

⑤王森著：《关于西藏佛教史的十篇资料》；

⑥刘立千编译：《续藏史鉴》；

⑦陈庆英，仁庆扎西：《元朝帝师制度述略》；

⑧《止贡噶举派传承世系略考》；

⑨张怡荪主编：《藏汉大辞典》；

⑩法尊著：《西藏民族政教史》。

由于我们对西藏的历史、地理知识掌握不多，更缺乏关于十四世纪前期西藏历史的更多的资料，所以对许多人物和历史事件有待进一步研究。《朗氏家族史》是用当时的口语写成的，随着时间的推移，书中个别词汇现在已不用了。由于我们水平有限，难免理解错误，若藏学家们和读者能予纠正，我们表示真诚的谢意。

阿旺　佘万治

2019年2月修订